本书系湖南省社会科学院经济研究所"共享发展理论与实践研究"团队成果

湖南篇

HUNAN CHAPTER

Report of

Shared

Development

(2018)

新时代
共享发展报告

（2018）

刘建武　主编

社会科学文献出版社

SOCIAL SCIENCES ACADEMIC PRESS (CHINA)

《新时代共享发展报告（2018）·湖南篇》

主　编：刘建武

副主编：周小毛　李　晖

主 编 简 介

刘建武　湖南省社会科学院党组书记、院长，湖南省政协常委，湖南省毛泽东研究中心主任，教授，博士生导师。国务院特殊津贴获得者，湖南省"优秀社会科学专家"，湖南省新世纪"121人才工程"第一层次人选，湖南省首批智库领军人才。兼任湖南省马克思主义理论研究会会长、中国毛泽东思想生平研究会副会长。先后主持完成了国家社科基金项目及教育部重大攻关项目等30余项。在《求是》、《人民日报》、《马克思主义研究》、《中共党史研究》等刊物发表论文两百余篇。出版个人专著十余本。获教育部人文社科成果奖、湖南省哲学社会科学优秀成果奖十余项。

目　录

坚持共享发展　走向共同富裕

人人参与、人人尽力、人人享有，是几千年来人们不懈探求的目标。数千年来，中国人就向往人人平等、人人享有的"大同世界"，有"均贫富、等贵贱"的梦想。在中国历史上关于如何处理发展与公平、共建与共享的问题，孔子在《论语》中讲过的"不患寡而患不均，不患贫而患不安"流传很广，影响很大。从发展与公平、生产与分配的关系上说，这句话的核心是把实现公平看得比促进发展更迫切，把分配财富看得比创造财富更重要，其首先考虑的不是如何通过加快发展以创造更多财富的问题，而重点担心的是在财富分配时如何做到人人均等、人人有份。先哲们虽然提出了共享共富的目标，但是，在实践中没有也不可能找到一条实现共享共富的道路。面对现实中出现的贫富悬殊和不公平现象，在中国历史上不断演绎着"劫富救贫""杀富济困"的故事。事实告诉我们：消灭富人并不是一件难事，难的是穷人并没有因为富人的被消灭而变成真正的富人，过上人人都富裕的好生活。形成这样结果的原因很复杂，但很关键的一点，就是在处理财富生产与财富分配问题的思路上存在严重的偏差，或者说存在根本的局限。

马克思主义、社会主义之所以是科学，之所以具有强烈的感召力，就是因为它找到了实现人人参与、人人尽力、人人享有目标的道路。

科学社会主义认为私有制是造成一切社会不平等的总根源，所以，《共产党宣言》说"共产党人可以把自己的理论概括为一句话：消灭私有制"。因为，科学社会主义创始人相信在公有制及其基础上的有计划的生产和分配，可以引领全体人民走向共同富裕。他们还指出了在公有制基础上实现共享共富的基本条件和具体路径：一是要快速发展生产力，强调物质生产是社会存在和发展的基础，生产力是历史发展的根本动力。这是马克思和恩格斯伟大的科学发现之一，是他们创立的唯物史观的基石。《共产党宣言》说：无产阶级夺取政权后，应当"尽可能快地增加生产力的总量"。列宁也强调说："当无产阶级夺取政权的任务解决以后，随着剥夺剥夺者及镇压他们反抗的任务大体上和基本上解决，必然要把创造高于资本主义社会的社会结构的根本任务提到首要地位，这个根本任务就是：提高劳动生产率。"二是要让所有人都过上富裕平等的美好生活。恩格斯在为马克思《雇佣劳动与资本》所写的导言中指出："在人人都必须劳动的条件下，人人也都将同等地、愈益丰富地得到生活资料、享受资料、发展和表现一切体力和智力所需要的资料。"在"自由人"的"联合体"，"生产将以所有人的富裕为目的"，并且能够"保证一切社会成员的富足"，能够"结束牺牲一些人的利益来满足另一些人的需要的状况"。

2

从马克思恩格斯关于"保证一切社会成员的富足""人人都将同等地得到生活资料""所有人共同享受大家创造出来的福利""彻底消灭阶级和阶级对立"的论述来看，他们主张的共同富裕似乎是所有人同步享有的共同富裕。可以说，马克思主义、科学社会主义的根本目标和最大困难就在于如何理解和实践这个真理。

社会主义制度在中国建立之后，我国社会主义建设的思路和任务大体上可以概括为两句话：一是加快发展，一是实现共富。但过度强调同步富裕导致了实际上的共同贫穷，这是我国在改革开放前进行社会主义建设探索过程中未能破解的历史难题。对于这一阶段的艰辛探索，习近平总书记有着自己深刻的体验和认识。他说：上世纪60年代末，我才十几岁，就从北京到中国陕西省延安市一个叫梁家河的小村庄插队当农民，在那儿度过了7年时光。那时候，我和乡亲们都住在土窑里、睡在土炕上，乡亲们生活十分贫困，经常是几个月吃不到一块肉。我了解乡亲们最需要什么！……中国执政者的首要使命就是集中力量提高人民生活水平，逐步实现共同富裕。

改革开放后，提出部分地区和部分人先富的政策，符合实际的现实选择。在现实生活中，人和人之间的差距、地区和地区之间的差距是一个不以人的意志为转移的客观存在，是一个不公平但又无法在短时间内改变的客观现实。对共产党人来讲，承认差别的目的不是无所作为，更不是要搞两极分化，而是要缩小乃至消除这种差别。既然同步走向共同富裕做不到，我们就应当承认客观存在的差别，允许一部分能力强、水平高、有实力和有优势的人和地区先走一步，先富裕起来，用他们的示范带动作用来引领和带动能力弱、条件差的个人和地区的发展，以最终实现全体人民的共同富裕。

差异化的发展政策在极大调动人们发财致富积极性和促进社会生产力快速发展的同时，也随之出现了贫富悬殊、地区差距、官员腐败等一系列与社会主义本质要求相背离的现象。这令人痛心，但必须说明，当年提出允许和鼓励一部分人先富的出发点和根本目的是要通过先富带后富、先富帮后富这样一种办法最终走向共同富裕，并不是今天有人说的那样是要走资本主义道路，是要搞贫富分化。只是由于缺乏经验，在鼓励先富和加快发展的过程中，出现了决策者并不愿看到的贫富差距迅速扩大等不公平现象。

在改革开放 40 年后，现阶段共同富裕所面临的问题，是如何正确认识和处理共建与共享、发展与分配的关系问题。

对于发展与分配的关系问题，习近平总书记进行了系统的论述。他反复强调的有这样几个方面：一是强调发展是基础，经济不发展，一切都无从谈起。……实现全面建成小康社会奋斗目标，仍然要把发展作为第一要务，努力使发展达到一个新水平。发展是硬道理的战略思想要坚定不移坚持。二是强调我们今天所说的发展是以提高发展质量和效益为中心的发展，是实现更高质量、更有效率、更加公平、更可持续的发展。三是强调"分配优先于发展"的主张是不正确的，是不符合我国现阶段实际的。他说，社会上有一些人说，目前贫富差距是主要矛盾，因此"分好蛋糕比做大蛋糕更重要"，主张分配优先于发展。这种说法不符合党对社会主义初级阶段和我国社会主要矛盾的判断。党的十八大提出准备进行具有许多新的历史特点的伟大斗争，是为了毫不动摇坚持和发展中国特色社会主义，不是不要发展了，也不是要搞杀富济贫式的再分配，而是要在坚持社会主义基本经济制度和分配制度的基础上，调整收入分配格局，完善以税收、社会保障、转移支付等为主要手段的再分配调节机制，做出更有效的制度安排，使全体人民朝着共同富裕方向稳步前进。四是强调中国特色社会主义进入新时代，我国社会主要矛盾已经转化为人民日益增长的美好生活需要和不平衡不充分的发展之间的矛盾。我们要在继续推动发展的基础上，着力解决好发展不平衡不充分问题，大力提升发展质量和效益，更好满足人民在经济、政治、文化、社会、生态等方面日益增长的需要，更好推动人的全面发展、社会全面进步。如何通过共享发展，继续坚定地、稳步地朝着共同富裕的目标前进，这是习近平总书记关心的大问题。

习近平总书记最惦念的是困难群众，最关心的是困难地区，调研去得最多的地方是革命老区、少数民族地区和农村贫困地区。他反复强调，在全面建成小康社会和走向共同富裕的道路上"一个都不能少，一个都不能掉队"，"不能丢了农村这一头"，"决不能让一个苏区老区掉队"，"决不能让困难地区和困难群众掉队"。要让广大农民都过上幸福美满的好日子，一个都不能少，一户都不能落。在十九届中共中央政治局常委同中外记者见面时再次庄严宣示：全面建成小康社会，一个不能少；共同富裕路上，一个不能掉队。从改革开放初期允许和鼓励"部分先富"到今天明确提出"一个都不能少""一个都不能掉队"，这是我们实现共享发展要求、走向共同富裕目标的一个重大战略决策，一个意义极为深远的重大变化。

从一定意义上说，我国社会主义建设的历史就是不断探索和回答如何把加快发展与实现公平统一起来的历史。改革前，毛泽东在领导社会主义建设的过程中，特别关注公平问题，重点关心的是如何避免出现两极分化，强调要把公平放在第一位，带来的问题是效率上不去，发展不起来。邓小平在领导我们进行改革开放的过程中，特别关注发展的速度问题，政策的重点首先是把发展的速度和效率搞上去，而实践中社会公平的问题却越来越凸显出来。如何比较好地把效率和公平统一起来，是我们在新的发展进程中面临的全局性的大问题。

党的十八大以来，习近平总书记反复强调，要把做大"蛋糕"与分好"蛋糕"统一起来，他说：落实共享发展理念，"十三五"时期的任务和措施有很多，归结起来就是两个层面的事。一是充分调动人民群众的积极性、主动性、创造性，举全民之力推进中国特色社会主义事业，不断把"蛋糕"做大。二是把不断做大的"蛋糕"分好，让社会主义制度的优越性得到更充分体现，让人民群众有更多获得感。据此，"十三五"规划明确提出了"坚持居民收入增长和经济增长同步、劳动报酬提高和劳动生产率提高同步"。党的十九大报告进一步把"两个同步"表述为"坚持在经济增长的同时实现居民收入同步增长、在劳动生产率提高的同时实现劳动报酬同步提高"。

党的十九大报告对"两个同步"内容调整的变化，具有重大的意义。这个表述，既强调要防止收入增长跟不上经济增长、劳动报酬提高滞后于劳动生产率提高的情形，也强调要避免收入增长过度超前于经济增长、劳动报酬提高脱离劳动生产率提高的情形，以确保收入增长和劳动报酬提高的基础、前提和持续性。这个表述，既是推进协调发展和共享发展理念的题中应有之义，也是保持经济可持续增长的现实要求。从顶层设计到具体政策把"两个同步"落到实处，切实增强人民群众的获得感，是我们现在正在做的事情。

习近平总书记说：落实共享发展是一门大学问。推进共享发展的当务之急是全力"补齐短板""填平洼地"，切实解决好农村贫困人口脱贫以及社会事业发展、生态环境保护、民生保障等明显短板。

为了把共建与共享、共享发展与共同富裕联系起来进行部署并向前推进，党的十九大报告在筹划未来30多年发展时对推进共享发展和实现共同富裕提出了明确的要求，指出从现在到2020年，是全面建成小康社会决胜期，关键是要突出抓重点、补短板、强弱项，特别是要坚决打好防范化解重大风险、精准脱贫、污染防治的攻坚战，使全面建成小康社会得到人民认可、经得起历史检验。到 2035 年基本实现社会主义现代化时，"人民生活更为宽裕，中等收入群体比例明显提高，城乡区域发展差距和居民生活水平差距显著缩小，基本公共服务均等化基本实现，全体人民共同富裕迈出坚实步伐"，到 21 世纪中叶全面建成社会主义现代化强国时，"全体人民共同富裕基本实现，我国人民将享有更加幸福安康的生活"。

当然，要清醒地看到，由共享发展走向共同富裕的路还很长，面临的新情况新问题会层出不穷，做好从顶层设计到"最后一公里"落地的工作，绝非易事，关键是要按照党的十九大报告的要求，抓住人民最关心最直接最现实的利益问题，既尽力而为，又量力而行，一件事情接着一件事情办，一年接着一年干。

我们完全有理由相信，在以习近平同志为核心的党中央的正确领导下，通过共享发展，中国人民迈向共同富裕之路必将越走越稳，越走越宽阔，越走越光明。

编写《新时代共享发展报告》，目的就是要对我国实现共享发展的情况进行跟踪研究，记载和反映全党和全国各族人民为实现共同富裕目标而奋斗的历史进程及实践经验。可以说，编写当代中国共享发展报告是一项开拓性的工作，鉴于经验不足和条件有限，试着今年先从湖南做起，先重点研究湖南的共享发展情况。我们的愿望是，通过不懈的努力，为当代中国的共享发展贡献我们微薄的力量，以不辜负这个伟大的时代。

第一章
新时代共享发展的理念与实践

党的十八大承前启后、继往开来，以习近平同志为核心的党中央以非凡的政治智慧、顽强的意志品质和强烈的历史担当，团结带领全党全国人民进行具有许多新的历史特点的伟大斗争，开启了中国特色社会主义新时代。就新时代如何进一步认识和处理好改革与发展、发展与分流、共建与共享、做大"蛋糕"与分好"蛋糕"的关系，各界人士进行了一系列卓有成效的探索，使当代中国的共享发展理念和实践迈向了一个新的阶段。

第一节　共享发展理念的形成与意义

以习近平同志为核心的党中央提出的"共享发展"理念，体现了中国共产党全心全意为人民服务的根本宗旨。它的形成具有强烈的时代特征，其内容更是蕴含鲜明的问题意识与实践指向，体现出党对发展规律的认识达到新高度，具有重大而又深远的理论意义与实践价值。

一　新时代共享发展理念的形成背景

习近平总书记提出，共享发展理念是改革开放 40 年来我国发展经验的集中体现，反映出我们对我国发展规律的新认识，它不是凭空得来的，而是在深刻总结国内外发展经验教训、分析国内外发展大势的基础上形成的，也是针对我国发展中的突出矛盾和问题提出来的。习近平共享发展理念是中国特色社会主义发展理论对中国发展现实的最适时回应，具有强烈的时代背景。

1. 全面建成小康社会和实现中国梦的时代要求

党的十八大报告提出到 2020 年全面建成小康社会，因而党的十八大以来特别是"十三五"期间，中国进入全面建成小康社会的关键攻坚阶段和收官阶段。全面建成小康社会不仅要求国内生产总值和城乡居民人均收入在 2020 年均比 2010 年翻一番，而且要求覆盖所有人口和所有区域。习近平总书记反复强调：没有全民小康，就没有全面小康，全面小康覆盖的人口要全面，是惠及全体人民的小康，表明全面小康是不允许有任何人掉队的小康，需要关注贫困人口、弱势群体并补齐民生短板。同时他也强调，没有农村的全面小康和欠发达地区的全面小康，就没有全国的全面小康，全面小康覆盖的区域要全面，是城乡区域共同的小康。表明全面小康是不会丢下贫困农村、边疆地区的小康，需要关注不富裕甚至贫困的区域，缩小城乡差距。自改革开放以来，我国经济社会发展取得巨大成就，人民生活不断改善，部分人口和部分区域已经率先实现小康甚至进入富裕阶段，但仍有几千万人口没有摆脱贫困，同时城乡差距、地区差距、收入差距等仍在继续扩大，还未达到全面实现小康社会的要求。此外，2012 年 11 月习近平总书记参观国家博物馆《复兴之路》展览时提出，到 21 世纪中叶，实现中华民族伟大复兴的中国梦。中国梦是实现全体人民共同富裕的梦想，自然也离不开全体人民的共同努力与奋斗。由此，共享发展理念随着全面建成小康社会和实现中国梦的时代呼吁应运而生。

2. 破解发展矛盾的迫切要求

从党的十一届三中全会开始我国走上了以经济建设为中心的改革开放道路，综合国力迅速提升，但也打破了公有制和按劳分配一统天下的局面。一部分人和一部分地区首先富裕起来，继而不可避免地形成发展不平衡，导致两极分化，出现了分配不公、保障不公、执法不公以及司法不公等社会不公平现象。公平正义问题已成为我国社会发展面临的突出问题。习近平总书记指出，随着我国经济社会发展水平和人民生活水平不断提高，人民群众的公平意识、民主意识、权利意识不断增强，对社会不公问题反映越来越强烈。在此背景下，以破解社会公平正义问题为目标的共享发展理念的提出则极为契合时代发展的诉求。

3. 适应经济发展新常态的实践要求

发展经济的根本目的就是要让各族群众过上好日子，经济发展状况直接关乎人民群众生活水平，如何保持良好的经济发展态势自然成为重中之重。习近平总书记指出，准确把握我国不同发展阶段的新变化新特点，使主观世界更好符合客观实际，按照实际决定工作方针，这是我们必须牢牢记住的工作方法。中国经济发展业已进入新常态，发展速度、发展方式以及发展动力出现了转变，具体表现为经济发展速度从高速转向中高速、经济发展方式从规模速度型转向质量效益型、经济发展动力从主要依靠资源和低成本劳动力投入转向创新驱动。经济新常态是我国经济发展向形态更高级、分工更优化、结构更合理的阶段演进的必经过程，但速度变化、结构优化和动力转换等广泛而深刻的变化无疑会成为我国经济社会发展面临的一个巨大挑战。与此同时，世界经济发展也不力，处于在深度调整中曲折复苏、增长乏力的状态，加之现今"逆全球化"思潮、"冷战"思维等抬头，这些都将大幅增加我国对外贸易的难度并恶化世界经济生态。若在此种困境之中我国经济发展继续保持较好增长态势，就必须从发展理念的高度进行谋划，破解发展难题、增强发展动力、厚植发展优势，以共享发展理念为重要内容的五大新发展理念的出现将极为适应与引领新常态。

二 新时代共享发展理念的主要内容

党的十八届五中全会提出，坚持共享发展，必须坚持发展为了人民、发展依靠人民、发展成果由人民共享，做出更有效的制度安排，使全体人民在共建共享发展中有更多获得感，增强发展动力，增进人民团结，朝着共同富裕方向稳步前进。这体现了中国共产党全心全意为人民服务的根本宗旨，体现了人民是推动发展的主体力量，体现了中国发展特色社会主义的奋斗目标，具有极其丰富的科学内涵。

1. 新时代共享发展理念的核心要义

共享发展理念强调以人民为中心。"坚持发展为了人民、发展依靠人民、发展成果由人民共享"的论述凸显了共享发展理念的浓浓民本情怀。人民群众不仅是享受经济社会发展成果的主体，亦是推动经济社会发展的行动主体。习近平总书记指出，人民对美好生活的向往就是我们的奋斗目标，坚持把增进人民福祉、促进人的全面发展、朝着共同富裕方向稳步前进作为经济发展的出发点和落脚点；摆脱贫困，为广大人民群众谋幸福，是我们党和国家推动发展的根本目的，发展的最根本目的就是使全体人民在发展中有更多获得感。马克思主义始终认为，人民是历史的创造者，人民群众中蕴藏着伟大力量。一旦真正落实发展成果共享，就会激发广大人民群众的潜力，激发他们的创新精神和行动力量，调动他们参与共建的积极性和主动性，进而迸发出推进经济社会发展的巨大活力。

共享发展理念强调公平正义。公平正义是人类追求的永恒主题，也是当前我国实现全面深化改革、促进社会和谐稳定的关键，更是体现中国特色社会主义的内在要求。共享发展就是实现社会公平正义的根本保障和途径。习近平总书记曾明确指出，共享发展注重的是解决社会公平正义问题。

共享发展理念强调更有效的制度安排。共享发展并不会自然实现，而需要有效的制度安排予以保障。习近平总书记指出，落实共享发展是一门大学问，要做好从顶层设计到"最后一公里"落地的工作，在实践中不断取得新成效。党的十八届五中全会提出的增加公共服务供给、实施脱贫攻坚工程、提高教育质量、促进就业创业、缩小收入差距、建立更加公平更可持续的社会保障制度、推进健康中国建设、促进人口均衡发展等八个方面部署既是全面建成小康的重要着力点，也是关于共享发展的有效制度安排。

共享发展理念强调逐步实现共同富裕要求。共同富裕是在经济高度发展基础上实现的一个目标，是在全面实现小康生活基础上实现的一种更为富裕层次的生活状态。我国仍处于社会主义初级阶段，社会生产力发展水平仍然不高，还难以完全实现共同富裕。习近平总书记提出，共享理念实质就是坚持以人民为中心的发展思想，体现的是逐步实现共同富裕的要求；使发展成果更多更公平惠及全体人民，朝着共同富裕方向稳步前进，这些论述表明共享发展是实现共同富裕的基本手段和基本路径，共同富裕是共享发展的目标，只有在坚持共享发展的基础上，才能逐步实现共同富裕的目标。

2. 新时代共享发展理念的重要特征

全民共享与全面共享。习近平总书记明确指出，共享发展是人人享有，各得其所，不是少数人共享，一部分人共享，强调让改革发展成果更多更公平惠及广大人民群众，直接表明共享发展成果的主体是全体人民，不仅仅是富裕人群的共享，更是贫困人群和弱势群体的共享。只要是中国人民都有权利共享发展的成果，并杜绝"富者累巨万、贫者食糟糠"现象出现。与此同时，这种共享亦不仅体现在经济成果上，而且包含共享文化成果、社会发展成果、生态成果等方方面面。习近平总书记提出，共享发展就要共享国家经济、政治、文化、社会、生态各方面建设成果，全面保障人民在各方面的合法权益。此外他还极其关注人民共享发展机会的权益保障，指出要通过创新制度安排，努力克服人为因素造成的有违公平正义的现象，保证人民平等参与、平等发展权利，以及人民要共同享有人生出彩的机会，共同享有梦想成真的机会，共同享有同祖国和时代一起成长与进步的机会。即全面共享成果不仅是指人人能够共同享受经济、政治、文化、社会、生态等那些看得见的有形的发展成果，能够从客观世界的发展中切实获得满足，还指人的尊严、价值、追求等那些看不见的无形的主观感受。

共建共享与渐进共享。共享并不是一个静态过程，它除了共享已有的发展成果以外，更注重如何进一步提高共享水平。人民是共享成果的主体，同时也是创造共享成果的主体，只有调动人民的主动性、积极性和创造性，才有可能达到更高层次的共享水平，为此，习近平总书记强调，要充分发扬民主，广泛汇聚民智，最大激发民力，形成人人参与、人人尽力、人人都有成就感的生动局面；使人民群众在共建共享发展中有更多获得感；社会建设要以共建共享为基本原则；共建才能共享，共建的过程也是共享的过程，等等。与此同时，由于我国仍处于社会主义初级阶段，实现共同富裕还有较为漫长的路要走，同一时间内达到全民共享与全面共享的统一也不会一蹴而就，由此共享发展毋庸置疑将是一个渐进的过程，需要全体人民矢志不渝地以共同富裕为最终目标，克服多重困难。

差异共享与均衡共享。共享发展不等于平均主义，尽管它强调全民共享、强调全面共享，但是与平均主义存在本质区别，更为关注意义上的公平公正，而不是数量上的均等。恰如习近平总书记所述，共享发展必将有一个从低级向高级、从不均衡向均衡的过程，即使达到很高的水平也会有差别。不同的社会发展阶段，共享的水平不一样，即使同一发展阶段，也无法做到同一水平的共享，平均在一定程度上就暗含不公。加之，我国幅员辽阔，自然禀赋、文化传统等差异性较大，实现大致的均衡发展将是良好的选择。因而，习近平总书记的共享发展理念是包含平等权利的共享，更是包含数量差异的共享和均衡的共享。

三　新时代共享发展理念的重大意义

新发展理念是探索中国特色社会主义发展道路的理论结晶，是改革开放 40 年来中国发展理论探索的最新成果。习近平共享发展理念凝聚了新中国几代建设者对经济社会发展规律的深入思考，它集中体现了中国特色社会主义的优越性，并升华了中国共产党的执政理念，更彰显了推进全球治理的价值普适性，具有极为重大的意义。

1. 体现了中国特色社会主义的优越性

社会主义追求的从来不是少数人或部分人的富裕，而是全体人民的共同富裕。共享是中国特色社会主义的本质要求，共享发展理念的目标就是逐步实现共同富裕。改革开放使得中国走上了一条极具中国特色的社会主义道路，它坚持以人民为中心的发展思想，既是马克思主义政治经济学的根本立场，也是社会主义实践的基本遵循。习近平总书记提出，消除贫困，改善民生，逐步实现全体人民共同富裕，是社会主义的本质要求；国家建设是全体人民共同的事业，国家发展过程也是全体人民共享成果的过程。这些论述毋庸置疑地体现了中国特色社会主义的优越性。

2. 升华了中国共产党的执政理念

人心是最大的政治和执政为民是中国共产党执政的核心遵循。人心是"谁主沉浮"的根本决定力量。对一个执政党来说，人心不齐或人心没了，其执政也就什么都没了。习近平总书记指出，一个政党，一个政权，其前途和命运最终取决于人心向背。他强调，人心是最大的政治，而全心全意为人民服务是我们党的根本宗旨，并且决定了我们党执政为民。中国共产党坚持执政为民，人民对美好生活的向往就是我们的奋斗目标；中国执政者的首要使命就是集中力量提高人民生活水平，逐步实现共同富裕。因而无论是从人心是最大的政治规律来认识，还是从执政为民理念来把握，共享的发展理念都集中升华了中国共产党的执政理念。它以人民为中心的发展立场，着力增进人民福祉的追寻，以及让全体人民在共建共享发展中有更多获得感，都充分体现实现好、维护好、发展好最广大人民根本利益的执政旨归，这将进一步把全国各族人民紧密地团结在我们党周围，实现心连心、同呼吸、共命运。

3. 彰显了推进全球治理的普适性价值

习近平总书记的共享发展理念不仅从中国自身的维度加以推进与实现，而且能够延伸至全球历史发展的进程中，关注世界其他民族国家是否同样感受到世界历史发展、经济全球化发展所带来的实实在在的获得感，具有极强的价值普适性。习近平总书记指出，全球经济治理应该以共享为目标……寻求利益共享，实现共赢目标；各国和各国人民应该共同享受尊严；各国和各国人民应该共同享受发展成果；让各国人民相逢相知、互信互敬，共享和谐、安宁、富裕的生活；实施好一批示范性项目，多搞一点早期收获，让有关国家不断有实实在在的获得感；中国将自身发展经验和机遇同世界各国分享，欢迎世界各国搭乘中国发展的"快车""便车""顺风车"，实现共同发展，让大家一起过上好日子。因而，习近平总书记的共享发展理念打破并超越了空间上的限制，从世界历史发展中的绝大多数人、人民性的立场出发，打破西方一元论的普世主义、狭隘的民族中心主义的价值理念，以世界性的历史高度展现多边共有、多元共存、和谐共生的价值理念，并以现实的实际行动努力将这一价值理念付诸现实，从而真正推动惠及世界其他民族国家及人民，深刻地标示着其价值普适性指向。

四 新时代共享发展理念的落实路径

共享发展理念的实现不是自动的，而是要做出有效的制度安排。习近平强调共享不仅仅停留在理论的建构上，更要注重推进实践，关键在于行动。他指出落实共享发展理念，"十三五"时期的任务和措施有很多，归结起来就是两个层面的事。一是充分调动人民群众的积极性、主动性、创造性，举全民之力推进中国特色社会主义事业，不断把"蛋糕"做大。二是把不断做大的"蛋糕"分好，让社会主义制度的优越性得到更充分体现，让人民群众有更多获得感。即落实共享发展理念既关注如何调动广大人民群众的积极性，提升经济社会发展速度和质量，夯实全民共享基础，又重视如何促进社会公平正义，实现全民共同富裕，而这可以通过全面建成小康社会、全面深化改革、全面依法治国以及全面从严治党四个路径得以有效实现。

1. 全面建成小康社会，共享发展的成果

人人过上小康生活，是中国人民千百年来的夙愿，习近平总书记从中国人民美好期盼出发，强调要立足"五位一体"的发展目标，不分地区、不分群体、不分层级、不分民族，保证全国人民共享全面建成小康社会成果。全面建成小康社会是共享发展的基本目标，也只有首先全面建成小康社会，才能够追求共享发展的最终目的，实现全国人民的共同

富裕。

2. 全面深化改革，促进社会的公平正义

当前我国面临贫富差距拉大、区域和城乡经济社会发展不平衡、人民群众诉求多样化、社会矛盾复杂化等突出问题，只有全面深化改革才能破解利益固化的藩篱，重塑利益分配格局，促进社会公平正义，进而进一步解放和发展社会生产力，夯实共享发展的物质基础。习近平总书记指出，全面深化改革必须着眼创造更加公平正义的社会环境，不断克服各种有违公平正义的现象，使发展改革成果更多更公平惠及全体人民；要把促进社会公平正义、增进人民福祉作为一面镜子，审视我们各方面体制机制和政策规定，哪里有不符合促进社会公平正义的问题，哪里就需要改革；哪个领域哪个环节问题突出，哪个领域哪个环节就是改革的重点。

3. 全面依法治国，运用法治思维和方式落实共享发展理念

党的十九大报告明确指出，全面依法治国是中国特色社会主义的本质要求和重要保障，习近平总书记指出，加快完善体现权利公平、机会公平、规则公平的法律制度，保障公民人身权、财产权、基本政治权利等各项权利不受侵犯，保障公民经济、文化、社会等各方面权利得到落实，这些论述均表明依法治国是保证全体人民公平享有我国经济社会发展成果的重要手段之一。同时习近平总书记还强调，要把体现人民利益、反映人民意愿、维护人民权益、增进人民福祉落实到依法治国全过程，使法律及其实施充分体现人民意志；要深入分析共享发展理念对法治建设提出的新要求，深入分析贯彻落实共享发展理念在法治领域遇到的突出问题，有针对性地采取对策措施，运用法治思维和法治方式贯彻落实共享发展理念。社会主义的法律是人民根本意志的反映，是治国之重器，只有做到科学立法、民主立法、依法立法，才能够提高立法质量，并做到严格执法、公正司法、全民守法，才可以使字面上的良法变成现实生活中的法律，才能够解决发展中的突出问题，保障人民群众的各项权益，进而深入贯彻落实共享发展理念，最终实现人民对美好生活的向往和共同富裕。

4. 全面从严治党，保证共享发展的正确引领

全面从严治党，就是要使我们党始终保持同人民群众的血肉联系，不断强化宗旨意识。习近平总书记指出，随时随刻倾听人民呼声、回应人民期待，保证人民平等参与、平等发展的权利，维护社会公平正义，在学有所教、劳有所得、病有所医、老有所养、住有所居上持续取得新进展，不断实现好、维护好、发展好最广大人民根本利益，使发展成果更多更公平惠及全体人民，在经济社会不断发展的基础上，朝着共同富裕方向稳步前进。人民对美好生活的向往，就是我们的奋斗目标；我们的责任，就是要努力解决人民群众的生产生活困难，坚定不移走共同富裕的道路。只有坚持全面从严治党，才能够正确引领共享发展，坚定不移地朝着实现共同富裕的目标稳步前进。

第二节 共享发展理念的学界探讨

共享发展是中国特色社会主义发展理论的最新成果，是中国特色社会主义经济社会发展实践的理论升华，更是马克思主义理论的实际运用和发展。我国学者从其理论溯源、科学内涵、价值、现实挑战以及实践路径等多个方面进行了诸多探讨，进一步深化了对共享发展理念的理解和认识。

一 关于共享发展理念的理论渊源

任何理论成果都不是凭空产生的，都有着深厚的理论思想渊源，并在持续积淀过程中不断升华。共享发展理念作为新的发展理念也不例外，它从马克思主义理论、中国传统文化等重要思想和理论中汲取养分，具有深厚的理论基础。

1. 马克思主义是共享发展理念的直接理论来源

学者对共享发展的理论溯源业已存在诸多探讨，其中极为重要的源自

马克思主义理论。对此，学者们的研究观点主要体现在以下几个方面。

第一，来自唯物史观以及唯物辩证法的具体运用。有学者认为共享发展理念的立论之基、立论之径是唯物史观的科学观点、辩证唯物主义的方法论，具体而言，它植根于历史唯物主义的人民主体观，是"两点论"与"重点论"相统一的统筹兼顾、连续性与阶段性相统一的渐进过程、平衡性与不平衡性相统一的共同富裕、目的与手段相统一的共建共享，具有鲜明的辩证法特征。同时它还体现了社会主义生产力与生产关系的统一以及实践的合规律性和合目的性的统一。

第二，来自马克思主义公平理论。学者们认为，马克思通过分析资本主义制度下公平与效率的关系，指出资本主义制度下公平的虚伪性，揭露资本主义形式上公平而实质上不公平，第一次把公平正义的实现建立在科学的基础之上，并阐述了社会主义社会和共产主义社会公平实现的条件，是指导我国经济社会发展的理论指南，共享发展体现了马克思主义公平正义原则，蕴含了社会公平和正义的追求目标。

第三，遵循了马克思、恩格斯人本主义思想。马克思、恩格斯从现实、具体的人出发，认为社会发展的最终目的是社会中每个个人的发展，社会活动的结果更是应该由全体成员平等享有。

第四，体现了科学社会主义的价值诉求。共享发展承载着社会主义者对人类美好生活的憧憬，体现了未来民众共享社会发展成果的美好社会图景——共产主义社会。同时有学者指出共享发展是科学社会主义思想的时代升华，是马克思、恩格斯"自由人联合体"设想在当代中国的生动阐释和具体展现。

2. 中国传统文化是共享发展理念的历史文化源头

共享发展是马克思主义中国化的重要成果，它的提出理所当然会继承并发扬中国优秀传统文化基因，因而具有深厚的历史积淀和文化底蕴。共享发展植根于中华民族文明血脉、贯穿于中国历史的伟大梦想，"民为邦本，本固邦宁""不患寡而患不均"等古代民本思想中就蕴含着共享思想的萌芽。它汲取了中华优秀传统文化中"大同社会"、"共有均平"、"义利之辨"与"和而不同"等思想精华，从而具有深厚中华传统文化底蕴。

二 关于共享发展理念的科学内涵

作为一种新的发展理念，"共享发展"充满创新性、实践性及科学性，具有丰富的科学内涵，学界的探讨包括"共享发展"概念的界定、基本内容以及与共同富裕、分享经济等相关概念的区别与联系等多个方面。

1. 共享发展的概念界定

有学者从共享与发展的两个词语释义、两者之间内在关系以及实质来阐释"共享发展"的基本含义：所谓共享就是确保人民群众都能在经济社会的发展过程中获得应有的利好，整个社会的公共事业和公共服务也能惠及全体民众，包括那些偏远地区、经济贫困或者遭遇重大变故的人群都能够享受到应有的社会保障；而所谓发展可理解为基于全体居民精神涵养与物质财富增长下的，整体社会的向前推进，囊括同自然"和睦相处"的构成要素；两者之间的关系可体现为过程和结果、手段和目的特征；同时共享发展的实质是一种拉动全民共进、增进集体团结和稳步实现共同富裕的发展模式。

2. 共享发展的主要内容

所谓共享发展，就是遵循"发展为了人民、发展依靠人民、发展成果由人民共享"的价值准则，在人人共建和人人参与的基础上，实现人人都能够有尊严地、公平地分享社会发展成果。一部分学者从共享发展的主体、客体、目的与宗旨视角入手分析其基本内涵：一是共享发展的主体是发展成果的"创造者"，强调普惠性，即全体社会成员特别是社会弱势群体都能够平等地分享社会发展成果。二是共享发展的客体是"发展成果"，强调广泛性，即共享的内容应该体现在社会成员的经济、政治、文化、社会等各方面的权益得到充分的尊重和保障。三是共享发展的目的与宗旨是"共享"，强调历史性和渐进性，即共享不是"平均享有"，而是以一定社会经济条件为基础、承认合理差别的公平分享。也有学者从共享发展的逻辑框架入手，指出共享发展的根本立场是坚持

"以人民为中心的发展思想",价值导向是确保发展全过程的公平正义,基本内涵包括全民共享、全面共享、共建共享、渐进共享等四个方面,目标是追求实现共同富裕,制度安排是增加公共服务供给、实施脱贫攻坚工程等八个方面。

3. 与共享发展相关的概念

有学者认为"共享发展"和"共同富裕"一方面表现为过程与结果关系,另一方面表现为手段与目的关系,指出共享发展过程是共同富裕结果的前提,共同富裕结果是共享发展过程的目标,同时两者对立统一,能够互为前提、相互促进,共同发展的历史趋势是共同富裕,而共同富裕又为共同发展指明方向,且两者相互依存与作用。也有学者指出共享发展与共同富裕存在区别与联系,联系体现在共享发展是共同富裕的基本手段和基本路径,共同富裕是共享发展的目标,而区别则表现为共享发展和共同富裕两者之间的时空跨度有所不同。此外也有学者认为共享发展与共同富裕存在继承发扬的关系,强调共享发展是对共同富裕的坚持和丰富,体现了共同富裕的基本价值取向。

共享发展与分享经济的关系。"共享"并不等于"分享","共享发展"与"分享经济"也不是同一概念,两者不能混为一谈。共享发展与分享经济存在根本性差异,共享发展更多倾向制度变革,而分享经济则是利用技术变革形成商业模式,即与共享发展比较,分享经济只是技术,共享发展才是制度。也有学者从内涵、目的、条件和结果四个方面详述了两者的不同范畴,指出共享发展的核心内涵是让所有社会成员分享经济发展成果和社会进步成果,与社会制度密切相关,其目的是增加所有社会成员的获得感,增加社会成员福祉,需要在以生产资料公有制为基础的社会中才能彻底实现,最终会提高社会成员生活水平,调动他们参与社会发展的积极性。而分享经济是指消费者不购买某种物品的所有权而通过租用或借用的方式实现对某一种物品的使用,是一种经济运行的具体模式,与社会制度无关,目的是消费者不图某物所有权,只图使用权,意在降低消费者交易成本,需要以信息技术为支撑的大数据支持,最终会降低消费者交易成本,提高物品的使用率。可见,共享发展强调社会公平正义，而分享经济则突出物品的使用效益。

共享发展与其他新发展理念的关系。党的十八届五中全会确立了创新、协调、绿色、开放、共享的发展理念，是关系中国发展全局的一次深刻变革。这五大发展理念相互贯通、相互促进，是具有内在联系的集合体，如它们之间存在辩证统一关系，具有共同的出发点和落脚点，同时共同构成了系统化逻辑体系，实现了"三个统一"等。但也有学者认为共享发展是其他发展理念的终极价值目标，对其他发展理念发挥价值统领作用，甚至强调其他四大发展的方向、质量和成效，要以共享发展来判断、衡量和评价。

三 关于共享发展理念的科学价值

自党的十八届五中全会提出"共享发展"以来，诸多学者从多个维度进行价值探讨，以下将从理论价值、应用价值以及世界价值等三个方面进行梳理。

1. 共享发展的理论价值

第一，坚持和发扬了马克思主义理论。共享发展理念体现了马克思主义的基本立场——人民大众立场，是对马克思主义人民主体和利益共享思想的继承发展以及人本思想的重大升华，更是集中体现了马克思主义的分配正义。共享发展是把马克思主义发展观与当今中国实际、时代潮流、群众期盼紧密结合的理论创新成果，是马克思主义发展理论的一次飞跃。

第二，加深对社会主义本质的理解。邓小平指出，社会主义的本质，是解放生产力，发展生产力，消灭剥削，消除两极分化，最终达到共同富裕。习近平再次强调"共享是中国特色社会主义的本质要求"。共享发展强调逐步实现共同富裕，进一步加深对共同富裕内涵的认识，不仅包括物质层面的共同富裕，还包括政治文明、精神文明、生态文明等其他方面的共同富裕。

第三，丰富了中国特色社会主义理论。共享发展理念清晰阐述如何体现发展为了人民、如何实现发展依靠人民的具体路径，是中国特色社会主义对科学社会主义平等思想的当代弘扬。同时有学者提出共享发展理念是对马克思主义经典著作关于社会主义生产目的和基本经济规律理论、人的自由而全面发展思想的继承，是对社会主义本质理论的重要发展，是对中国特色社会主义经济学理论视野的重要拓展。

2. 共享发展的应用价值

共享发展理念具有鲜明的问题意识导向和现实针对性，有学者指出，我国经济社会发展不平衡的矛盾还比较突出，而共享发展理念契合了这种现实的诉求，具体而言它会对我国的政治、经济、文化等社会发展的方方面面产生重要的实践价值。

第一，解决贫困问题与求得共同富裕。"共享发展"作为新时代的发展理念，对于解决中国当下诸多层面新问题具有不可忽略的正向实践价值，其中最为重要的是能够解决贫困问题，最终实现共同富裕。共享发展就全面建设小康社会而言功不可没，对于共同富裕具有导向作用，可以有效抵制分化，同时能够帮助农村地区脱贫致富。践行共享发展理念还可以提升人民生活质量，较大限度地支持反贫致富，甚至能够破解"中等收入陷阱"的难题。

第二，推进社会的公平正义实践。社会公平正义问题与分配不公、贫富悬殊、资源配置过度倾斜以及发展差距过大等相对立，而共享发展理念是对我国当前公正缺失的积极应对，是实现社会公平正义的必然要求。共享发展注重解决的就是社会公平正义问题，它能够正向地引导公平、公正、良好法治环境的稳定和有效形成，这对经济社会发展而言至关重要。

第三，巩固了党的执政地位。坚持共享发展理念，就必须践行坚持以人民为中心、坚持人民主体地位。共享发展集中体现和反映党的执政理念，是以习近平同志为总书记的党中央坚持全心全意为人民服务根本宗旨的崭新表达，同时共享发展正由一种政治理性具体化为一种治理理性，能够变为当代中国政府治理的实践法则与行动遵循。只有领导干部真正把思想认识摆端正，加强党的自身建设，才能把党建设成为经得起人民考验的执政党，才有可能真正落实共享发展理念，实现国家的长治久安。

除此以外，共享发展在其他领域的作用也不容忽视。如全面推进共享发展有助于保障农民工的权益，而将这种理念融入思想政治教育领域，则可以形成新的跨越式发展等。

3. 共享发展的世界价值

第一，对西方发展理论的扬弃和超越。共享发展理念对西方共享思想的超越与创新，是对世界发展理念的总结与反思，它深刻体现世界发展的潮流所向、脉动所在，顺应了全球经济社会发展的大趋势，引领了世界范围内发展理念的进步方向。

第二，对发展中国家发展模式的新认识。共享发展是中国共产党人对世界各国共享发展经验教训的借鉴和超越，为当前世界经济增速放缓、传统增长模式难以为继的现实困境开出了一剂药方。

第三，提升了中国在世界的话语权。"共享"发展是对"广泛基础增长"、"益贫式增长"、"共享式增长"和"包容增长"的有效继承和超越，形成了一个具有鲜明时代特色的"中国话语"。

四 关于实践共享发展理念的现实挑战

要找到实现共享发展的有效路径，必须先了解当前共享发展面临的实现障碍是什么，才能"对症下药"，发现问题，才能解决问题。学者们从各自角度探讨了影响共享发展的多个现实挑战，大致可概括为思想观念、制度、实践以及利益等四个层面。

1. 共享发展面临的思想观念层面挑战

只有当人们对某一理念产生统一认识时才能够迸发出强大的作用力进而有效落实这个理念。当前，人们在思想观念上对共享发展的认识还是存在一定偏差，"共享发展"不仅是共享发展的成果，而且包括共享劳动过程以及共享的其他方面，若只注重共享而忽视共建极易产生不劳而获的扭曲现象。同时，"共享"与"共富"、"同富"和"平均"等思想存在差异性，不能混为一谈。

2.共享发展面临的制度层面挑战

我国现阶段关于保障全体人民共享发展成果的制度体系还不完善，共享发展面临的体制机制障碍较多，缺少系统有效的制度安排。一是制度设计不完善；二是机制缺失。有学者指出目前我国存在公有制主体地位削弱而非公有制经济快速扩张、收入分配系统存在体制性偏差和制度性缺陷、社会保障制度不健全等制度障碍，具体如社会保障体系尚未建立能够托底社会群体的机制。

3.共享发展面临的利益层面挑战

共享发展涉及社会发展的多个方面，不可避免地面临利益协调困难，出现利益关系不平衡。有学者指出共享发展主要针对各种利益关系不平衡问题，表现为利益占有、分享有失公允，社会阶层分化严重、阶层分化固化，以及阶层和利益固化藩篱、既得利益集团阻力的障碍等多个方面。

4.共享发展面临的实践层面挑战

第一，基本公共服务供给不足。学术界普遍认为我国基本公共服务水平较低，城乡区域之间的公共服务水平差距较大。服务资源分配不均衡导致区域之间和城乡之间形成"待遇差"，我国公共服务和社会保障体系不够完善致使均等化程度不够高，具体而言包括教育供给短缺、就业质量与环境较差、社会保障滞后、医疗卫生服务体系不完善、城乡之间和区域之间的公共产品和服务供给不平衡等。

第二，脱贫攻坚任务艰巨。共享发展的关键是实现贫困地区和贫困人口全部脱贫，尽管当前我国脱贫攻坚工作有序有效推进，但由于我国连片特困区生态环境特殊、过度依赖政府扶持和贫困地区内生动力不足等多种因素综合影响，我国脱贫面临攻坚时间紧任务重、脱贫攻坚面临新环境、扶贫合力尚未形成、精准扶贫体制机制不健全等新挑战。

五 关于共享发展理念的实践路径

共享发展能否得到贯彻落实，社会成员能否有更多的获得感，共享发展理念只是提供了可能，如何将这个可能性转变为现实性，就必须建立起合理的实现机制，才能使共享发展融于实际，产生应有的效果。

不少学者从共享发展实现的宏观研究角度入手，通过研究机制、制度以及体系的完善与创新，来探讨共享发展的实践路径。如实现共享发展需要在认同、参与、协调、保障、约束等层面建立起相应的机制。或者，一是健全共享发展的适度普惠型保障机制，包括建立在我国基本国情基础上的完善公共服务均等化供给机制、建立精准扶贫长效机制、遏制特殊垄断利益机制；二是完善共享发展的调节机制，包括逐步提高居民收入在国民总收入中的比重、完善我国最低工资制度的执行和监督机制、强化共享发展的税收调节机制；三是完善共享发展的生产要素分配机制。或是探讨"兜底"、保障、分享和动力等方面的措施，如建立健全共享发展的"兜底"机制，包括进一步完善扶贫责任制、救助机制；建立健全共享发展的保障机制，包括坚持公共服务普惠性原则、健全公共服务资金投入机制、完善公共服务均等化供给机制、建设公共服务型政府；建立健全共享发展的分享机制，包括进一步完善收入分配制度、收入分配调节监管机制等；建立健全共享发展的动力机制，包括搭建人人参与、人人尽力的平台，以扩大就业推动共享发展。此外不少学者也从制度方面入手，认为制度支持是实现共享发展的重要条件。如在研究土地增值收益分配制度改革问题时主张基于共享发展理念的指导，以观念、制度和机制等为突破口，同时辅助于相应的法律体系，从产权的视角出发来解决相关的问题。

第三节　共享发展的基本内涵和主要特征

改革开放以来，我国经济社会发展取得了举世瞩目的成就。但是伴随着经济社会的快速发展，经济收入差距拉大、社会资源分配不均的现象越来越突出，发展中的不公平问题成为影响我国跨越中等收入陷阱的因素之一。对此，党的十八届五中全会提出共享发展理念，不但为我国实现更高质量、更高水平的发展提供了理论指引，而且集中体现了社会主义共同富裕的本质特征。

一 共享发展的基本内涵

发展是共享的基础，只有通过不断发展，才能为共享提供坚实的物质基础；共享是发展的目的，坚持发展为了人民、发展依靠人民、发展成果由人民共享；共享也是持续健康发展的前提和保证，使全体人民在共建共享中享有更多获得感，进一步增强发展动力、增进人民团结，使我国朝着共同富裕的方向稳步前进。

党的十八届五中全会对共享发展的主要着力点提出八个方面的部署：增加公共服务供给、实施脱贫攻坚工程、提高教育质量、促进就业创业、缩小收入差距、建立更加公平更可持续的社会保障制度、推进健康中国建设、促进人口均衡发展。具体来讲：增加公共服务供给，就是从解决人民最关心最直接最现实的利益问题入手，提高公共服务的共建能力和共享水平，加大对革命老区、民族地区、边疆地区、贫困地区的转移支付；实施脱贫攻坚工程，就是实施精准扶贫、精准脱贫，分类扶持贫困家庭，建立健全农村留守儿童和妇女、老人关爱服务体系；提高教育质量，就是推动义务教育均衡发展，普及高中阶段教育，逐步分类推进中等职业教育免除学杂费，率先对家庭经济困难的学生实施普通高中免除学杂费，实现家庭经济困难学生资助全覆盖；促进就业创业，就是坚持就业优先战略，实施更加积极的就业政策，完善创业扶持政策，加强对灵活就业、新就业形态的支持，提高技术工人待遇；缩小收入差距，就是坚持居民收入增长和经济增长同步、劳动报酬提高和劳动生产率提高同步，健全科学的工资水平决定机制、正常增长机制、支付保障机制，完善最低工资增长机制，完善市场评价要素贡献并按贡献分配的机制；建立更加公平更可持续的社会保障制度，就是实施全民参保计划，实现职工基础养老金全国统筹，全面实施城乡居民大病保险制度；推进健康中国建设，就是深化医药卫生体制改革，理顺药品价格，实行医疗、医保、医药联动，建立覆盖城乡的基本医疗卫生制度和现代医院管理制度，实施食品安全战略；促进人口均衡发展，就是完善人口发展战略，积极开展应对人口老龄化的各项举措行动。

综合来看，共享发展是以人民为中心，把增进人民福祉、促进人的全面发展作为出发点和落脚点，贯穿于经济、社会、政治、生态、文化等领域，渐进实现发展过程公平公正、发展成果全民共享的发展理念。

二 共享发展的主要特征

共享发展，即在整个发展过程中，坚持共同享有的原则，共同享有机会和成果，从过程到结果都体现公平公正。从共享发展的基本内涵来看，共享发展主要具有以下特征。

1. 经济普惠

让人民群众共享经济发展成果是中国特色社会主义的本质要求。然而，据《2017 中国住户调查年鉴》显示，2016 年我国基尼系数达到0.465，超过国际公认 0.4 的警戒线，经济发展中的不公平问题已经影响到人民群众的幸福感，给我国经济社会的长期健康发展带来隐患。

当前，我国经济发展中的不公平主要表现为收入分配差距较大，主要体现在城乡居民之间的收入差距较大、城镇居民和农村居民内部的收入差距较大、经济增长转化为收入增长的程度不高、劳动报酬在居民收入中的占比较低、行业间的收入差距较大、地区间经济资源要素的分配不公、贫困问题等方面。

在市场经济条件下，资源的流动主要依据经济上的成本收益分析，因此总有些地区和群体由于地理环境、资源禀赋、初始条件等外生条件的劣势，而难以得到资源的青睐。但是这些地区和群体作为经济社会的组成部分，理应参与经济发展的过程，分享经济发展的成果。这就需要通过调整国民收入分配格局，实现经济普惠来解决。在初次分配中，坚持居民收入增长和经济增长同步、劳动报酬提高和劳动生产率提高同步，并努力提升劳动报酬在初次分配中的比例；在再分配环节，更加注重公平，对初次分配结果进行系统性纠偏和调整，通过转移支付的方式切实保障基本民生需求。

2. 社会公平

共享发展注重的是解决社会公平正义问题，这不但体现出中国共产党全心全意为人民服务的根本宗旨，而且有助于充分调动广大人民积极性，推动经济社会发展，主要涉及民生改善和机会公平两个方面。

当前，人民群众日益增长的民生需求与滞后的民生供给是民生建设的主要矛盾。把发展成果更多更公平地惠及民生改善上来是当前我国经济社会建设的主要任务。而且，社会公共服务在不同地区间、不同群体间的供需状况存在差异，共享发展就是要克服发展成果流动的自然无序现象及惯性偏好路径，推进社会公共服务的均等化，提高民生投入的边际产出效益。另外，还应该对低收入群体和病老伤残等困难群体给予特别的关注，努力满足他们的社会保障需求。

民生改善的目标就是要促进人与人之间发展机会的公平，其中教育公平和医疗公平是社会公平的基础。当前我国城乡医疗卫生条件、教育水平的差距较大，严重影响了农村居民在健康、学识等方面的人力资本积累，使农村居民难以获得深入参与经济社会建设的机会。在城镇内部，生活条件和家庭教育在个人素质培养中的重要性更加显著，拉大了农民工、低收入群体的子女与其他群体子女在体格、知识、技术和其他素质等方面的差距，容易形成贫穷的"代际传递"。通过持续推进医疗公平和教育公平，尽量缩小不同地区和不同群体之间在人力资本积累上的差距，保障人民群众共同享有人生出彩的机会，共同享有梦想成真的机会，共同享有同祖国和时代一起成长与进步的机会。

3. 减贫脱贫

消除贫困，改善民生，逐步实现全体人民共同富裕，是社会主义的本质要求。改革开放以来，我国始终积极主动、脚踏实地推进扶贫工作，最早实现了联合国千年发展目标中贫困人口减半的减贫任务，创造了罕见的人类奇迹。但是当前我国消除贫困的任务依然艰巨，截至 2016 年底，我国还有 14 个集中连片特殊困难地区，农村贫困人口还有 4335 万人，农村贫困发生率为 4.5%，贫困人口脱贫已成为全面建成小康社会最艰巨、最繁重的任务。对此，党和国家提出"五个一批"的精准脱贫举措，即发展生产脱贫一批、易地搬迁脱贫一批、生态补偿脱贫一批、发展教育脱贫一批、社会保障兜底一批，因地制宜、精准发力，充分发挥贫困地区广大干部群众能动作用，扎实做好新形势下扶贫开发工作，确保到 2020 年农村贫困人口在我国现行标准下实现脱贫。可以说，消除贫困现象，实现脱贫人口可持续发展，既是补齐全面建成小康社会短板的必要任务，也是推进共享发展理念的最基本要求。只有消除贫困，实现共享发展，才能增加全体人民共建幸福中国的宽度、厚度和满意度。

4. 生态和谐

良好的生态环境是最公平的公共产品，是最普惠的民生福祉，每个人都可以平等消费、共同享用生态环境所提供的产品和服务。如果生态环境遭到破坏，其生态服务功能就会丧失，人民群众正常的生产生活就会受到影响。可以说，生态需求是最基本的民生需求，良好的生态环境是提高人民生活水平、改善人民生活质量、提升人民安全感和幸福感的基础和保障。

然而改革开放以来，我国粗放型的经济增长方式使我国生态承载压力越来越大，对我国的生态现状和未来可持续发展都产生不利影响。中国作为人口众多的发展中大国，就业和财政保障压力大，经济增速不能下滑过快，经济更不能陷入增长停滞。因此，我国一方面需要做好经济增长和生态保护之间的权衡；另一方面应该加强生态建设和环境保护，坚持绿色低碳循环发展，形成低能耗高效率的经济增长，保障和提高公民享有清洁生活环境及良好生态环境的权益。

5. 生活幸福

改革开放以来，我国人民的物质生活得到极大改善，人民群众越来越关注生活的幸福。然而，发展中的不公平问题影响到人民群众的幸福感，过往的发展方式亟待转变。从近百年的世界历史来看，一些国家在经历高速发展后陷入"中等收入陷阱"，甚至出现社会动荡、政权更迭的情况。在这些国家，高速发展提升了一部分人的"获得感"，但与此形成鲜明对比的是广大人民的"失落感"和"被剥夺感"，由此造成社会心态失衡和公众情绪失控，最终破坏了经济社会的和谐稳定和健康发展。

共享发展理念从源头上深刻回答了"发展为了谁、发展成果由谁享有"的问题，让广大人民都有获得感是坚持共享发展的基本要求，而让广大人民都有幸福的生活则是增强广大人民获得感的具体表现。当前，我国已经进入中等收入国家行列，人民向往过上越来越美好的生活。共享发展的过程正是增加人民福祉的过程，也是提高全体人民幸福指数的过程。通过提供更加便利的生活、打造更加繁荣的文化、创造更加先进的科技、营造更加公正的法治，让更多的发展成果惠及人民群众，让人民更有信心和动力创造更多的辉煌，全力建设幸福中国。

第二章
湖南共享发展评价体系研究

以共享发展理念破解湖南省经济社会发展的主要矛盾必须以客观、全面地评价全省及各市州的共享发展水平作为重要参考依据,而构建一个科学、系统的共享发展评价体系则是如实反映共享发展水平的前提。因此,本研究在充分借鉴和吸收已有相关研究的基础上,紧紧围绕共享发展理念的理论内涵,科学运用相关量化处理技术,着力构建一套科学、系统并具有显著共享发展理念特色的湖南省共享发展评价体系。

第一节　共享发展评价体系的框架构建

理论实践始终离不开对客观实情的判断。对共享发展水平的如实评价是中央和地方从政策层面推进共享发展理念的重要参考依据,而构建一个科学、系统的共享发展评价体系则是如实评价共享发展水平的前提。

一　共享发展评价体系研究的文献述评

王蕾等在中央明确提出共享发展理念之前,就从发展机会共享、基础设施共享、公共服务共享、发展成果共享四个方面构建了城乡共享评价体系[①]。易昌良从共享发展的战略出发,从共享环境、共享绩效和共

---

① 王蕾、李红玉、魏后凯:《城乡共享发展评价体系的构建与评价》,《经济纵横》2012年第 7 期。

享知识三个领域搭建我国共享发展评价体系框架，并分别选取43个指标和27个指标设计了省际和城市共享发展的指标体系[①]。张琦等从共享发展的内涵出发，从经济发展分享度、社会保障公平度、公共服务均等度、减贫脱贫实现度和生态环境共享度5个维度构建我国共享发展指标体系，并分别选取25个和16个基础指标对综合层面和城乡层面的省际共享发展指数进行了测算[②]。

可以说，王蕾等和易昌良对共享发展评价体系的框架构建和指数设计具有开创性意义，而张琦等构建的共享发展指标体系则体现了共享发展理念的内容：以推进社会公平正义为前提，以推进扶贫脱贫、缩小收入差距为抓手，以推进区域、城乡基本公共服务均等化为保障，以推进共同富裕为目标[③]。但是王蕾等的评价体系聚焦城乡，不能全面地展现不同省份之间的整体差异，而易昌良和张琦等设计的基础指标依然与经济社会发展评价中的常见指标高度重合，对共享发展理念内涵的体现不够充分。此外，易昌良和张琦等都是采用效用值法对基础指标进行无量纲处理，并对每个基础指标给予相同的权重，通过加权求和后得到共享发展指数。然而每个基础指标具有相同的影响程度或解释能力是对每个基础指标给予相同权重的前提，他们却均未对此进行详细说明。

二 共享发展评价体系的构建原则

为了构建一套既能如实反映湖南省共享发展水平，又能有效评价湖南省各地共享发展差异的共享发展评价体系，满足科学性、系统性、可操作性等评价体系构建的基本要求，本研究提出如下原则。

---

① 易昌良：《2015中国发展指数报告——"创新协调绿色开放共享"新理念、新发展》，经济科学出版社，2016，第128页。

② 张琦等：《中国共享发展研究报告（2016）》，经济科学出版社，2017，第31页。

③ 任理轩：《坚持共享发展——"五大发展理念"解读之五》，《人民日报》2015年12月24日。

1. 具有共享发展特色

由于共享发展评价体系需要全面准确地反映共享发展水平，因此应该注意其与经济社会发展评价一般性框架的区别。不同的评价目标和评价重点会导致不同的体系构建，而当前已有的共享发展评价体系及其指标虽然也有意识地围绕共享发展理念内涵来进行构建，但是与共享发展理念内涵的联系还不够紧密。对此，本研究在整个评价体系构建中，都将紧紧把握共享发展理念的理论内涵，尽可能突出共享发展的特色。

2. 具有层次性特征

评价体系的构建既可以在一个层次上设定多个评价指标，也可以首先设定不同的层次，然后在不同层次上设定多个评价方面或者指标。而评价体系选择单层还是多层的关键在于评价对象的内涵是否具有层次性。共享发展理念涉及经济发展、社会保障、减贫脱贫、生态环境和人民生活等方面，每个方面又涉及若干个与之相关的内容，具有多层次的理论内涵，因此共享发展评价体系也应该具有层次性特征。

3. 指标选取兼顾全面性与简约性

指标选取是评价体系构建中的重要内容。指标的选取既要能够全面反映共享发展理念的内涵，也要注意简约性。虽然，越多的指标对理论内涵的反映越全面，但是指标数量的增加也会提升指标间发生严重相关性的概率，对综合评价造成较大偏误。因此，共享发展评价体系的指标选取既要考量全面性，也要考量简约性。

4. 基础数据的可获得

数据的可获得是进行共享发展水平评价的前提，因此在评价体系的指标选取过程中，本研究尽量保证基础指标数据能够从湖南省历年统计年鉴和全面建成小康社会统计监测报告中获取，以此保证数据来源的可靠性和持续性。但是，共享发展理念的理论内涵极其丰富，有些相对应的指标难以从公开的统计数据中找到或者难以根据公开的统计数据计算得出，因此本研究还采取网络关键词搜索的方式查找相关数据。通过上述各种方法，围绕共享发展理念的理论内涵，选取基础数据可获得的评价指标。

三 湖南共享发展评价体系的基本框架

本研究将共享发展评价体系分为 3 个层次：评价维度（一级指标）、评价方面（二级指标）、评价指标（三级指标）。

基于本研究对共享发展理论内涵的探讨，将评价维度设计为经济发展普惠度、社会保障公平度、减贫脱贫实现度、生态环境和谐度、人民生活幸福度。根据每个维度展现的具体方面，设计评价方面；根据每个方面体现的具体内容，选择评价指标。

本研究设计的共享发展评价体系能够在省级、四大板块和市州三个层面上实现通用，时间跨度为 2012～2016 年，能够更科学地对全省及各市州的共享发展水平进行评价、分析和比较。

第二节 共享发展评价体系的指标选择

本研究从经济发展普惠度、社会保障公平度、减贫脱贫实现度、生态环境和谐度、人民生活幸福度 5 个维度构建共享发展评价的指标体系，围绕每个维度展现的具体内涵，遵循评价体系的构建原则，设计评价方面（二级指标），选择评价指标（三级指标）。

一 经济发展普惠度指标的选择

对经济发展普惠度的评价主要包括收入水平、收入差异、经济活力和地区财力 4 个评价方面，共由 9 个评价指标组成。

1. 收入水平

收入水平主要考量城乡居民收入水平及其与经济发展之间的关系，由 3 项评价指标组成。

（1）城镇居民人均可支配收入，衡量城镇居民的人均收入水平。全省及 14 个市州的该项指标数据参见 2013～2017 年的《湖南省统计年鉴》。

（2）农村居民人均可支配收入，衡量农村居民的人均收入水平，全省及 14 个市州的该项指标数据参见 2013～2017 年的《湖南省统计年鉴》。

（3）居民收入与经济发展之间的增长速度比，衡量经济发展成果转化为居民收入的程度。该指标数值越大，说明全体人民分享的经济发展成果越多。计算公式为：该指标 = 当年居民人均可支配收入增速 / 当年人均地区生产总值的增速。其中，当年居民人均可支配收入增速 =（当年居民人均可支配收入 / 上一年居民人均可支配收入）−1；当年人均地区生产总值的增速 =（当年人均地区生产总值 / 上一年人均地区生产总值）−1；居民人均可支配收入 =（城镇人口 / 年末常住人口总数）× 城镇居民人均可支配收入 +（农村人口 / 年末常住人口总数）× 农村居民人均可支配收入。全省及 14 个市州的年末常住人口、城镇人口、农村人口、人均地区生产总值参见 2013～2017 年的《湖南省统计年鉴》。

2. 收入差异

收入差异主要考量不同区域居民的收入差异和劳动收入的多寡，由 3 项评价指标组成。

（1）城乡居民收入比，衡量城镇居民与农村居民在收入上的差距程度。该项指标越大，说明城乡居民收入差距越大。计算公式为：该指标 = 城镇居民人均可支配收入 / 农村居民人均可支配收入。

（2）地区平均工资的差异系数，衡量不同市州在岗职工工资收入的差异程度。该项指标越大，说明差异程度越高。计算公式为：湖南省地区平均工资的差异系数 = 各市州在岗职工年平均工资的标准差 / 湖南省在岗职工年平均工资；各市州地区平均工资的差异系数 = 该市州所辖市区县在岗职工年平均工资的标准差 / 该市州在岗职工年平均工资。全省在岗职工年平均工资、各市州在岗职工年平均工资、各市州所辖区县在岗职工年平均工资的数据参见 2013～2017 年的《湖南省统计年鉴》。

（3）工资与居民收入比，衡量劳动报酬在初次分配中的占比情况。该项指标越大，劳动报酬在初次分配中所占的比重越大。计算公式为：

该指标 = 在岗职工年平均工资 / 居民人均可支配收入。全省及各市州在岗职工年平均工资的数据参见 2013 ~ 2017 年的《湖南省统计年鉴》，全省及各市州居民人均可支配收入的数据参见上述对居民收入与经济发展之间增长速度比的计算过程。

3. 经济活力

经济活力主要考量地区经济发展的内生动力。根据国民收入方程，地区生产总值由消费、投资和净出口构成。由于湖南省出口的整体水平较低，经济外向程度不高，因此在本次评价中暂不考虑净出口，经济活力由 2 项评价指标组成。但是随着湖南省"开放崛起"战略的实施，净出口的相关指标在今后的评价中一定会涉及。

（1）人均全社会消费品零售额，衡量地区人均消费水平，计算公式为：该指标 = 社会消费品零售总额 / 常住人口。全省及 14 个市州的社会消费品零售总额、年末常住人口参见 2013 ~ 2017 年的《湖南省统计年鉴》。

（2）人均全社会固定资产投资，衡量地区人均投资水平，计算公式为：该指标 = 固定资产投资总额 / 常住人口。全省及 14 个市州的固定资产投资总额、年末常住人口参见 2013 ~ 2017 年的《湖南省统计年鉴》。

4. 地区财力

地区财力考量地区的财政水平，设定 1 项评价指标：人均财政收入。计算公式为：该指标 = 地方财政收入 / 常住人口。全省及 14 个市州的地方财政收入、年末常住人口参见 2013 ~ 2017 年的《湖南省统计年鉴》。

二 社会保障公平度指标的选择

对社会保障公平度的评价主要包括就业、教育、医疗、住房和保障均等 5 个评价方面，共由 7 个评价指标组成。

1. 就业

就业主要考量政府在促进就业工作上的财政支出状况，设定 1 项评价指标：人均社会保障和就业公共财政支出，计算公式为：该指标 = 社会保障和就业公共财政支出 / 常住人口。全省和 14 个市州社会保障和就业公共财政支出、年末常住人口的数据参见 2013 ~ 2017 年的《湖南省统计年鉴》。

2. 教育

教育考量全社会的整体教育水平和政府的教育支出状况，由 2 项评价指标组成。

（1）平均受教育年限，指 15 岁及以上人口当年人均接受学历教育的年数。该项指标的数据参见全省及 14 个市州 2012 ~ 2016 年的全面建成小康社会统计监测报告。

（2）人均公共财政教育支出，指当年财政预算中实际用于教育的费用支出平摊在当地每个常住居民上的数额，计算公式为：该指标 = 公共财政教育支出 / 常住人口。全省和 14 个市州的公共财政教育支出、年末常住人口的数据参见 2013 ~ 2017 年的《湖南省统计年鉴》。

3. 医疗

医疗考量全社会的医疗资源供给状况，由 2 项评价指标组成。

（1）万人拥有卫生机构床位数，指当年卫生机构床位总数平摊在当地每万个常住居民上的数量，计算公式为：该指标 = （卫生机构床位数 / 常住人口）× 10000。全省和 14 个市州的卫生机构床位数、年末常住人口的数据参见 2013 ~ 2017 年的《湖南省统计年鉴》。

（2）万人拥有卫生医疗从业人员数，指当年卫生机构从业人员总数（包含医生和护士）平摊在当地每万个常住居民上的数量，计算公式为：该指标 = （卫生机构从业人员数 / 常住人口）× 10000。全省和 14 个市州的卫生机构从业人员数、年末常住人口的数据参见 2013 ~ 2017 年的《湖南省统计年鉴》。

4. 住房

住房考量城乡居民的家庭住房条件，设定 1 项评价指标：城乡居民家庭住房面积达标率。该项指标的数据参见全省及 14 个市州 2013 ~ 2016 年 [①] 的全面建成小康社会统计监测报告。

---

① 城乡居民家庭住房面积达标率于 2013 年开始纳入全面建成小康社会统计监测指标之中，因此该项指标 2012 年的数据缺失。

5. 保障均等

保障均等考量人均公共服务支出的差异程度，设定 1 项评价指标：地区人均基本公共服务支出差异系数。该项指标的数据参见全省及 14 个市州 2012～2016 年的全面建成小康社会统计监测报告。

三 减贫脱贫实现度指标的选择

减贫脱贫实现度包括减贫脱贫 1 个评价方面，共由 3 个评价指标组成。

（1）贫困发生率，衡量贫困的广度。由于该项指标的数据存在修正和核准的过程，难以获取全省及各个市州连续性的时间序列数据。本研究只获取了 2017 年的年底数据，以此作为 2012～2016 年该项指标数据的替代。

（2）贫困人口累计脱贫率，动态反映贫困治理水平，体现出解决贫困问题的力度和进展。由于与贫困发生率存在相同的原因，因此本研究以 2017 年的年底数据作为 2012～2016 年该项指标数据的替代。

（3）城镇最低工资与平均工资比。贫困发生率和贫困人口累计脱贫率两个指标主要针对农村，因此设定该指标来反映城镇的贫困状况。计算公式为：该指标 = 城镇最低工资 / 在岗职工年平均工资。城镇最低工资通过百度搜索获得，例如在百度搜索对话框中输入"城镇最低工资湖南"；全省和 14 个市州在岗职工年平均工资的数据参见 2013～2017 年的《湖南省统计年鉴》。

四 生态环境和谐度指标的选择

生态环境和谐度包括能源节约和环境美好 2 个评价方面，共由 6 个评价指标组成。

1. 能源节约

能源节约主要考量节能降耗状况和能源利用效率，设定 1 项评价指标：单位 GDP 能耗变化率，指在一定时期内，每产出万元地区生产总值所消耗的能源变化情况。全省及 14 个市州的该项指标数据参见 2013～2017 年的《湖南省统计年鉴》。

2. 环境美好

环境美好主要考量人民生活环境的环保水平和绿化水平，由 5 项评价指标组成。

（1）空气质量达标率，反映地区空气质量，指根据 API 指数法监测的空气质量优良以上天数占全年总监测天数的比例。该项指标的数据参见全省及 14 个市州 2013～2016 年的全面建成小康社会统计监测报告。

（2）城镇污水处理率，衡量人民生活用水的质量，指经管网进入污水处理厂处理的城镇污水量占污水排放总量的比例。全省及 14 个市州的该项指标数据参见 2013～2017 年的《湖南省统计年鉴》。

（3）城镇生活垃圾无害化处理率，衡量城镇的垃圾清洁水平，指城镇生活垃圾无害化处理量与生活垃圾产生量之间的比例。全省及 14 个市州的该项指标数据参见 2013～2017 年的《湖南省统计年鉴》。

（4）人均公园绿地面积，衡量绿化水平和居民生活质量的一项重要指标，指公园绿地面积的人均占有量。全省及 14 个市州的该项指标数据参见 2013～2017 年的《湖南省统计年鉴》。

（5）建成区绿化覆盖率，衡量城镇绿化水平和居民生活质量的一项重要指标，指城镇建成区的绿化覆盖面积占建成区的百分比。全省及 14 个市州的该项指标数据参见 2013～2017 年的《湖南省统计年鉴》。

五 人民生活幸福度指标的选择

人民生活幸福度包括生活便利、文化繁荣、科技共创和法治 4 个评价方面，共由 10 项评价指标组成。

1. 生活便利

生活便利主要考量人民日常生活的便利程度，由 3 项评价指标组成。

（1）每万人拥有公共交通车辆，衡量公共交通服务的供给水平。

全省及 14 个市州的该项指标数据参见 2013 ~ 2017 年的《湖南省统计年鉴》。

（2）人均拥有道路面积，衡量基础设施建设水平的重要指标。全省及 14 个市州的该项指标数据参见 2013 ~ 2017 年的《湖南省统计年鉴》。

（3）城镇用气普及率，衡量人民日常生活水平的重要指标。全省及 14 个市州的该项指标数据参见 2013 ~ 2017 年的《湖南省统计年鉴》。

2. 文化繁荣

文化繁荣主要涉及文化产业发展、文化消费、公共文化投入等内容，由 4 项评价指标组成。

（1）文化、体育及娱乐业增加值占 GDP 比重，衡量文化产业发展水平，计算公式为：该指标 = 文化、体育及娱乐业增加值 / 地区生产总值。全省及 14 个市州的文化、体育及娱乐业增加值和地区生产总值数据参见 2013 ~ 2017 年的《湖南省统计年鉴》。

（2）城乡居民文化娱乐服务支出占家庭消费支出的比重，衡量城乡居民在文化生活方面的支出状况，反映文化生活品质的高低。该项指标的数据参见全省及 14 个市州 2012 ~ 2016 年的全面建成小康社会统计监测报告。

（3）每万人拥有"三馆一站"公用房屋建筑面积，指每万人口拥有的公共图书馆、博物馆、文化馆和文化站的建筑面积，反映公共文化服务供给水平。该项指标的数据参见全省及 14 个市州 2012 ~ 2016 年的全面建成小康社会统计监测报告。

（4）每万人拥有公共图书馆藏书量，衡量公共文化供给水平的重要指标，计算公式为：该指标 =（公共图书馆藏书量 / 常住人口）× 10000。全省及 14 个市州公共图书馆藏书量和年末常住人口的数据参见 2013 ~ 2017 年的《湖南省统计年鉴》。

3. 科技共创

科技共创主要考量科技的创新水平，由 2 项评价指标组成。

（1）R&D 经费内部支出中政府资金投入比重，衡量政府对科技研发的支持力度。计算公式为：该指标 =R&D 经费内部支出中的政府资金投入 /

R&D 经费内部支出。全省及 14 个市州的 R&D 经费内部支出、R&D 经费内部支出中的政府资金投入数据参见 2013～2017 年的《湖南省统计年鉴》。

（2）户用互联网覆盖率，衡量信息共享水平，计算公式为：该指标 = 互联网用户数 / 常住人口总户数。全省及 14 个市州互联网用户数和常住人口总户数数据参见 2013～2017 年的《湖南省统计年鉴》。

4. 法治

法治主要考量法治环境，设定 1 项评价指标：每万人拥有律师数。该项指标的数据参见全省及 14 个市州 2012～2016 年的全面建成小康社会统计监测报告。

第三节　共享发展指数的测度

共享发展指数是衡量共享发展水平的一个量化评价结果，力求科学、系统地反映湖南省及全省 14 个市州的共享发展水平。根据上述共享发展评价指标体系的设计，通过对 35 个评价指标（三级指标）进行权重设置、无量纲处理和加权求和，从省级、四大板块和市州三个层面上完成共享发展指数的测度。

一　指标权重设置

由于各个评价指标对共享发展水平的影响和作用存在差异，因此为了保证共享发展指数的客观性，本文采取德尔菲法，邀请 5 位国内专家（2 位经济学领域的专家、2 位社会学领域的专家、1 位政治学领域的专家）分别对评价指标的权重进行分配，形成了 5 个权重分配方案。然后依据这 5 个方案，计算每个评价指标的平均权重，并四舍五入，以此作为各个评价指标的最后权重。共享发展评价指标体系及权重详见表 2–1。

表 2-1　湖南省共享发展评价指标体系

评价维度	评价方面	评价指标	单位	权重 (%)
经济发展普惠度	收入水平	1. 城镇居民人均可支配收入	元	3
		2. 农村居民人均可支配收入	元	3
		3. 居民收入与经济发展之间的增长速度比	—	3
	收入差异	4. 城乡居民收入比	—	3
		5. 地区平均工资的差异系数	—	3
		6. 工资与居民收入比	—	3
	经济活力	7. 人均全社会消费品零售额	元	3
		8. 人均全社会固定资产投资	元	3
	地区财力	9. 人均财政收入	元	3
社会保障公平度	就业	10. 人均社会保障和就业公共财政支出	元	3
	教育	11. 平均受教育年限	年	3
		12. 人均公共财政教育支出	元	3
	医疗	13. 万人拥有卫生机构床位数	张	2
		14. 万人拥有卫生医疗从业人员数	人	2
	住房	15. 城乡居民家庭住房面积达标率	%	3
	保障均等	16. 地区人均基本公共服务支出差异系数	—	3
减贫脱贫实现度	减贫脱贫	17. 贫困发生率	%	3
		18. 贫困人口累计脱贫率	%	3
		19. 城镇最低工资与平均工资比	—	4
生态环境和谐度	能源节约	20. 单位 GDP 能耗变化率	%	4
	环境美好	21. 空气质量达标率	%	3
		22. 城镇污水处理率	%	3
		23. 城镇生活垃圾无害化处理率	%	3
		24. 人均公园绿地面积	平方米	3
		25. 建成区绿化覆盖率	%	3

续表

评价维度	评价方面	评价指标	单位	权重(%)
人民生活幸福度	生活便利	26. 每万人拥有公共交通车辆	辆	2
		27. 人均拥有道路面积	平方米	2
		28. 城镇用气普及率	%	3
	文化繁荣	29. 文化、体育及娱乐业增加值占 GDP 比重	%	3
		30. 城乡居民文化娱乐服务支出占家庭消费支出的比重	%	3
		31. 每万人拥有"三馆一站"公用房屋建筑面积	平方米	2
		32. 每万人拥有公共图书馆藏书量	册	2
	科技共创	33. R&D 经费内部支出中政府资金投入比重	%	3
		34. 户用互联网覆盖率	%	2
	法治	35. 每万人拥有律师数	人	3

二 无量纲处理

由于各个评价指标的单位或量级存在差别，因此需要对每个基础指标的数值进行无量纲处理，以此科学地进行横向纵向比较及加权求和。为了保证评价结果的客观性，本研究采用全省和 14 个市州 2012～2016 年历史数据的最大值和最小值作为评价指标无量纲处理的上下限值。每个评价指标无量纲指标值的计算公式如下：

对于正向指标[①] 而言，$Q_k^t = \dfrac{I_k^t - I_{k,\min}}{I_{k,\max} - I_{k,\min}}$；

对于逆向指标[②] 而言，$Q_k^t = \dfrac{I_{k,\max} - I_k^t}{I_{k,\max} - I_{k,\min}}$。

---

① 正向指标是指数值越大，评价就越好的指标。

② 逆向指标是指数值越小，评价就越好的指标。

其中，Q_k^t表示第k个评价指标在t年的无量纲指标值，I_k^t表示第k个评价指标在t年的数值，$I_{k,\max}$表示第k个评价指标在2012～2016年全省和各市州数值中的最大值，$I_{k,\min}$表示第k个评价指标在2012～2016年全省和各市州数值中的最小值。具体详见表2-2。

三　加权求和

通过采取灰色关联法，对无量纲处理后的指标值进行平滑处理，以缓解极值对加权求和计算结果的干扰。由于无量纲处理后，每个评价指标的最优值都为1，因此采取灰色关联法处理后的无量纲值计算公式为：

$$GQ_k^t = \frac{\zeta}{1 - Q_k^t + \zeta}$$

ζ为分辨系数，取0.5。

表2-2　湖南省共享发展评价指标无量纲处理限值

评价指标	指标类型	最小值	最大值
1. 城镇居民人均可支配收入	正向指标	15038	43294
2. 农村居民人均可支配收入	正向指标	4680	25448
3. 居民收入与经济发展之间的增长速度比	正向指标	0.17	2.6
4. 城乡居民收入比	逆向指标	1.69	3.21
5. 地区平均工资的差异系数	逆向指标	0.0262	0.2268
6. 工资与居民收入比	正向指标	1.88	9.44
7. 人均全社会消费品零售额	正向指标	5283.96	53856.04
8. 人均全社会固定资产投资	正向指标	7398.88	87549.3
9. 人均财政收入	正向指标	748.42	9727.61
10. 人均社会保障和就业公共财政支出	正向指标	567.46	1506.47
11. 平均受教育年限	正向指标	8.5	12
12. 人均公共财政教育支出	正向指标	777.48	2050.63
13. 万人拥有卫生机构床位数	正向指标	32.64	92.76

评价指标	指标类型	最小值	最大值
14. 万人拥有卫生医疗从业人员数	正向指标	37.99	116.73
15. 城乡居民家庭住房面积达标率	正向指标	37.89	85.2
16. 地区人均基本公共服务支出差异系数	逆向指标	11.37	47.48
17. 贫困发生率	逆向指标	1.08	10.55
18. 贫困人口累计脱贫率	正向指标	66.23	85.63
19. 城镇最低工资与平均工资比	正向指标	0.2144	0.3478
20. 单位 GDP 能耗变化率	逆向指标	-10.72	1
21. 空气质量达标率	正向指标	69.59	100
22. 城镇污水处理率	正向指标	61.33	98.74
23. 城镇生活垃圾无害化处理率	正向指标	9.87	100
24. 人均公园绿地面积	正向指标	6.16	22.48
25. 建成区绿化覆盖率	正向指标	19.72	45.15
26. 每万人拥有公共交通车辆	正向指标	3.87	13.38
27. 人均拥有道路面积	正向指标	9.26	34.91
28. 城镇用气普及率	正向指标	51.61	99.26
29. 文化、体育及娱乐业增加值占 GDP 比重	正向指标	0.4	4.85
30. 城乡居民文化娱乐服务支出占家庭消费支出的比重	正向指标	3.32	10.1
31. 每万人拥有"三馆一站"公用房屋建筑面积	正向指标	178	1167
32. 每万人拥有公共图书馆藏书量	正向指标	1397.64	13960.6
33. R&D 经费内部支出中政府资金投入比重	正向指标	0.42	51.23
34. 户用互联网覆盖率	正向指标	18.34	90.49
35. 每万人拥有律师数	正向指标	0.43	8.36

通过加权求和的方式分别计算 5 个评价维度的指数和共享发展指数，公式分别为：$ESI_t = \sum_{k=1}^{9} w_k GQ_k^t$，$SSI_t = \sum_{k=10}^{16} w_k GQ_k^t$，$PSI_t = \sum_{k=17}^{19} w_k GQ_k^t$，$ZSI_t = \sum_{k=20}^{25} w_k GQ_k^t$，$HSI_t = \sum_{k=26}^{35} w_k GQ_k^t$，$SDCI_t = \sum_{k=1}^{35} w_k GQ_k^t$。

其中，ESI_t 为 t 年的经济发展普惠指数，SSI_t 为 t 年的社会保障公平指数，PSI_t 为 t 年的减贫脱贫实现指数，ZSI_t 为 t 年的生态环境和谐指数，HSI_t 为 t 年的人民生活幸福指数，$SDCI_t$ 为 t 年的共享发展指数；w_k 是第 k 个基础指标的权重。

四 四大板块的处理方法

根据自然禀赋和发展基础的不同，湖南全省分为长株潭地区、洞庭湖地区、湘南地区和大湘西地区四大板块。长株潭地区包括长沙、株洲、湘潭三市，洞庭湖地区包括岳阳、常德、益阳三市，湘南地区包括衡阳、郴州、永州三市，大湘西地区包括邵阳、张家界、怀化、娄底、湘西州五个市州。

由于自然禀赋和发展基础会对当前和未来的发展产生巨大影响，因此在同一个地区内进行横向和纵向比较能够在一定程度上缓解不同地区之间的异质性问题。于是，本研究需要对四大板块的指标数据进行科学计算，具体安排如下。

1. 以各个市州城镇常住人口在所属板块城镇常住总人口中的占比为权重，对各个市州的城镇居民人均可支配收入进行加权求和，分别计算四个板块的城镇居民人均可支配收入。

2. 以各个市州农村常住人口在所属板块农村常住总人口中的占比为权重，对各个市州的农村居民人均可支配收入进行加权求和，分别计算四个板块的农村居民人均可支配收入。

3. 以各个市州常住人口在所属板块常住总人口中的占比为权重，对各个市州居民收入与经济发展之间的增长速度比进行加权求和，分别计算四个板块的居民收入与经济发展之间的增长速度比。

4. 根据四个板块城镇居民人均可支配收入和农村居民人均可支配收入的计算结果，分别计算四个板块的城乡居民收入比。

5. 以各个市州在岗职工数在所属板块在岗职工总数中的占比为权重，对各个市州地区平均工资的差异系数进行加权求和，分别计算四个板块的平均工资差异系数。

6. 以各个市州常住人口在所属板块常住总人口中的占比为权重，对各个市州的工资与居民收入比进行加权求和，分别计算四个板块的工资与居民收入比。

7. 以各个市州常住人口在所属板块常住总人口中的占比为权重，对各个市州的人均全社会消费品零售额进行加权求和，分别计算四个板块的人均社会消费品零售总额。

8. 以各个市州常住人口在所属板块常住总人口中的占比为权重，对各个市州的人均全社会固定资产投资进行加权求和，分别计算四个板块的人均固定资产投资总额。

9. 以各个市州常住人口在所属板块常住总人口中的占比为权重，对各个市州的人均财政收入进行加权求和，分别计算四个板块的人均财政收入。

10. 以各个市州常住人口在所属板块常住总人口中的占比为权重，对各个市州的人均社会保障和就业公共财政支出进行加权求和，分别计算四个板块的人均社会保障和就业公共财政支出。

11. 以各个市州常住人口在所属板块常住总人口中的占比为权重，对各个市州的平均受教育年限进行加权求和，分别计算四个板块的平均受教育年限。[①]

12. 以各个市州常住人口在所属板块常住总人口中的占比为权重，对各个市州的人均公共财政教育支出进行加权求和，分别计算四个板块的人均公共财政教育支出。

13. 以各个市州常住人口在所属板块常住总人口中的占比为权重，对各个市州的万人拥有卫生机构床位数进行加权求和，分别计算四个板块的万人拥有卫生机构床位数。

14. 以各个市州常住人口在所属板块常住总人口中的占比为权重，

---

① 根据平均受教育年限的统计界定，理应以各个市州 15 岁以上常住人口在所属板块 15 岁以上常住总人口中的占比作为权重。但是各个市州 15 岁以上常住人口的数据在历年统计年鉴中缺失，在此以常住人口作为替代。

对各个市州的万人拥有卫生医疗从业人员数进行加权求和，分别计算四个板块的万人拥有卫生机构从业人员数。

15. 以各个市州常住人口在所属板块常住总人口中的占比为权重，对各个市州的城乡居民家庭住房面积达标率进行加权求和，分别计算四个板块的城乡居民家庭住房面积达标率。

16. 以各个市州常住人口在所属板块常住总人口中的占比为权重，对各个市州的地区人均基本公共服务支出差异系数进行加权求和，分别计算四个板块的地区人均基本公共服务支出差异系数。

17. 以各个市州农村常住人口在所属板块农村常住总人口中的占比为权重，对各个市州的贫困发生率进行加权求和，分别计算四个板块的贫困发生率。

18. 以各个市州农村常住人口在所属板块农村常住总人口中的占比为权重，对各个市州的贫困人口累计脱贫率进行加权求和，分别计算四个板块的贫困人口累计脱贫率。

19. 以各个市州在岗职工数在所属板块在岗职工总数中的占比为权重，对各个市州的城镇最低工资与平均工资比进行加权求和，分别计算四个板块的城镇最低工资与平均工资比。

20. 以各个市州 GDP 在所属板块 GDP 总量中的占比为权重，对各个市州的单位 GDP 能源变化率进行加权求和，分别计算四个板块的单位 GDP 能耗变化率。

21. 以各个市州常住人口在所属板块常住总人口中的占比为权重，对各个市州的空气质量达标率进行加权求和，分别计算四个板块的空气质量达标率。[①]

22. 以各个市州城镇常住人口在所属板块城镇常住总人口中的占比为权重，对各个市州的城镇污水处理率进行加权求和，分别计算四个板块的城镇污水处理率。

23. 以各个市州城镇常住人口在所属板块城镇常住总人口中的占比

---

① 由于共享发展理念以人民为中心，因此在四个板块的空气质量达标率计算过程中，本研究选择基于常住人口的权重计算，而未选择基于土地面积的权重计算。

为权重，对各个市州的城镇生活垃圾无害化处理率进行加权求和，分别计算四个板块的城镇生活垃圾无害化处理率。

24. 以各个市州常住人口在所属板块常住总人口中的占比为权重，对各个市州的人均公园绿地面积进行加权求和，分别计算四个板块的人均公园绿地面积。

25. 以各个市州常住人口在所属板块常住总人口中的占比为权重，对各个市州的建成区绿化覆盖率进行加权求和，分别计算四个板块的建成区绿化覆盖率。[①]

26. 以各个市州常住人口在所属板块常住总人口中的占比为权重，对各个市州的每万人拥有公共交通车辆进行加权求和，分别计算四个板块的每万人拥有公共交通车辆。

27. 以各个市州常住人口在所属板块常住总人口中的占比为权重，对各个市州的人均拥有道路面积进行加权求和，分别计算四个板块的人均拥有道路面积。

28. 以各个市州城镇常住人口在所属板块城镇常住总人口中的占比为权重，对各个市州的城镇用气普及率进行加权求和，分别计算四个板块的城镇用气普及率。

29. 以各个市州 GDP 在所属板块 GDP 总量中的占比为权重，对各个市州的文化、体育及娱乐业增加值占 GDP 比重进行加权求和，分别计算四个板块的文化、体育及娱乐业增加值占 GDP 比重。

30. 以各个市州常住人口在所属板块常住总人口中的占比为权重，对各个市州城乡居民文化娱乐服务支出占家庭消费支出的比重进行加权求和，分别计算四个板块城乡居民文化娱乐服务支出占家庭消费支出的比重。

31. 以各个市州常住人口在所属板块常住总人口中的占比为权重，对各个市州的每万人拥有"三馆一站"公用房屋建筑面积进行加权求和，

---

① 根据建成区绿化覆盖率的统计界定，理应以各个市州建成区面积在所属板块建成区总面积中的占比作为权重。但是各个市州建成区面积的数据在统计年鉴中存在缺失，在此以常住人口作为替代。

分别计算四个板块的每万人拥有"三馆一站"公用房屋建筑面积。

32. 以各个市州常住人口在所属板块常住总人口中的占比为权重，对各个市州的每万人拥有公共图书馆藏书量进行加权求和，分别计算四个板块的每万人拥有公共图书馆藏书量。

33. 以各个市州 R&D 经费内部支出在所属板块 R&D 经费内部总支出中的占比为权重，对各个市州的 R&D 经费内部支出中政府资金投入比重进行加权求和，分别计算四个板块的 R&D 经费内部支出中政府资金投入比重。

34. 以各个市州人口总户数在所属板块人口总户数中的占比为权重，对各个市州的户用互联网覆盖率进行加权求和，分别计算四个板块的户用互联网覆盖率。

35. 以各个市州常住人口在所属板块常住总人口中的占比为权重，对各个市州的每万人拥有律师数进行加权求和，分别计算四个板块的每万人拥有律师数。

第三章
湖南共享发展指数测算结果与评价分析

    人民日益增长的美好生活需要和不平衡不充分的发展之间的矛盾是湖南社会发展的主要矛盾，未来亟须进一步贯彻落实共享发展理念，在共建中夯实共享基础，在共享中凝聚共建合力，以共享促共建，以共建得共享，努力建设富饶美丽幸福新湖南。本章对2012～2016年湖南共享发展总指数、一级指标、二级指标的变动趋势特征进行全面评价和对比分析，为深入提出当前湖南省共享发展面临的主要挑战与对策提供研究基础。

第一节　湖南共享发展总指数综合评价

    湖南省共享发展总指数在2014年后实现了较快增长，其中生态环境和谐度对总指数的支撑作用较强，社会保障公平度、人民生活幸福度近年来增速较快，但经济发展普惠度是主要瓶颈。当前湖南省各区域、各市州间共享发展水平差距较大且有扩大趋势，长株潭地区共享发展水平最为领先，大湘西地区则相对落后，处于第一梯队的市州是长沙市、株洲市、湘潭市和常德市。

一　湖南共享发展总指数测算分析

    利用共享发展指标体系和评价方法，基于2012～2016年数据对湖南共享发展水平进行了测评，结果如图 3-1 所示。

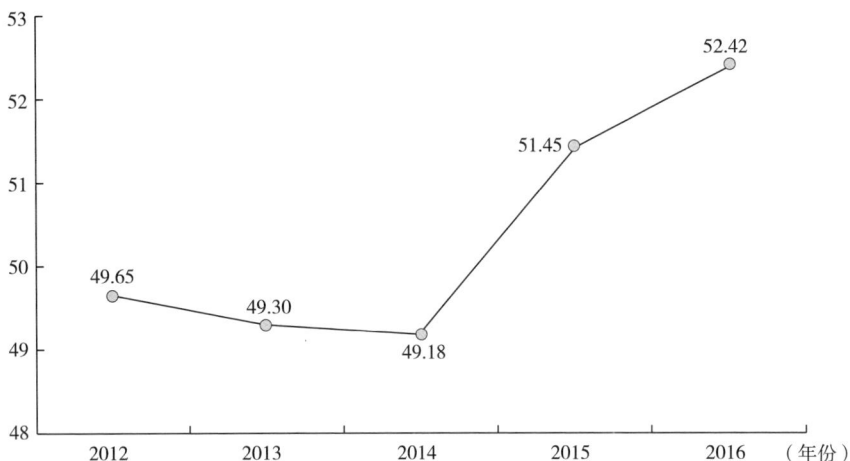

图 3-1　2012～2016 年湖南共享发展总水平指数

　　2012～2016 年，湖南共享发展总指数由 49.65 提升至 52.42，年增速 1.37%，呈先降（2012～2014 年）后升（2014～2016 年）的 V 形增长趋势。从 5 项一级指标的贡献分析（见图 3-2），生态环境和谐度大部分年份高于 60，其对共享发展总指数的贡献率最高，约为 23.42%，属于绝对值较高但时序上增幅不明显的指标；而其他 4 项一级指标的得分

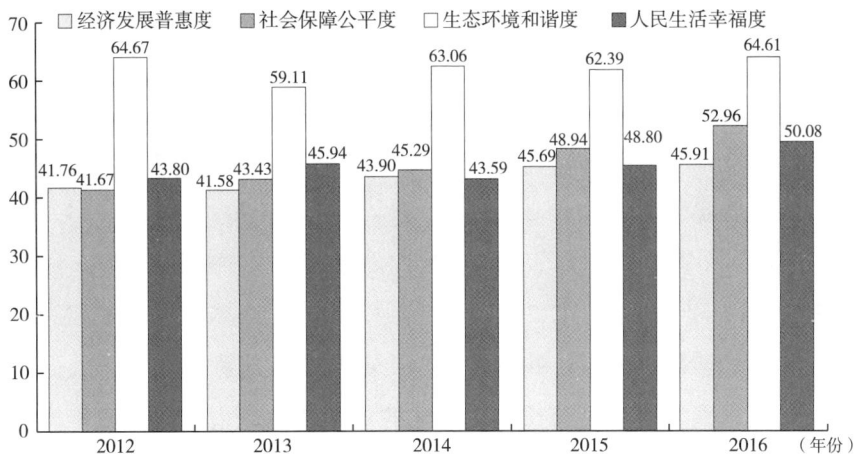

图 3-2　2012～2016 年全省共享发展一级指标变化①

---

　　① 5 项一级指标中减贫脱贫实现度由于数据原因，在本报告图表中被略去，以下各章节同。

均在 41 ~ 53，不容乐观；社会保障公平度和人民生活幸福度在过去几年间增速较快，年均增速分别达到 6.18% 和 3.41%，在 2016 年数值均超过 50；经济发展普惠度增速较慢，其在 5 项一级指标中权重占比最大（27%），是未来提升湖南共享发展总指数亟待突破的主要领域。而 2012 ~ 2014 年生态环境和谐度和人民生活幸福度的下滑和波动是 2014 年前全省共享发展总指数下调的症结所在。

二 湖南四大板块共享发展总指数比较分析

湖南省按经济社会发展情况和地理区位条件可分为长株潭、环洞庭湖（湘北）、湘南和大湘西（含湘中的娄底市）四大板块 14 个市州。其中，长株潭地区包括长沙、株洲、湘潭 3 市；环洞庭湖地区包括岳阳、常德、益阳 3 市；湘南包括衡阳、郴州、永州 3 市；大湘西包括娄底、邵阳、怀化、张家界、湘西州 5 个市州。

2012 ~ 2016 年评价结果显示（见表 3-1），近年来四大板块共享发展除 2013 年有所波动外，均呈现逐步向好的趋势，特别是 2014 年后提升较为迅速。其中，长株潭地区共享发展水平最高，在 2016 年总指数突破 60；增速最快，年均增速 3.99%；总指数一直在各区域中居于首位。环洞庭湖和湘南地区共享发展水平较为接近，2012 年湘南地区共享发展总指数落后于环洞庭湖地区，但 2016 年湘南地区共享发展总指数已略微超过环洞庭湖地区；2012 ~ 2016 年，环洞庭湖和湘南地区共享发展总指数年均增速分别为 2.16% 和 2.91%，总指数在四大板块中交错居于第 2 位和第 3 位。大湘西地区共享发展指数由 2012 年的 44.39 提升至 2016 年的 47.26，年均增速 1.58%，在四大板块中相对偏低。虽然近年来四大板块共享发展总指数均有不同程度的提升，但其他地区的共享发展水平与长株潭地区的差距依然较大，而且按年均增速看，这一差距仍在不断扩大中，未来如何逐步缩小区域差异仍是亟待解决的问题。

表 3-1　2012～2016 年湖南四大板块共享发展总指数对比

区　域	2012 年		2013 年		2014 年		2015 年		2016 年	
	数值	排名	数值	排名	数值	排名	数值	排名	数值	排名
长株潭	53.53	1	53.66	1	57.34	1	59.33	1	62.61	1
环洞庭湖	48.19	2	47.90	2	49.21	3	51.66	2	52.50	3
湘　南	46.88	3	47.22	3	49.93	2	50.94	3	52.58	2
大湘西	44.39	4	44.31	4	45.60	4	46.28	4	47.26	4

三　湖南市州共享发展总指数比较分析

湖南省 14 个市州共享发展总指数水平之间差异明显，各得分梯队内市州变动不大，但市州排名除长沙市外，均在不断变化中。2016年，14 个市州共享发展总指数排名为：长沙市、株洲市、湘潭市、常德市、郴州市、永州市、益阳市、衡阳市、岳阳市、湘西州、怀化市、娄底市、张家界市、邵阳市。其中，长沙市、株洲市、湘潭市、常德市构成第一梯队，郴州市、永州市、益阳市、衡阳市、岳阳市构成第二梯队，湘西州、怀化市、娄底市、张家界市、邵阳市构成第三梯队。

从 2012 年到 2016 年，14 个市州的共享发展总指数均有不同程度的提高，但相对先进与相对落后市州之间的差距有所拉大。第一梯队中，长沙市共享发展总指数从 58.90 平稳上升至 73.98，一直居于全省首位，且和其他 13 个市州拉大了差距；株洲市共享发展总指数从 51.29 稳步上升至 58.53，排名由第 4 位上升至第 2 位；湘潭市共享发展总指数由 52.49 波动上升至 58.43，一直处于全省前列，其中 2016 年略低于株洲市水平，暂处第 3 位；常德市共享发展总指数由 51.87 增长至 56.55，近 5 年来排名处于 3～5 位。第二梯队中，各城市排名位次相对变化较小，郴州市共享发展总指数由 49.02 波动上升至 55.09，

2016 年处全省第 5 位；永州市排名在 4~6 位波动，2016 年总指数为 54.09，处全省第 6 位；益阳市共享发展总指数由 47.79 波动上升至 53.03，处全省第 7 位；衡阳市共享发展总指数由 46.42 稳定上升至 51.45，排名由全省第 10 位上升至第 8 位；岳阳市共享发展指数波动较大，2014 年、2016 年均出现不同程度的下降，暂居全省第 9 位。第三梯队主要为大湘西区域的市州，由于经济社会发展水平相对偏低，共享发展还处于加快"做大蛋糕"的阶段。其中，湘西州共享发展总指数由 45.58 上升至 50.78，是目前第三梯队中唯一总指数超过 50 的市州，排名由第 13 位上升至第 10 位，但其主要弱项在于减贫脱贫实现度较低；怀化市共享发展总指数由 46.37 增长至 49.09，其中 2015 年总指数因经济发展普惠度、生态环境和谐度和人民生活幸福度 3 项一级指标均有所下降而有较大回落，2016 年该市位列全省第 11 位；娄底市共享发展总指数由 44.55 稳步上升至 48.84，排名由第 14 位上升至第 12 位；张家界市共享发展总指数受制于经济发展普惠度增长有限、生态环境和谐度波动较大而增长相对缓慢，2016 年为 48.35，排名由全省第 8 位下降至第 13 位；邵阳市共享发展总指数由 45.69 波动上升至 46.06，近几年来排名表现欠佳，主要原因是社会保障公平度、减贫脱贫实现度和人民生活幸福度相对偏低。

表 3-2　2012~2016 年湖南各市州共享发展总指数

市　州	2012 年		2013 年		2014 年		2015 年		2016 年	
	数值	排名	数值	排名	数值	排名	数值	排名	数值	排名
长　沙	58.90	1	59.14	1	64.21	1	68.81	1	73.98	1
株　洲	51.29	4	51.55	3	54.55	3	54.58	3	58.53	2
湘　潭	52.49	2	52.02	2	55.61	2	56.95	2	58.43	3
衡　阳	46.42	10	47.35	9	48.37	10	50.23	9	51.45	8
邵　阳	45.69	12	44.22	14	44.79	14	45.69	14	46.06	14
岳　阳	47.27	9	48.74	7	48.27	11	51.84	7	51.24	9
常　德	51.87	3	49.80	5	52.28	5	54.54	4	56.55	4

市 州	2012 年		2013 年		2014 年		2015 年		2016 年	
	数值	排名	数值	排名	数值	排名	数值	排名	数值	排名
张家界	47.55	8	44.98	13	48.93	9	48.17	10	48.35	13
益 阳	47.79	7	47.51	8	49.54	8	50.52	8	53.03	7
郴 州	49.02	5	48.97	6	51.88	6	52.16	6	55.09	5
永 州	48.27	6	49.88	4	53.23	4	53.55	5	54.09	6
怀 化	46.37	11	46.61	11	49.91	7	47.73	13	49.09	11
娄 底	44.55	14	45.65	12	46.15	13	48.16	11	48.84	12
湘西州	45.58	13	46.67	10	46.25	12	48.08	12	50.78	10

第二节　湖南共享发展指数评价分析

2012～2016 年，湖南省共享发展各项一级指标除生态环境和谐度处高位波动外，其他都在不断提升。各区域板块中，长株潭地区在经济发展普惠度、社会保障公平度和人民生活幸福度 3 项一级指标中领先全省，湘南地区的生态环境和谐度居全省首位，板块间排名变动不大。14 个市州中，长沙市在大部分指标中都处于领先地位，株洲市和湘潭市在经济发展普惠度和人民生活幸福度方面居于前列，益阳市和郴州市在社会保障公平度上相对领先，郴州市、湘西州和常德市在生态环境和谐度上表现不俗。

一　经济发展普惠度评价与比较分析

经济发展普惠度由收入水平、收入差异、经济活力和地区财力 4 项二级指标构成，2012～2016 年湖南经济发展普惠度由 41.76 波动上升至45.91，年均增长 2.40%。

从二级指标看（见表 3-3），收入水平指数绝对值最高，由 41.90 上升至 49.06，年增速 4.02%，对经济发展普惠度的贡献率为 35.62%。经济活力指数增速最快，由 37.30 稳定上升至 43.80，年增速达到 4.10%，对经济发展普惠度的贡献率为 21.20%。地区财力指数由 38.93 上升至 43.75，年增速 2.96%，增长相对平缓。收入差异指数 2016 年较 2012 年略有下降，表现欠佳，说明不同行业部门、区域和收入来源间差距拉大或结构调整较慢的情况应引起重视。

表 3-3　2012～2016 年湖南经济发展普惠度及二级指标指数

指标名称	2012 年	2013 年	2014 年	2015 年	2016 年
经济发展普惠度	41.76	41.58	43.90	45.69	45.91
收入水平	41.90	40.90	46.74	49.29	49.06
收入差异	45.55	44.59	44.13	45.17	44.90
经济活力	37.30	38.79	40.60	42.52	43.80
地区财力	38.93	40.15	41.35	42.72	43.75

具体分析各项二级指标：

收入水平指数中，2012～2016 年城乡居民人均可支配收入均有大幅提高，2016 年全省城镇居民和农村居民人均可支配收入分别达到 31284 元和 11930 元，是 2012 年的 1.47 倍和 1.40 倍，年增速分别达到 10.06% 和 8.70%；居民收入与经济发展之间的增长速度比大部分年份稳定在 1.3 以上，2015 年达到 1.67，说明近年来居民收入增长速度常年高于经济发展增速，人民群众从经济发展中获得的收益越来越多。

收入差异指数中，城乡居民收入比从 2012 年的 2.50 扩大至 2016 年的 2.62，城乡收入差距仍未收缩；地区平均工资的差异系数由 2012 年的 0.1184 波动下降至 2016 年的 0.1142，各地区在岗人员的工资水平差异缩小，但不明显；工资与居民收入比由 2012 年的 2.76 略微上涨至 2016 年的 2.85，一方面说明工资性收入在居民报酬中的占比可能提升，但另一方面也显示社会抚养压力有可能加大（无工资收入居民占比提高）。由于城乡收入差距拉大，而其他 2 项具体指标变动不明显，2016 年收入差异指数尚差于 2012 年情况。

经济活力指数中，2016 年人均全社会消费品零售额和人均全社会固定资产投资分别达到 19696 元和 40587 元，分别为 2012 年的 1.65 倍和 1.85 倍，全省投资和消费活跃，而从投资增长快于消费增长的趋势可以看出，投资主导型的经济发展路径在湖南省存在路径锁定效应，未来在新常态下仍应进一步提升消费对经济发展的支撑作用。

地区财力指数主要考察人均财政收入指标，2016 年湖南省人均财政收入 3954.67 元，较 2012 年增加 1270.27 元（不考虑价格因素），年均增速 10.17%。2016 年，全省此指标高于平均水平的仅有长沙、株洲、湘潭三市，其他都低于平均水平，大部分地区财力较弱应该是制约湖南省经济发展、社会保障和公共服务投入的主要因素。

从经济发展普惠度各区域板块水平分析（见表 3-4），从整体排名上，经济增长普惠度长株潭 > 湘南 > 环洞庭湖 > 大湘西的位次在过去几年间没有变动。二级指标方面，四大板块经济活力和地区财力的排名比较稳定，经济活力指数长株潭 > 环洞庭湖 > 湘南 > 大湘西，说明这四个地区的投资和消费活动呈递减状态，与经济发展水平情况基本一致；地区财力指数长株潭 > 湘南 > 环洞庭湖 > 大湘西，环洞庭湖三市的人均财政收入要低于湘南三市，值得关注；收入水平指数中长株潭一直处于首位，大湘西则相对落后，环洞庭湖和湘南地区排名互有交错，2016 年环洞庭湖情况优于湘南地区；收入差异指数是长株潭唯一未获得首位的二级指标，2016 年收入差异指数湘南 > 环洞庭湖 > 长株潭 > 大湘西，说明大湘西在经济发展相对落后的情况下城乡、部门间收入差距也相对较大，湘南地区的收入差异较小，而长株潭地区收入差异指数排名由 2012 年的第 1 位下落至第 3 位，说明未来长株潭经济高速发展的同时，要更多地关注缩小收入差距的问题。

表3-4　2012～2016年湖南各区域板块经济发展普惠度及排名

区域	指标名称	2012年		2013年		2014年		2015年		2016年	
		数值	排名	数值	排名	数值	排名	数值	排名	数值	排名
长株潭	经济发展普惠度	49.16	1	50.82	1	54.44	1	58.16	1	61.20	1
	收入水平	47.74	1	49.72	1	54.21	1	59.05	1	65.03	1
	收入差异	52.19	1	51.42	1	51.88	3	50.84	3	50.06	3
	经济活力	46.61	1	50.89	1	56.98	1	64.85	1	69.38	1
	地区财力	49.45	1	52.17	1	57.74	1	64.06	1	66.82	1
环洞庭湖	经济发展普惠度	40.97	3	41.56	3	44.19	3	45.73	3	46.37	3
	收入水平	41.29	3	38.11	4	42.39	3	45.32	3	46.21	2
	收入差异	45.68	4	49.51	3	51.89	2	52.30	2	52.39	2
	经济活力	36.22	2	37.54	2	39.05	2	40.71	2	41.84	2
	地区财力	35.42	3	36.11	3	36.74	3	37.28	3	37.88	3
湘南	经济发展普惠度	42.73	2	42.71	2	45.26	2	46.26	2	46.39	2
	收入水平	42.57	2	39.89	3	42.80	2	45.38	2	45.58	3
	收入差异	49.72	2	51.14	2	54.59	1	53.89	1	53.13	1
	经济活力	35.72	3	37.01	3	38.50	3	40.02	3	41.08	3
	地区财力	36.28	2	37.26	2	38.15	2	38.55	2	39.19	2
大湘西	经济发展普惠度	40.19	4	41.22	4	41.48	4	41.64	4	42.70	4
	收入水平	38.40	4	40.71	2	41.65	4	42.10	4	42.69	4
	收入差异	47.95	3	47.99	4	47.22	4	46.56	4	48.65	4
	经济活力	34.19	4	35.00	4	35.91	4	36.75	4	37.31	4
	地区财力	34.32	4	34.85	4	42.82	4	35.30	4	35.63	4

从经济发展普惠度各市州水平分析（见表3-5、表3-6、表3-7、表3-8和表3-9），长沙市的经济发展普惠度常年处于各市州首位，除收入差异指数外，长沙市的收入水平、经济活力和地区财力3项二级指数也均

处于各市州首位，可见长沙市经济增长的"蛋糕"已经做好，未来主要是如何缩小差异、分好"蛋糕"的命题。湘潭市和株洲市经济发展普惠度紧随长沙其后，分列第2位和第3位，这两个市州的特点与长沙类似，株洲市近5年来经济普惠度排名逐步上升，但收入差异指数5年均值仅列第12位，需引起重视。其他市州中，排名相对稳定的有衡阳市、怀化市和湘西州，其中衡阳市由2012年的第6位下降1位至2016年的第5位，主要是收入差异指数排名相对较低，湘西州由2012年的第12位下降至2016年的第13位，怀化市则一直排名欠佳，这两个市州的收入差异、经济活力和地区财力指数都相对落后。排名有所上升的市州有岳阳市、益阳市、郴州市和娄底市，其中岳阳市排名上升5位，幅度最大，其经济活力指数表现较好；益阳市排名上升3位，2016年列全省第4位，其主要受益于收入差异指数居全省首位，说明其在解决不平衡矛盾方面较有成效；郴州市由2012年的第9位上升至2016年的第6位，其经济活力和地区财力指数排名靠前；娄底市由2012年的第11位上升至2016年的第9位，其各项二级指标排名较为平均。其他市州排名有相对明显的下滑，除去统计数据波动因素外，邵阳市、永州市主要受到收入水平、经济活力和地区财力指数欠佳的影响，这3项二级指数均处第10位及以后；常德市经济发展普惠度列全省第7位，二级指标中收入水平指数有待提升；张家界市收入差异指数表现较好，但收入水平指数和经济活力指数偏低。

表3-5　2012～2016年湖南各市州经济发展普惠度及排名

市　　州	2012 年		2013 年		2014 年		2015 年		2016 年	
	数值	排名	数值	排名	数值	排名	数值	排名	数值	排名
长　沙	56.46	1	59.64	1	66.57	1	74.42	1	79.36	1
株　洲	44.05	4	44.86	5	46.36	4	48.75	3	52.71	3
湘　潭	45.51	3	47.11	2	49.35	2	51.73	2	53.47	2
衡　阳	43.57	6	43.81	6	45.99	6	46.84	6	48.02	5
邵　阳	41.02	10	42.45	10	40.69	13	41.00	13	42.55	12
岳　阳	38.60	13	39.84	13	42.61	12	44.42	10	45.56	8

市　州	2012 年		2013 年		2014 年		2015 年		2016 年	
	数值	排名	数值	排名	数值	排名	数值	排名	数值	排名
常　德	43.61	5	42.69	9	45.00	7	46.35	7	46.90	7
张家界	50.19	2	42.12	11	42.75	11	45.49	9	44.17	11
益　阳	43.51	7	45.59	3	48.58	3	48.58	4	49.29	4
郴　州	42.31	9	43.04	7	44.96	8	46.97	5	47.01	6
永　州	43.36	8	42.80	8	46.24	5	46.28	8	44.45	10
怀　化	38.48	14	39.62	14	43.57	9	40.91	14	41.85	14
娄　底	40.16	11	41.21	12	42.98	10	44.35	11	44.85	9
湘西州	39.63	12	45.03	4	40.47	14	41.56	12	42.35	13

表 3-6　2012～2016 年湖南各市州收入水平指数及排名

市　　州	2012 年	2013 年	2014 年	2015 年	2016 年	5 年平均	
	数值	数值	数值	数值	数值	数值	排名
长　沙	51.73	56.32	63.37	71.57	82.15	65.03	1
株　洲	45.88	47.16	48.72	53.33	60.14	51.05	2
湘　潭	43.89	42.47	47.54	48.98	50.71	46.72	3
衡　阳	42.62	42.56	44.33	46.70	47.73	44.79	4
邵　阳	39.66	43.06	39.74	41.70	42.73	41.38	11
岳　阳	40.51	37.57	43.37	45.90	48.88	43.25	7
常　德	43.05	39.54	42.14	45.18	45.22	43.03	8
张家界	37.29	38.86	37.88	39.94	39.88	38.77	14
益　阳	40.29	37.19	41.42	44.61	44.50	41.60	10
郴　州	42.34	41.26	42.56	46.50	45.61	43.65	6
永　州	42.94	36.05	41.29	43.06	43.19	41.31	12
怀　化	36.56	39.74	50.16	42.56	42.16	42.24	9
娄　底	38.52	35.98	41.97	44.51	43.61	40.92	13
湘西州	39.95	56.15	39.97	40.50	44.85	44.28	5

表 3-7　2012～2016 年湖南各市州收入差异指数及排名

市　州	2012 年	2013 年	2014 年	2015 年	2016 年	5 年平均	
	数值	数值	数值	数值	数值	数值	排名
长　沙	59.91	58.68	59.91	58.53	55.93	58.59	3
株　洲	45.96	44.93	45.28	44.61	47.07	45.57	12
湘　潭	52.91	56.36	55.02	56.81	57.86	55.79	5
衡　阳	52.43	52.17	55.81	54.75	56.41	54.31	6
邵　阳	49.75	49.99	47.05	45.30	48.50	48.12	10
岳　阳	38.52	43.91	45.00	46.38	45.50	43.86	14
常　德	51.58	51.16	54.37	54.04	54.68	53.17	7
张家界	78.56	52.24	54.26	59.67	55.45	60.04	2
益　阳	55.55	64.02	67.69	63.50	65.21	63.19	1
郴　州	46.64	47.91	50.24	50.91	50.33	49.21	9
永　州	52.56	56.92	61.08	58.52	52.29	56.27	4
怀　化	44.21	43.71	45.03	43.99	46.74	44.74	13
娄　底	46.91	51.60	50.33	51.14	52.80	50.56	8
湘西州	45.20	44.70	46.70	48.83	46.39	46.36	11

表 3-8　2012～2016 年湖南各市州经济活力指数及排名

市　州	2012 年	2013 年	2014 年	2015 年	2016 年	5 年平均	
	数值	数值	数值	数值	数值	数值	排名
长　沙	56.06	62.81	74.30	90.34	100.00	76.70	1
株　洲	39.59	42.21	45.17	48.66	50.81	45.29	3
湘　潭	39.50	42.79	46.68	51.80	54.85	47.12	2
衡　阳	35.30	36.43	37.82	39.17	40.19	37.78	7
邵　阳	33.79	34.51	35.81	36.68	37.21	35.60	13
岳　阳	37.30	38.81	40.55	42.66	44.00	40.66	5
常　德	36.13	37.50	38.89	40.51	41.70	38.95	6
张家界	34.42	34.99	35.95	36.78	37.25	35.88	11

续表

市　州	2012 年	2013 年	2014 年	2015 年	2016 年	5 年平均	
	数值	数值	数值	数值	数值	数值	排名
益　阳	35.05	36.11	37.50	38.71	39.53	37.38	8
郴　州	37.63	39.63	41.86	44.40	46.22	41.95	4
永　州	34.73	35.73	36.87	37.94	38.61	36.78	10
怀　化	34.40	35.33	35.82	36.60	37.17	35.86	12
娄　底	35.10	36.24	37.27	38.38	39.19	37.24	9
湘西州	33.53	34.02	34.52	35.03	35.44	34.51	14

表 3-9　2012～2016 年湖南各市州地区财力指数及排名

市　州	2012 年	2013 年	2014 年	2015 年	2016 年	5 年平均	
	数值	数值	数值	数值	数值	数值	排名
长　沙	61.07	66.16	80.71	98.82	100.00	81.35	1
株　洲	41.76	43.01	44.94	47.59	51.10	45.68	2
湘　潭	40.20	41.88	43.15	44.63	45.81	43.13	3
衡　阳	36.40	37.26	37.91	38.82	39.36	37.95	5
邵　阳	33.33	33.83	34.24	34.66	34.85	34.18	14
岳　阳	35.69	36.47	37.29	37.59	38.90	37.19	7
常　德	36.31	37.08	37.72	38.46	38.95	37.70	6
张家界	35.32	35.84	36.39	36.97	37.07	36.32	8
益　阳	33.99	34.47	34.90	35.46	35.40	34.84	13
郴　州	38.59	40.53	42.50	41.65	42.76	41.21	4
永　州	34.31	34.80	35.29	35.88	36.38	35.332	10
怀　化	35.16	35.56	34.92	35.31	35.59	35.31	12
娄　底	34.92	35.66	35.39	35.44	36.02	35.49	9
湘西州	34.22	34.70	35.14	36.01	36.56	35.326	11

备注：为便于排名，若 5 年平均指数有相同的，则小数点位数多取一位，下文同。

二 社会保障公平度评价与比较分析

社会保障公平度由就业、教育、医疗、住房和保障均等 5 项二级指标构成，2012～2016 年湖南社会保障公平度由 41.67 稳定上升至 52.96，年均增长 6.18%，在 5 项一级指标中增速最快。

从二级指标看（见表 3-10），就业和住房指数绝对值相对最高，其中住房指数近 4 年间都超过了 50，属于相对稳定的高水平指标；就业指数在过去 5 年间增速最快，达到 14.28%，对社会保障公平度的贡献率达到 20.16%，仅次于教育指数；教育指数由 2012 年的 40.87 稳定上升至 2016 年的 50.45，年均增速 5.41%，尽管绝对值仅在二级指标中列第 3 位，但由于其权重较大，对社会保障公平度的贡献率在二级指标中最高，达到 30.08%；医疗指数由 2012 年的 38.14 稳定上升至 2016 年的49.47，年增速 6.72%；保障均等指数近年来波动上升，年增速仅 1.66%，对社会保障公平度的贡献率也处于 5 项二级指标之末，仅 12.61%。

表 3-10　2012～2016 年湖南社会保障公平度及二级指标指数

指标名称	2012 年	2013 年	2014 年	2015 年	2016 年
社会保障公平度	41.67	43.43	45.29	48.94	52.96
就业	39.65	45.13	47.26	57.02	67.63
教育	40.87	42.58	43.66	46.87	50.45
医疗	38.14	38.19	40.13	42.76	49.47
住房	—	52.04	56.06	60.57	58.62
保障均等	39.61	41.81	42.72	41.62	42.30

具体分析各项二级指标：

就业指数主要考察人均社会保障和就业公共财政支出的变动情况，2012～2016 年，湖南省对社会保障和就业方面的投入迅速增长，由人均791.86 元稳定上升至 1281.75 元，累计增长了 61.87%。而且，此指标在14 个市州也相对均衡，说明各地对就业方面的投入力度都在持续强化。

教育指数中，平均受教育年限稳定提升，2016 年已超过 10 年，人均公共教育财政支出由 2012 年的 1216.43 元波动上升至 2016 年的 1513.30 元，年均增速 5.61%，特别是 2014 年后提升迅速，3 年年均增速达到 10.61%。近年来教育方面的稳定投入对全民受教育程度的提升起到重要支撑作用。

医疗指数中，2016 年全省万人拥有卫生机构床位数和万人拥有卫生医疗从业人员数分别达到 62.75 张和 75.57 人，是 2012 年的 1.42 倍和 1.44 倍，年增速分别达到 9.09% 和 9.54%；近年来医疗卫生的硬件条件改善和人力资源引进同步趋好。

住房指数中，城乡居民住房条件持续改善，2016 年城乡居民家庭住房面积达标率已经接近 70%。

保障均等指数主要考察地区人均基本公共服务支出差异系数，该系数在过去 5 年间整体走低（差异缩小），但 2015 年该系数有所上浮，影响了保障均等指数的持续提升。

从社会保障公平度各区域水平分析（见表 3-11），整体排名上，除 2013 年外，四大板块的社会保障公平度排名都保持了长株潭＞环洞庭湖＞湘南＞大湘西的态势。二级指标方面，教育和医疗指数长株潭一直处于领先地位，湘南地区一直处于第 2 位，环洞庭湖和大湘西地区则相对落后，这两个地区对教育、医疗的软硬件投入亟待加强；就业指数方面，目前环洞庭湖＞长株潭＞大湘西＞湘南，说明环洞庭湖 3 市对社会保障和就业方面的财政投入较高，而湘南地区的人均投入状况不佳；除就业指数外，环洞庭湖区域在住房指数上表现也相当可观，一直在全省居于首位，目前住房指数环洞庭湖＞湘南＞长株潭＞大湘西，湖南省经济发展相对领先和相对落后地区在住房面积达标和公共服务支出均衡方面都弱于经济发展水平中等的两个板块，这一现象值得关注；保障均等指数方面，湘南地区排名全省第 1 位，其次是环洞庭湖、长株潭和大湘西地区，其中大湘西地区 2015 年前该指数排名较好，但 2016 年部分市州指数回落，导致排名大幅下降。全省四大板块在社会保障公平度二级指标下的表现差异较为显著，优劣势较为明显。

表 3-11　2012～2016 年湖南各区域板块社会保障公平度及排名

区域	指标名称	2012 年		2013 年		2014 年		2015 年		2016 年	
		数值	排名	数值	排名	数值	排名	数值	排名	数值	排名
长株潭	社会保障公平度	48.97	1	51.47	1	54.17	1	57.72	1	63.94	1
	就业	40.44	1	40.89	2	43.79	2	51.06	3	62.15	2
	教育	49.77	1	51.03	1	53.86	1	58.81	1	66.25	1
	医疗	49.18	1	54.00	1	58.38	1	60.11	1	67.82	1
	住房	—	—	60.14	2	64.62	2	69.06	2	68.85	3
	保障均等	44.42	4	50.87	2	49.08	3	47.67	4	51.00	3
环洞庭湖	社会保障公平度	45.55	2	46.44	2	46.21	2	51.59	2	56.43	2
	就业	39.08	2	44.39	1	48.76	1	59.80	1	71.52	1
	教育	37.55	3	38.16	3	38.98	3	40.64	4	42.77	4
	医疗	35.74	4	36.72	4	37.95	4	41.36	3	45.18	4
	住房	—	—	64.87	1	67.02	1	73.63	1	79.58	1
	保障均等	61.78	1	59.56	2	48.30	4	56.86	2	60.48	2
湘南	社会保障公平度	41.37	3	42.92	4	44.88	3	48.59	3	55.18	3
	就业	36.16	3	39.80	3	42.99	3	50.16	4	56.72	4
	教育	37.65	2	38.39	2	39.79	2	41.89	2	45.23	2
	医疗	36.19	2	37.98	2	40.01	2	43.88	2	48.06	2
	住房	—	—	48.52	3	56.01	3	64.29	3	69.04	2
	保障均等	53.76	3	56.12	3	52.31	2	50.98	3	69.19	1
大湘西	社会保障公平度	41.20	4	43.00	3	43.46	4	41.64	4	49.40	4
	就业	36.08	4	39.73	4	42.82	4	52.16	2	61.02	3
	教育	36.99	4	37.29	4	38.17	4	40.88	3	43.41	3
	医疗	36.14	3	37.38	3	39.28	3	41.06	4	45.28	3
	住房	—		44.08	4	46.11	4	50.96	4	57.17	4
	保障均等	58.57	2	64.13	1	57.62	1	60.46	1	47.46	4

　　从社会保障公平度各市州水平分析（见表 3-12、表 3-13、表 3-14、表 3-15、表 3-16 和表 3-17），长沙市的社会保障公平度一直领跑全省，主要得益于教育、医疗 2 项二级指标的绝对优势，而住房指数和保障均等指数 2 项二级指标 5 年平均仅分别列第 9 位和第 7 位，处全省中游水平，此外就业指数长沙在全省排名靠后，未来应加大人均就业服务方面的财政支出力度。社会保障公平度的市州排名与市州经济实力的排名不完全吻合，近年来，益阳市、郴州市、湘潭市和永州市的社会保障公平度排名较为领先，益阳市 2012～2016 年排名处于 2～6 位波动，优势在于就业和住房指数处中上位置，保障均等指数排名领先，但益阳市教育和医疗指数相对落后，有待提升；郴州市由全省第 8 位逐步上升至全省第 3 位，近年来其教育、医疗和保障均等指数提升很快；湘潭市社会保障公平度常年处于全省第 3～4 位，排名稳定处于前列，目前其就业指数居于首位，教育和医疗指数均居全省第 2 位，住房指数居第 3 位，但其保障均等指数垫底对一级指标造成了影响，说明其市域内人均享受的基本公共服务差距较大，需要通过共建共享实现更平衡的发展；永州市 2012～2016 年社会保障公平度排名在 2～7 位波动，排名变动频繁，2016 年处全省第 5 位，其保障均等指数 5 年均值居于首位，住房指数 5 年均值处第 6 位，对一级指标起到拉升作用。常德市、株洲市、怀化市、岳阳市和娄底市 5 个市的社会保障公平度处全省中游水平，常德市 2016 年社会保障公平度列第 6 位，较 2012 年下降 1 位，其住房指数 5 年均值处于全省首位，城乡居民家庭住房面积达标率在 2015 年后已超过 80%，同时就业指数也列第 4 位，表现出色，其主要问题在于医疗和教育指数排名不理想；株洲市 2016 年列全省第 7 位，较 2012 年下降 1 位，其二级指标中就业、教育、医疗和住房指数均处全省前 5 位，但保障均等指数仍待提高；怀化市 2016 年社会保障公平度列第 8 位，较 2012 年提升 2 位，其就业、医疗和保障均等指数处全省中上游水平；岳阳市社会保障公平度常年处于 9～10 位，其优势在于就业指数相对领先，短板在于医疗和保障均等指数 5 年均值均仅列第 11 位，未来需要增强医疗机构建设和人才引进；

娄底市 2016 年社会保障公平度列全省第 10 位，较 2012 年提升 1 位，其住房指数相对领先，但就业、医疗和保障均等指数排名欠佳。湘西州、衡阳市、邵阳市和张家界市 4 个市州的社会保障公平度排名相对落后，湘西州 2015 年前社会保障公平度一直处于全省靠前位置，但住房指数历年来提升过慢和保障均等指数的下降对一级指标的稳定造成了负面影响；衡阳市和邵阳市社会保障公平度一直处于 12～14 位，衡阳市的主要瓶颈在于就业和保障均等指数偏低，邵阳市的主要瓶颈在于就业、教育、医疗和住房指数排名都有所偏低；张家界市 2016 年社会保障公平度暂列第 14 位，主要是其二级指标整体处于全省中下游水平，缺乏提高指数的相对优势项目。

表 3-12　2012～2016 年湖南各市州社会保障公平度及排名

市　州	2012 年		2013 年		2014 年		2015 年		2016 年	
	数值	排名	数值	排名	数值	排名	数值	排名	数值	排名
长　沙	54.85	1	59.03	1	63.69	1	70.64	1	79.46	1
株　洲	46.07	6	48.13	6	50.25	4	50.62	8	58.48	7
湘　潭	46.83	4	48.52	4	50.67	3	54.56	3	59.13	4
衡　阳	39.35	14	40.25	14	42.04	13	45.95	14	51.58	12
邵　阳	39.71	13	41.40	13	41.11	14	46.45	12	46.69	13
岳　阳	43.86	9	44.83	10	44.77	10	50.44	9	54.40	9
常　德	46.37	5	47.03	8	46.60	9	52.75	7	58.68	6
张家界	41.79	12	48.15	5	44.10	12	46.21	13	46.40	14
益　阳	48.64	2	49.39	3	49.15	6	54.45	4	60.87	2
郴　州	44.23	8	46.25	9	46.67	8	53.16	5	59.75	3
永　州	45.41	7	49.46	2	50.79	2	52.98	6	58.75	5
怀　化	43.41	10	44.71	11	46.69	7	48.82	10	54.48	8
娄　底	42.50	11	43.57	12	44.54	11	48.12	11	53.35	10
湘西州	48.10	3	47.22	7	49.90	5	55.14	2	52.19	11

表 3-13 2012～2016 年湖南各市州就业指数及排名

市　州	2012 年	2013 年	2014 年	2015 年	2016 年	5 年平均	
	数值	数值	数值	数值	数值	数值	排名
长　沙	38.30	36.84	38.68	44.22	52.68	42.14	14
株　洲	41.56	44.99	50.37	56.55	67.17	52.13	5
湘　潭	45.22	48.40	52.08	69.88	100.00	63.12	1
衡　阳	35.40	38.07	41.56	49.47	54.06	43.71	11
邵　阳	33.33	38.22	39.57	48.11	57.03	43.25	12
岳　阳	38.50	43.00	48.39	64.47	77.26	54.32	2
常　德	40.04	46.19	49.44	60.99	70.79	53.49	4
张家界	39.24	40.86	45.43	56.16	54.35	47.21	9
益　阳	38.61	43.92	48.33	53.49	66.12	50.09	7
郴　州	37.72	42.15	44.41	51.71	63.49	47.90	8
永　州	35.90	40.34	43.83	49.79	55.28	45.03	10
怀　化	37.54	41.57	49.02	58.17	70.76	51.41	6
娄　底	35.22	36.72	38.41	47.63	54.91	42.58	13
湘西州	42.25	45.77	49.05	60.56	73.83	54.29	3

表 3-14 2012～2016 年湖南各市州教育指数及排名

市　州	2012 年	2013 年	2014 年	2015 年	2016 年	5 年平均	
	数值	数值	数值	数值	数值	数值	排名
长　沙	60.88	64.70	69.98	83.54	100.00	75.82	1
株　洲	41.18	40.21	41.93	43.45	48.05	42.96	5
湘　潭	42.05	44.25	45.48	47.90	51.35	46.21	2
衡　阳	35.90	36.87	38.15	40.84	44.18	39.19	10
邵　阳	35.78	36.13	37.03	39.93	41.46	38.07	14
岳　阳	39.70	40.69	41.72	42.84	44.94	41.98	6
常　德	37.18	37.20	37.75	39.51	42.11	38.75	12
张家界	38.99	38.32	39.41	42.01	44.94	40.73	8

市　州	2012 年	2013 年	2014 年	2015 年	2016 年	5 年平均	
	数值	数值	数值	数值	数值	数值	排名
益　阳	35.90	36.61	37.65	39.50	42.08	38.35	13
郴　州	40.42	42.33	44.26	44.88	48.14	44.01	3
永　州	37.49	37.89	39.21	41.26	44.77	40.12	9
怀　化	37.12	37.21	37.63	40.02	43.25	39.05	11
娄　底	38.75	39.43	40.05	41.03	45.38	40.93	7
湘西州	38.24	38.72	41.02	47.20	49.84	43.00	4

表 3-15　2012～2016 年湖南各市州医疗指数及排名

市　州	2012 年	2013 年	2014 年	2015 年	2016 年	5 年平均	
	数值	数值	数值	数值	数值	数值	排名
长　沙	61.39	72.89	84.23	88.14	100.00	81.33	1
株　洲	40.45	42.25	43.19	43.85	49.98	43.94	4
湘　潭	40.72	42.28	44.82	45.88	49.82	44.70	2
衡　阳	35.81	37.17	38.47	43.40	46.97	40.36	9
邵　阳	33.52	35.17	36.66	37.81	40.72	36.78	14
岳　阳	36.39	36.05	36.02	41.44	45.40	39.06	11
常　德	36.07	37.60	39.42	42.02	45.27	40.08	10
张家界	37.08	39.37	40.18	42.23	45.21	40.81	7
益　阳	34.59	36.46	38.77	40.45	44.84	39.02	12
郴　州	38.50	41.12	43.24	45.28	49.28	43.48	5
永　州	34.87	36.65	39.63	43.48	48.77	40.68	8
怀　化	41.14	40.04	42.29	43.82	49.78	43.41	6
娄　底	33.95	35.35	37.82	41.15	46.40	38.93	13
湘西州	39.42	41.87	44.13	45.74	50.88	44.41	3

表 3-16　2012～2016 年湖南各市州住房指数及排名

市　　州	2012 年	2013 年	2014 年	2015 年	2016 年	5 年平均	
	数值	数值	数值	数值	数值	数值	排名
长　沙	—	53.55	56.63	64.01	65.79	60.00	9
株　洲	—	63.41	71.13	81.14	85.85	75.38	2
湘　潭	—	79.63	84.80	68.66	59.50	73.15	3
衡　阳	—	55.82	57.19	67.48	66.91	61.85	8
邵　阳	—	41.79	47.50	55.59	62.49	51.84	11
岳　阳	—	59.88	60.88	65.61	67.67	63.51	7
常　德	—	71.15	73.61	86.16	100.00	82.73	1
张家界	—	58.98	50.23	46.98	47.26	50.86	12
益　阳	—	64.15	67.65	71.13	76.17	69.78	5
郴　州	—	40.53	51.85	56.92	60.72	52.51	10
永　州	—	48.26	58.46	67.67	82.26	64.16	6
怀　化	—	40.47	41.25	44.67	52.74	44.78	13
娄　底	—	66.21	65.52	73.57	79.50	71.20	4
湘西州	—	33.33	34.28	37.16	41.68	36.61	14

表 3-17　2012～2016 年湖南各市州保障均等指数及排名

市　　州	2012 年	2013 年	2014 年	2015 年	2016 年	5 年平均	
	数值	数值	数值	数值	数值	数值	排名
长　沙	51.92	56.89	55.82	54.57	51.46	54.13	7
株　洲	50.52	59.66	55.32	37.55	54.57	51.524	9
湘　潭	33.33	34.35	33.33	50.04	45.84	39.38	14
衡　阳	38.44	37.69	39.92	34.53	54.74	41.06	13
邵　阳	60.11	63.05	50.33	60.21	39.01	54.54	6
岳　阳	51.49	51.59	42.77	48.42	49.22	48.70	11
常　德	60.03	55.94	44.02	51.90	56.27	53.63	8
张家界	39.04	75.97	51.27	49.22	42.10	51.520	10

市　　州	2012 年	2013 年	2014 年	2015 年	2016 年	5 年平均	
	数值	数值	数值	数值	数值	数值	排名
益　阳	87.37	82.92	68.30	87.29	99.29	85.03	2
郴　州	69.70	70.76	53.14	77.87	92.19	72.73	4
永　州	81.98	100.00	88.14	77.54	79.94	85.52	1
怀　化	67.81	73.32	73.80	67.91	68.69	70.31	5
娄　底	45.00	47.02	47.61	46.67	50.88	47.44	12
湘西州	100.00	86.70	91.81	96.11	47.53	84.43	3

三　生态环境和谐度评价与比较分析

生态环境和谐度由能源节约和环境美好 2 项二级指标构成，2012～2016 年湖南生态环境和谐度一直处于相对高位运行，除 2013 年外该指数值一直处于 60 以上，2016 年该指标指数与 2012 年基本持平。

从二级指标看（见表 3-18），能源节约指数年度波动幅度较大，2015 年达到最高值 61.04，2013 年为最低值 49.37，2016 年该指数对生态环境和谐度的贡献率为 16.98%，目前湖南省能源强度迅速下降，进一步节能潜力空间的挖掘也越来越有限，能源强度下降率难以一直保持较高的态势。环境美好指数常年大于 60，2016 年达到 67.94，较 2012 年年均增长 0.79%，对生态环境和谐度的贡献率为 83.02%，说明生态环保类指标也处于相对较优，进一步提升难度加大的阶段。

表 3-18　2012～2016 年湖南生态环境和谐度及二级指标指数

指标名称	2012 年	2013 年	2014 年	2015 年	2016 年
生态环境和谐度	64.67	59.11	63.06	62.39	64.61
能源节约	60.35	49.37	56.67	61.04	52.14
环境美好	65.83	61.71	64.77	62.74	67.94

具体分析各项二级指标：

能源节约指数主要考察单位 GDP 能耗变化率，2012～2016 年湖南单位 GDP 能耗年下降率约在 4%～7%，"十二五"末的 2014～2015 年两年间湖南单位 GDP 能耗下降率超过 6%，但 2016 年回落到 6% 以内，由于历史上各项节能工程已经取得了较好效果，未来能源强度降低空间会不断收窄。

环境美好指数中，2015～2016 年空气质量达标率较前几年有所走低，主要城市雾霾天气的治理仍是未来环境治理的主要领域；反映水环境和固废治理的 2 项具体指标逐年提升，2012～2016 年，城镇污水处理率由 85.8% 逐步上升至 94.3%，城镇污水已经基本实现了处理工程的覆盖，城镇生活垃圾无害化处理率由 95.7% 上升至 99.9%，城镇垃圾清运网已经基本完备，未来生活垃圾的处理方向是实现更好的分类和更优的资源化途径；反映绿化情况的 2 项具体指标，2016 年人均公园绿地面积 10.6 平方米，较 2012 年提升 1.8 平方米，建成区绿化覆盖率达到 40.6%，较 2012 年提升 3.6 个百分点，近 5 年来城市绿化力度不断加强，人居环境不断改善。

从生态环境和谐度各区域板块水平分析（见表 3-19），过去 5 年间四大板块整体排名变化较大，2012 年排名为环洞庭湖 > 长株潭 > 大湘西 > 湘南，而 2016 年排名已变化为湘南 > 环洞庭湖 > 大湘西 > 长株潭，环洞庭湖整体排位一直相对靠前，而大湘西则一直处于第三位，但湘南和长株潭的排名发生了较大变化，长株潭的排名曾在 2013～2014 年居于首位，但 2014 年后排名的下滑主要受到环境美好指数的排名下降的影响，而湘南排名的大幅上升，从第 4 位上升至第 1 位则也是主要受益于环境美好指数排名的上升。二级指标方面，能源节约指数上环洞庭湖和湘南地区排名一直靠前，而长株潭和大湘西地区相对落后，2016 年能源节约指数湘南 > 环洞庭湖 > 大湘西 > 长株潭，长株潭目前能源强度在各个板块中最低，年度的能源强度下降率难以有更大幅度提升，大湘西由于包括了全省能源强度最高的娄底市，未来还需要更多的资金、技术投入到资源型城市节能减排领域，提升单位能耗的经济产出；环境美好指数中环洞庭湖和大湘西地区一直处于中间位置，长株潭和湘南地区的地位却发生了交替，2016 年环境美好指数湘南 > 环洞庭湖 > 大湘西 > 长株潭，分析其具体原因，2012 年时长株潭在城镇污水处理率、城镇生活垃圾无害化处理率方面大幅领先湘南地区，人均公园绿地面积、建成区绿化覆盖率和湘南地区也较为接近，而 2016 年时，湘南地区在城镇生活垃圾无害化处理率上已经追平长株潭，都实现了 100% 全覆盖，城镇污水处理率也和长株潭大致相当，其他 3 项具体指标均超过长株潭，其中建成区绿化覆盖率和空气质量达标率两项指标领先较多，长株潭在污染治理的硬件设施上在全省水平较高，但空气污染治理以及绿化方面的指标则在四大板块中都相对靠后，这也是未来长株潭环境治理的重点领域。

表 3-19　2012~2016 年湖南各区域板块生态环境和谐度及排名

区域	指标名称	2012 年		2013 年		2014 年		2015 年		2016 年	
		数值	排名	数值	排名	数值	排名	数值	排名	数值	排名
长株潭	生态环境和谐度	62.39	2	59.20	1	67.84	1	62.66	3	61.67	4
	能源节约	57.96	3	49.92	3	59.86	3	58.19	3	48.92	4
	环境美好	63.58	2	61.68	1	69.96	1	63.86	2	65.07	4
环洞庭湖	生态环境和谐度	63.79	1	59.10	2	62.19	3	64.04	2	64.02	2
	能源节约	63.01	1	55.18	1	61.62	2	62.41	2	57.96	2
	环境美好	64.00	1	60.15	2	62.35	4	64.47	1	65.64	2
湘南	生态环境和谐度	59.60	4	56.82	3	64.34	2	64.50	1	66.17	1
	能源节约	59.49	2	50.47	2	63.56	1	67.20	1	60.04	1
	环境美好	59.63	4	58.51	3	64.55	3	63.78	3	67.81	1
大湘西	生态环境和谐度	60.75	3	56.51	4	61.79	4	58.93	4	62.04	3
	能源节约	54.41	4	49.83	4	50.21	4	54.11	4	50.17	3
	环境美好	62.44	3	58.29	4	64.87	2	60.22	4	65.20	3

从生态环境和谐度各市州水平分析（见表 3-20、表 3-21 和表 3-22），各市州总体排名变动剧烈，其中郴州市、永州市、株洲市和常德市均在不同年度占据过全省首位位置。整体上看，近 5 年来郴州市、常德市、湘潭市 3 市的生态环境和谐度常年处较前列位置，其中郴州市在 2012 年和 2016 年都位列全省首位，主要归功于其环境美好指数 5 年均值处全省首位，能源节约指数 5 年均值也处于第 3 位；常德市在 2012 年和 2016 年都位列全省第 3 位，主要受益于其能源节约指数 5 年均值位列全省首位，说明其近年来能源强度下降迅速；湘潭市 2016 年位列第 4 位，较 2012 年提升 1 位，其主要优势是能源节约指数排位靠前，说明其节能方面成效明显。近 5 年来株洲市、永州市、怀化市、长沙市、益阳市的生态环境和谐度处常年中游位置，其中株洲市 2016 年列全省第 5 位，较 2012 年提升 4 位，其能源节约指数 5 年均值列第 4 位，但环境美好指数仅列第 9 位；永州市 2016 年位列全省第 6 位，较 2012 年提高了 6 位，主要受益于其环境美好指数排名靠前；怀化市 2016 年位列全省第 7 位，其环境美好指数 5 年均值仅次于郴州市，居全省第 2 位，但其能源节约指数排名靠后，未来应注重能源利用效率的提升；长沙市 2016 年仅列全省第 13 位，较 2012 年下降了 7 位，其环境美好指数 5 年均值表现不差，列第 4 位，但能源节约指数仅列第 11 位，这主要由于长沙市是目前全省能源利用效率最高的市州，进一步提升能源利用效率显得更为困难；益阳市 2016 年列全省第 10 位，较 2012 年下降了 6 位，其两项二级指标都处于全省中下游水平。近 5 年来湘西州、岳阳市、娄底市、衡阳市、邵阳市、张家界市的生态环境和谐度常年处相对落后位置，其中，湘西州 2016 年表现不俗，占据全省第 2 位，其环境美好指数常年相对靠前，但能源节约指数相对落后，尚有较大提升空间；衡阳市 2016 年列全省第 8 位，其主要问题在于环境美好指数排名靠后；而岳阳市、娄底市、邵阳市和张家界市 4 市的两项二级指标均处于中下游或靠后位置，其生态环境和谐度的提升有待于各类指标的全面改善，其中张家界市排名落后的问题主要在于单位 GDP 能耗变化率、城镇污水处理率和人均公园绿地面积 3 项指标的表现一直相对欠佳。

表 3-20　2012～2016 年湖南各市州生态环境和谐度及排名

市　州	2012 年		2013 年		2014 年		2015 年		2016 年	
	数值	排名	数值	排名	数值	排名	数值	排名	数值	排名
长　沙	65.01	6	62.29	3	68.68	4	61.17	10	59.37	13
株　洲	61.67	9	57.49	10	70.09	1	65.59	3	65.00	5
湘　潭	65.65	5	60.00	8	69.80	2	65.07	5	65.22	4
衡　阳	57.34	13	52.74	13	60.53	10	63.44	6	63.23	8
邵　阳	61.36	10	57.01	12	64.23	9	60.71	11	60.96	12
岳　阳	61.12	11	61.95	4	58.83	14	61.81	8	61.81	9
常　德	66.30	3	60.08	7	66.10	7	67.93	1	72.76	3
张家界	53.58	14	45.49	14	60.25	11	55.80	14	57.88	14
益　阳	65.74	4	57.23	11	64.34	8	62.50	7	61.29	10
郴　州	68.60	1	61.29	5	68.84	3	67.10	2	74.21	1
永　州	58.02	12	64.41	1	68.57	5	65.55	4	64.70	6
怀　化	66.42	2	64.23	2	66.16	6	60.27	12	63.92	7
娄　底	61.81	8	60.69	6	59.71	12	61.44	9	61.26	11
湘西州	64.81	7	59.45	9	59.60	13	57.99	13	74.10	2

表 3-21　2012～2016 年湖南各市州能源节约指数及排名

市　州	2012 年	2013 年	2014 年	2015 年	2016 年	5 年平均	
	数值	数值	数值	数值	数值	数值	排名
长　沙	55.60	48.75	53.91	55.39	47.57	52.24	11
株　洲	56.95	46.03	82.42	68.30	52.75	61.29	4
湘　潭	76.10	65.11	72.53	61.17	51.13	65.21	2
衡　阳	60.79	51.27	61.88	77.31	54.82	61.21	5
邵　阳	45.57	55.18	64.68	61.17	50.91	55.50	8
岳　阳	67.13	62.08	58.19	61.17	46.99	59.11	6
常　德	62.94	51.13	68.14	68.30	100.00	70.10	1
张家界	55.86	44.80	50.43	33.33	35.47	43.98	14

市　州	2012 年	2013 年	2014 年	2015 年	2016 年	5 年平均	
	数值	数值	数值	数值	数值	数值	排名
益　阳	55.81	50.96	57.68	55.39	43.03	52.57	10
郴　州	65.18	49.00	66.59	61.17	71.90	62.77	3
永　州	51.09	51.27	62.54	61.17	56.78	56.57	7
怀　化	59.98	46.84	50.96	50.61	51.63	52.00	12
娄　底	58.66	53.66	43.63	61.17	52.60	53.94	9
湘西州	57.85	41.98	39.97	61.17	58.95	51.98	13

表 3-22　2012～2016 年湖南各市州环境美好指数及排名

市　州	2012 年	2013 年	2014 年	2015 年	2016 年	5 年平均	
	数值	数值	数值	数值	数值	数值	排名
长　沙	67.52	65.90	72.62	62.72	62.51	66.25	4
株　洲	62.93	60.55	66.80	64.87	68.27	64.68	9
湘　潭	62.87	58.64	69.07	66.11	68.98	65.13	7
衡　阳	56.42	53.13	60.17	59.74	65.47	58.99	13
邵　阳	65.57	57.50	64.11	60.59	63.63	62.28	11
岳　阳	59.51	61.92	59.00	61.98	65.76	61.63	12
常　德	67.20	62.46	65.56	67.83	65.49	65.71	6
张家界	52.97	45.67	62.87	61.78	63.86	57.43	14
益　阳	68.39	58.90	66.11	64.40	66.16	64.79	8
郴　州	69.51	64.57	69.43	68.68	74.83	69.40	1
永　州	59.87	67.91	70.17	66.72	66.81	66.30	3
怀　化	68.14	68.87	70.21	62.85	67.19	67.45	2
娄　底	62.65	62.56	63.99	61.51	63.56	62.85	10
湘西州	66.67	64.10	64.84	57.14	78.14	66.18	5

四 人民生活幸福度评价与比较分析

人民生活幸福度由生活便利、文化繁荣、科技共创和法治 4 项二级指标构成，2012～2016 年湖南人民生活幸福度由 43.80 波动上升至 50.08，年均增长 3.41%。

从二级指标看（见表 3-23），生活便利指数绝对值最高，2016 年达到 67.14，且对人民生活幸福度的贡献率最大，达到 37.54%，同时年增速在 4 项二级指标中也最快，达到 4.09%；文化繁荣指数由 40.30 波动上升至 45.94，年增速为 3.33%，2016 年其对人民生活幸福度的贡献率为 36.70%，仅次于生活便利指数；科技共创指数处波动振荡态势，目前对一级指标的贡献率为 16.29%；法治指数是 4 项二级指标中唯一处于稳定上升态势的指标，2016 年达到 39.51，2012～2016 年年增速为 2.50%。

表 3-23 2012～2016 年湖南人民生活幸福度及二级指标指数

指标名称	2012 年	2013 年	2014 年	2015 年	2016 年
人民生活幸福度	43.80	45.94	43.59	48 80	50.08
生活便利	57.19	64.47	54.13	66.95	67.14
文化繁荣	40.30	40.12	41.27	43.18	45.94
科技共创	—	37.63	37.59	41.12	40.79
法治	35.80	35.96	36.70	37.96	39.51

具体分析各项二级指标：

生活便利指数中，城镇交通指标方面 2012～2016 年均有大幅提升，每万人拥有公共交通车辆数由 2012 年的 9 辆增长至 2016 年的 12 辆，增幅达到 33.33%；人均拥有道路面积由 2012 年的 12.8 平方米增长至 2016 年的 14.6 平方米，增幅 14.06%。表征家居生活便利程度的城镇用气普及率 2016 年达到 93%，较 2012 年提升 2 个百分点。

文化繁荣指数中，每万人拥有"三馆一站"公用房屋建筑面积和每万人拥有公共图书馆藏书量两项指标增速较快，前者在 2016 年超过 700 平方米，后者在 2016 年达到 4153.02 册，较 2012 年提升超过 350 册。城乡居民文化娱乐服务支出占家庭消费支出的比重变化相对平稳，文化、体育及娱乐业增加值占 GDP 比重在 2016 年接近 2.5%，仍有较大提升空间。

科技共创指数中，2012～2016 年 R&D 经费内部支出中政府资金投入比重波动较大，但稳定超过 6%；户用互联网覆盖率指标持续上行，由 2012 年的 30.74% 上升至 2016 年的 51.38%，上升了超过 20 个百分点。

法治指数由于量化指标较难选取，目前暂时主要考察每万人拥有律师数指标，该指标长沙市远高于其他各市州水平，全省指标亦处于稳定上升通道，未来随"法治湖南"建设的日益完备，该指标仍将进一步持续抬升。

从人民生活幸福度各区域板块水平分析（见表 3-24），从整体排名上，2012～2015 年四大板块的排名比较固定，为长株潭＞环洞庭湖＞湘南＞大湘西，2016 年湘南地区较环洞庭湖地区有微弱优势，排名变更为长株潭＞湘南＞环洞庭湖＞大湘西，长株潭地区历年所有的二级指标都居于全省首位。二级指标方面，生活便利指数中长株潭一直处于领先地位，而大湘西则相对落后，环洞庭湖和湘南地区排名经常交替，2016 年该指数长株潭＞湘南＞环洞庭湖＞大湘西，大湘西的水电路气等硬件设施建设仍待加强；文化繁荣指数一直保持长株潭＞环洞庭湖＞湘南＞大湘西的位次，这主要由于文化产业、文化消费和硬件设施方面排名靠前地区均领先于靠后地区，如何在保护历史文化、民族文化、红色文化中挖掘经济增长点仍然是很多地区需要探索的领域；科技共创指数 2016 年长株潭＞环洞庭湖＞大湘西＞湘南，湘南地区近两年来这一指标排名的落后主要是由于其 R&D 经费内部支出中政府资金投入比重指标相对较低，同时户用互联网覆盖率指标与环洞庭湖和大湘西地区未拉开距离；法治指数 2016 年长株潭＞湘南＞大湘西＞环洞庭湖，环洞庭湖地区近两年每万人律师数虽然在稳定上升，但其上升速度落后于大湘西和湘南地区，导致其排名持续下降。

表 3-24 2012~2016 年湖南各区域板块人民生活幸福度及排名

区域	指标名称	2012 年		2013 年		2014 年		2015 年		2016 年	
		数值	排名	数值	排名	数值	排名	数值	排名	数值	排名
长株潭	人民生活幸福度	50.49	1	47.77	1	51.32	1	56.35	1	63.39	1
	生活便利	58.47	1	52.80	3	55.14	3	60.22	1	68.28	1
	文化繁荣	51.17	1	47.35	1	53.95	1	59.95	1	67.22	1
	科技共创	—	—	42.92	1	42.66	1	46.25	1	52.63	1
	法治	44.43	1	45.55	1	48.03	1	52.14	1	57.17	1
环洞庭湖	人民生活幸福度	41.38	2	41.72	2	42.66	2	44.37	2	46.17	3
	生活便利	52.60	3	54.63	1	55.83	1	55.44	2	54.53	3
	文化繁荣	38.80	2	37.67	2	38.95	3	42.64	2	46.70	2
	科技共创	—	—	36.23	3	36.51	4	37.72	3	39.31	2
	法治	34.26	2	34.26	2	34.55	3	35.32	4	36.29	4
湘南	人民生活幸福度	41.20	3	41.32	3	42.65	3	43.92	3	46.18	2
	生活便利	53.93	2	53.07	2	55.15	2	54.58	3	57.31	2
	文化繁荣	36.54	3	37.20	3	39.24	2	42.34	3	45.14	3
	科技共创	—	—	37.58	2	36.90	2	37.22	4	38.37	4
	法治	33.85	4	33.90	4	34.43	4	35.45	2	36.70	2
大湘西	人民生活幸福度	37.30	4	38.27	4	39.44	4	41.74	4	42.03	4
	生活便利	41.21	4	44.77	4	45.82	4	50.02	4	47.67	4
	文化繁荣	36.45	4	36.14	4	37.37	4	39.77	4	41.57	4
	科技共创	—	—	35.95	4	37.56	4	37.86	4	38.41	3
	法治	34.08	3	34.05	3	34.61	2	35.42	3	36.43	3

从人民生活幸福度各市州水平分析（见表 3-25、表 3-26、表 3-27、表 3-28 和表 3-29），长沙市历年来均处于全省首位，长沙市、株洲市、湘潭市和张家界市 4 市的常年排名较为领先，处于第一梯队。第一梯队城市中，长沙市具有全面领先优势，除科技共创指数 5 年均值排名第 2 外，

其他 3 项二级指标指数均处全省首位；株洲市的文化繁荣、科技共创和法
治指数 3 项均处于全省前 4 位；湘潭市的优势在于文化繁荣和法治指数排
名领先，而劣势在于生活便利指数相对落后；张家界市在生活便利和法
治指数上排名领先。永州市、常德市、郴州市、岳阳市和怀化市 5 市的
人民生活幸福度常年在排名上处于中游位置，永州市的生活便利和科技
共创指数处全省中上水平；常德市生活便利和文化繁荣两项指数 5 年均
值处全省领先位置，但另两项指数表现欠佳；郴州市生活便利指数全省
领先，其他 3 项指数处中游或中下游水平；岳阳市人民生活幸福度 2016
年列全省第 10 位，较 2012 年下降了 6 位，其生活便利和文化繁荣指数处
中游水平，但另两项二级指数相对落后；怀化市近两年来排名下降较大，
2016 年列全省第 12 位，较 2012 年下降了 4 位，其 R&D 经费内部支出中
政府资金投入比重超过 20%，促使科技共创指数全省领先，但其他 3 项
二级指数 5 年均值排名都在第 10 位以后。益阳市、湘西州、衡阳市、娄
底市和邵阳市的人民生活幸福度处第三梯队，益阳市 2016 年列全省第 8
位，较之前的年份有了很大提升，其短板在于生活便利和科技共创指数；
湘西州 2016 年列全省第 9 位，较之前的年份同样有很大提升，其短板在
于文化繁荣和法治指数；衡阳市 2016 年列全省第 11 位，其生活便利、文
化繁荣和科技共创指数亟待提升；娄底市 2016 年列全省第 13 位，其法治
指数排名相对领先，但文化繁荣和科技共创指数落后较多；邵阳市 2016
年列全省第 14 位，其 4 项二级指标的 5 年均值表现都相对欠佳。

表 3-25　2012～2016 年湖南各市州人民生活幸福度及排名

市　州	2012 年		2013 年		2014 年		2015 年		2016 年	
	数值	排名	数值	排名	数值	排名	数值	排名	数值	排名
长　沙	60.31	1	55.36	1	60.94	1	71.20	1	82.27	1
株　洲	45.41	2	42.33	7	44.56	7	45.33	8	51.93	2
湘　潭	43.01	6	43.08	4	45.59	6	48.35	2	51.49	3
衡　阳	40.28	10	40.53	10	40.35	12	42.33	12	44.02	11
邵　阳	35.83	14	36.73	14	37.26	14	39.80	14	40.22	14

市 州	2012 年		2013 年		2014 年		2015 年		2016 年	
	数值	排名	数值	排名	数值	排名	数值	排名	数值	排名
岳 阳	44.19	4	42.65	6	43.58	9	46.25	4	44.35	10
常 德	42.75	7	42.90	5	46.32	5	46.79	3	48.50	6
张家界	44.82	3	45.65	2	48.44	2	45.91	6	49.72	4
益 阳	38.08	12	40.09	11	38.96	13	41.13	13	48.07	8
郴 州	44.04	5	44.34	3	47.54	3	45.41	7	48.10	7
永 州	40.73	9	40.68	9	43.61	8	46.15	5	49.40	5
怀 化	42.13	8	41.94	8	47.10	4	44.81	10	43.53	12
娄 底	38.58	11	39.25	12	41.49	10	43.66	11	43.32	13
湘西州	36.78	13	38.99	13	40.81	11	45.24	9	47.38	9

表 3-26 2012~2016 年湖南各市州生活便利指数及排名

市 州	2012 年	2013 年	2014 年	2015 年	2016 年	5 年平均	
	数值	数值	数值	数值	数值	数值	排名
长 沙	64.23	57.07	58.44	69.80	81.64	66.24	1
株 洲	57.64	49.35	52.10	52.71	62.72	54.90	7
湘 潭	47.81	48.57	52.65	53.72	56.03	51.76	10
衡 阳	50.11	48.07	46.84	50.72	53.65	49.88	11
邵 阳	36.38	41.15	41.74	46.07	43.48	41.76	14
岳 阳	61.50	57.26	58.99	61.14	49.27	57.63	6
常 德	55.85	56.65	65.86	60.69	56.40	59.09	4
张家界	60.83	61.41	58.57	58.13	67.48	61.28	3
益 阳	42.34	49.86	45.13	46.16	63.70	49.44	12
郴 州	60.62	60.37	71.22	58.48	62.39	62.62	2
永 州	56.28	56.72	59.37	60.88	61.20	58.89	5
怀 化	46.08	44.29	47.21	47.48	45.23	46.06	13
娄 底	49.58	51.50	51.01	57.05	53.06	52.44	8
湘西州	38.39	46.19	46.43	61.93	66.30	51.85	9

表 3-27 2012～2016 年湖南各市州文化繁荣指数及排名

市　州	2012 年	2013 年	2014 年	2015 年	2016 年	5 年平均	
	数值	数值	数值	数值	数值	数值	排名
长　沙	67.06	57.41	68.42	79.48	88.13	72.10	1
株　洲	39.50	36.94	41.84	42.24	49.09	41.92	4
湘　潭	44.18	44.04	46.25	50.76	55.55	48.16	2
衡　阳	37.46	39.28	39.68	41.12	42.40	39.99	10
邵　阳	36.94	35.66	36.28	39.07	41.11	37.81	13
岳　阳	39.24	38.24	38.79	42.99	45.46	40.944	6
常　德	40.15	38.61	40.78	44.75	50.85	43.03	3
张家界	39.79	41.06	41.10	43.07	44.34	41.87	5
益　阳	37.83	37.26	38.07	41.84	46.05	40.21	8
郴　州	37.23	37.65	38.51	42.40	45.23	40.20	9
永　州	34.95	34.46	39.26	44.65	51.39	40.942	7
怀　化	36.77	37.44	37.34	41.24	44.08	39.37	11
娄　底	34.10	34.11	39.59	39.97	40.80	37.71	14
湘西州	37.55	37.36	37.73	38.84	40.33	38.36	12

表 3-28 2012～2016 年湖南各市州科技共创指数及排名

市　州	2012 年	2013 年	2014 年	2015 年	2016 年	5 年平均	
	数值	数值	数值	数值	数值	数值	排名
长　沙	—	44.60	43.83	49.06	60.81	49.58	2
株　洲	—	47.61	44.86	46.53	50.66	47.42	3
湘　潭	—	38.00	40.07	42.41	44.37	41.21	5
衡　阳	—	36.56	37.05	38.25	37.95	37.45	10
邵　阳	—	34.28	37.01	38.29	36.36	36.49	12
岳　阳	—	36.26	34.83	36.45	40.02	36.89	11
常　德	—	37.54	36.33	36.99	39.96	37.71	9
张家界	—	37.18	39.86	38.69	43.17	39.73	7

市 州	2012 年	2013 年	2014 年	2015 年	2016 年	5 年平均	
	数值	数值	数值	数值	数值	数值	排名
益 阳	—	35.08	35.92	35.46	37.53	36.00	14
郴 州	—	41.43	34.62	35.26	40.18	37.87	8
永 州	—	34.74	56.77	40.21	37.17	42.22	4
怀 化	—	52.84	74.51	54.39	44.75	56.62	1
娄 底	—	35.76	35.47	36.40	37.53	36.29	13
湘西州	—	35.25	42.61	40.63	42.08	40.14	6

表 3-29 2012～2016 年湖南各市州地区法治指数及排名

市 州	2012 年	2013 年	2014 年	2015 年	2016 年	5 年平均	
	数值	数值	数值	数值	数值	数值	排名
长 沙	58.87	62.49	70.36	83.74	100.00	75.09	1
株 洲	34.98	35.14	35.55	36.39	38.33	36.08	4
湘 潭	35.51	35.58	36.10	37.71	39.28	36.84	3
衡 阳	33.76	33.76	34.49	35.71	37.07	34.96	8
邵 阳	34.11	34.02	34.67	35.29	36.03	34.82	11
岳 阳	34.05	33.90	34.40	34.86	36.43	34.73	12
常 德	34.11	34.05	34.14	35.71	36.53	34.91	9
张家界	37.60	38.25	35.20	36.10	37.14	36.86	2
益 阳	34.64	35.07	34.17	34.58	35.87	34.87	10
郴 州	33.76	34.14	34.43	35.17	37.53	35.01	7
永 州	34.08	33.93	35.35	36.39	35.58	35.07	6
怀 化	33.70	33.33	33.73	34.52	35.67	34.19	14
娄 底	33.47	33.64	35.67	36.80	38.63	35.64	5
湘西州	33.67	33.85	34.95	35.29	35.58	34.67	13

第四章
长株潭地区共享发展评价

长株潭地区包括省会长沙市与株洲、湘潭两个地级市，属于湖南经济社会最为发达的区域板块。本章对长株潭地区 2012～2016 年间共享发展总指数、一级指标、二级指标的变动趋势与特征进行全面评价和对比分析，在此基础上提出了现阶段长株潭地区共享发展面临的问题与挑战，并结合区域发展实际提出相应的解决对策。

第一节　长株潭地区共享发展综合评价

通过对长株潭地区共享发展综合指数的分析，我们发现，2012 年至 2016 年，长株潭地区共享发展总水平发展可以清晰地划分成两个阶段，呈现出明显的"前稳后快"的加速增长趋势。

一　长株潭地区共享发展总指数变化特征分析

基于 2012～2016 年统计数据对长株潭地区共享发展总水平指数特征进行分析，结果如图 4-1 所示。

从图 4-1 可以看出，2012 年至 2016 年间，长株潭地区共享发展总水平发展可以划分成两个阶段，呈现出明显的"前稳后快"的加速增长趋势。2013 年为第一阶段，共享发展总水平指数为 53.66，与上一年 53.53 基本保持持平，略有上升。2014 年至 2016 年为第二阶段，共享发

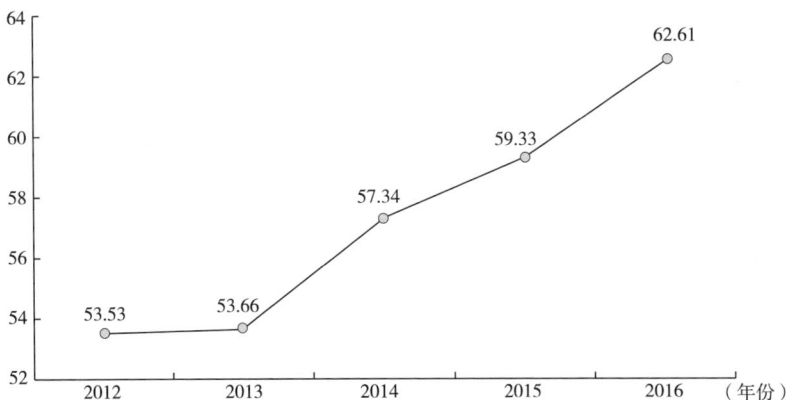

图 4-1　2012～2016 年长株潭地区共享发展总水平指数

展总水平指数从 57.34 快速增长至 62.61，年均增速为 5.28%。

　　第一阶段长株潭地区共享发展总水平 2013 年增速缓慢主要源于"两降"，即生态环境和谐度与人民生活幸福度两个一级指标出现较为明显的下降。2013 年长株潭地区经济发展普惠度、社会保障公平度两个一级指标相比上年有一定提升，经济发展普惠度提升 0.45，社会保障公平度提升 0.48。与此同时，生态环境和谐度与人民生活幸福度相比上年出现下降，生态环境和谐度下降 0.61，人民生活幸福度下降 0.68，这两个一级指标的明显下降，抵消了其余两个指标对于总体水平的有利影响，减缓了长株潭地区共享发展总水平的增速。

　　第二阶段长株潭地区共享发展总水平加速增长主要源自"三升一降"，即经济发展普惠度、社会保障公平度和人民生活幸福度大幅提升，生态环境和谐度呈现一定幅度下降。其中，经济发展普惠度提升 1.17，社会保障公平度提升 1.81，人民生活幸福度提升 1.04，生态环境和谐度下降 0.72。综合来看，四个指标推动了长株潭地区共享发展水平在 3 年中实现加速增长。

二　长株潭地区共享发展分指数变化特征分析

　　基于 2012～2016 年统计数据对长株潭地区进行共享发展一级指标变化分析，结果如图 4-2 所示。

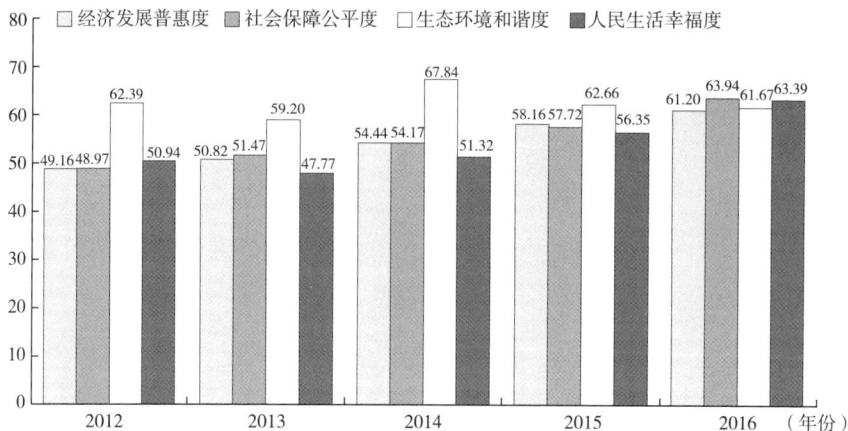

图4-2　2012～2016年长株潭地区共享发展一级指标变化

经济发展普惠度指数呈现稳步增长趋势。2012年至2016年，经济发展普惠度从49.16上升至61.20，年均增速为5.63%，各年增速分别为3.38%、7.12%、6.83%和5.23%，保持连续稳定增长，其中2014年、2015年两年的增速相对较快，2013年增速相对较慢。从构成经济发展普惠度的二级指标来看，2012年至2016年，除收入差异指数出现波动，其余二级指标均保持稳定增长，这些都较好地解释了经济发展普惠度稳步增长的原因。

社会保障公平度实现连续较快提升。2012年至2016年，社会保障公平度从48.97上升至63.94，年均增速6.90%，各年增速分别为5.11%、5.25%、6.55%和10.78%，各年增速较快。从构成社会保障公平度的二级指标来看，2012年至2016年，全部4个正向指标都实现了连续较快增长，较好地解释了社会保障公平度连续较快增长的原因。同时，就业、教育和医疗三个指标2016年同比上年都实现了大幅的增长，较好地解释了2016年社会保障公平度增速相对较快的原因。

生态环境和谐度呈现波动性下跌趋势。从2012年至2016年，生态环境和谐度分别为62.39、59.20、67.84、62.66和61.67，呈现出较大的波动性。从个别年份看，2013年降到谷底，2014年生态环境和谐度达到波峰；从整个区间看，2016年相比2012年生态环境和谐度下降1.15%，尤其是2015年、2016年两年生态环境和谐度连续下降，降幅达到9.10%。从构成生态环境和谐度的二级指标来看，能源节约与环境美好两个二级指标的波动是造成生态环境和谐度呈现波动性变化的原因。尤其是能源节约指数 2015 年、2016 年连续出现下降，是造成 2015 年、2016 年两年生态环境和谐度连续大幅下降的重要原因。

人民生活幸福度呈现"前降后升"变化。2012 年至 2016 年，人民生活幸福度从 50.94 上升至 63.39，年均增速 5.85%，各年增速分别为 -5.39%、7.43%、9.8% 和 12.49%，除 2013 年出现下滑，其余年份都保持较快增长。从构成人民生活幸福度的二级指标来看，2013 年生活便利和文化繁荣 2 个指标相比 2012 年均出现了较大下降，造成了 2013 年人民生活幸福度出现下滑；2014 年及以后，全部二级指标基本实现连续较快的增长，推动人民生活幸福度较快增长。

基于 2012～2016 年统计数据对长株潭地区进行共享发展二级指标变化分析，结果如表 4-1 所示。

表 4-1　2012～2016 年长株潭地区共享发展二级指标变化

二级指标	2012 年	2013 年	2014 年	2015 年	2016 年
收入水平	47.74	49.72	54.21	59.05	65.03
收入差异	52.19	51.42	51.88	50.84	50.06
经济活力	46.61	50.89	56.98	64.85	69.38
地区财力	49.45	52.17	57.74	64.06	66.82
就业	40.44	40.89	43.79	51.06	62.15
教育	49.77	51.03	53.86	58.81	66.25
医疗	49.18	54.00	58.38	60.11	67.82
住房	—	60.14	64.62	69.06	68.85
保障均等	44.42	50.87	49.08	47.67	51.00
能源节约	57.96	49.92	59.86	58.19	48.92
环境美好	63.58	61.68	69.96	63.86	65.07
生活便利	58.47	52.80	55.14	60.22	68.28
文化繁荣	51.17	47.35	53.95	59.95	67.22
科技共创	—	42.92	42.66	46.25	52.63
法治	44.43	45.55	48.03	52.14	57.17

收入水平指数呈现加速增长趋势。2012 年至 2016 年，收入水平指数从 47.74 上升至 65.03，年均增速 8.03%，各年增速分别为 4.15%、9.03%、8.93% 和 10.13%，2013 年增速相对较低，其余年份收入指数增速呈现加速增长的趋势。从构成收入水平指数的三级指标来看，居民收入与经济发展之间的增长速度比指标在 2013 年下降比较明显，这也是导致 2013 年收入水平指数增速较慢的原因，其余年份三级指标均保持上升，推动收入水平指数加速增长。

收入差异指数基本呈现逐年小幅下降趋势。2012 年至 2016 年，收入差异指数从 52.19 下降至 50.06，年均下降 1.04%，其中 2014 年同比 2013 年收入差异指数有小幅上涨，但是不影响整个期间收入差异指数的下降趋势。从构成收入差异指数的三个三级指标来看，城乡居民收入比指标基本上处于上涨趋势，该指标为逆向指标，降低了收入差异指数；另外一个逆向指标为地区平均工资的差异系数，基本处于下降趋势，提升了收入差异指数；工资与居民收入比指标基本保持了不变，综合以上三级指标的变化，收入差异指数出现小幅下降。

经济活力指数呈现较快增长趋势。2012 年至 2016 年，经济活力指数从 46.61 上升至 69.38，年均增速 10.46%，各年增速分别为 9.18%、11.97%、13.81% 和 6.99%，前期增速不断提升，虽然 2016 年增速有一定回落，但总体仍然呈现较快增长态势。从构成活力指数的三级指标来看，造成 2016 年增速变缓的重要原因是人均全社会固定资产投资指标增速出现明显回落。

地区财力指数呈现连续增长趋势。2012 年至 2016 年，地区财力指数从 49.45 上升至 66.82，年均增速 7.82%，各年增速分别为 5.5%、10.68%、10.95% 和 4.31%，增速中间快两头相对较慢，总体上看仍然呈现连续增长态势。从构成地区财力指数的三级指标来看，造成 2013 年与 2016 年增速较慢的原因是人均财政收入增长较慢。

就业指数呈现迅猛增长趋势。2012 年至 2016 年，就业指数从 40.44 上升至 62.15，年均增速 11.34%，各年增速分别为 1.1%、7.09%、16.6% 和 21.72%，增速明显呈现大幅加速的趋势。从构成就业指数的三级指标来看，人均社会保障和就业公共财政支出在 2013 年增长较慢，其余年份增速较快。

教育指数呈现加速增长趋势。2012 年至 2016 年，教育指数从 49.77 上升至 66.25，年均增速 7.41%，各年增速分别为 2.53%、5.55%、9.19% 和 12.65%，增速呈现不断加速的趋势。从构成教育指数的三级指标来看，2013 年人均公共财政教育支出出现下降，拖累了当年的增速。

医疗指数呈现连续增长的趋势。2012 年至 2016 年，医疗指数从 49.18 上升至 67.82，年均增速 8.37%，各年增速分别为 9.8%、8.11%、2.96% 和 12.83%，增速两头较快中间减缓，总体仍然呈现连续增长的趋势。从构成医疗指数的三级指标来看，万人拥有卫生机构床位数指标增速在 2013 年出现大幅下降，导致了 2013 年医疗指数增速大幅放缓。

住房指数整体呈现增长的趋势。2013 年至 2016 年，住房指数从 60.14 上升至 68.85，年均增速 4.76%，各年增速分别为 7.45%、6.87% 和 -0.3%，前期增速较快，2016 年住房指数小幅下降，整体上仍然呈现增长的趋势。从构成住房指数的三级指标来看，城乡居民家庭住房面积达标率指标在 2016 年出现小幅下降，是当年住房指数出现下降的主要原因。

保障均等指数呈现波动性增长趋势。2012 年至 2016 年，保障均等指数从 44.42 上升至 51.00，年均增速 3.51%，各年增速分别为 14.52%、-3.52%、-2.87% 和 6.99%，指数呈现波动性增长。从构成保障均等指数的三级指标来看，地区人均基本公共服务支出差异系数指标在 2014 年、2015 年连续两年出现下降，造成了这两年保障均等指数增速连续下跌。

能源节约指数呈现波动性降低趋势。2012 年至 2016 年，能源节约指数从 57.96 下降至 48.92，年均增速 -4.15%，说明近年来能源强度下降率开始逐步趋于平缓，未来节能空间的进一步提高更加困难。从构成能源节约指数的三级指标来看，单位 GDP 能耗变化率指标波动性增长是能源节约指数处于波动的主要原因。

环境美好指数呈现波动性的缓慢增长趋势。2012 年至 2016 年，环境美好指数从 63.58 上升至 65.07，年均增速 0.58%，各年增速分别

为 –3%、13.42%、–8.72% 和 1.89%，指数整体呈现出波动性的缓慢增长。从构成环境美好指数的三级指标来看，空气质量达标率指标的大幅度波动是环境美好指数处于波动的重要原因。

生活便利指数呈现先降后升式的增长趋势。2012 年至 2016 年，生活便利指数从 58.47 上升至 68.28，年均增速 3.95%，各年增速分别为 –9.7%、4.43%、9.21% 和 13.38%，指数整体呈现先下降后加速增长的态势。从构成生活便利指数的三级指标来看，城镇用气普及率指标 2013 年出现较大幅度的下降，造成了当年生活便利指数出现较大的下降。

文化繁荣指数呈现先降后升式的增长趋势。2012 年至 2016 年，文化繁荣指数从 51.17 上升至 67.22，年均增速 7.06%，各年增速分别为 –7.47%、13.94%、11.12% 和 12.13%，指数整体呈现先下降后快速增长的态势。从构成文化繁荣指数的三级指标来看，2013 年每万人拥有公共图书馆藏书量指标的大幅下降，造成文化繁荣指数出现较大降幅。

科技共创指数呈现先降后升式的增长趋势。2013 年至 2016 年，科技共创指数从 42.92 上升至 52.63，年均增速 5.23%，各年增速分别为 –0.61%、8.42% 和 13.8%，指数整体呈现先下降后较快增长的态势。从构成科技共创指数的三级指标来看，R&D 经费内部支出中政府资金投入比重指标在 2014 年出现了小幅的下降，这成为当年科技共创指数小幅下降的重要原因。

法治指数呈现连续加速增长的趋势。2012 年至 2016 年，法治指数从 44.43 上升至 57.17，年均增速 6.51%，各年增速分别为 2.52%、5.44%、8.56% 和 9.65%，指数呈现加速增长的态势。

第二节　长株潭地区分市州共享发展评价

长沙市作为湖南的省会城市，共享发展水平更高、速度更快。2012 年长沙、株洲和湘潭市的共享发展总水平指数为 58.90、51.29 和 52.49，长沙市共享发展总水平指数是另外两个城市的 1.15 倍和 1.12 倍。2016

年长沙、株洲和湘潭市的共享发展总水平指数为73.98、58.53和58.43，长沙市共享发展总水平指数是另外两个城市的1.26倍和1.27倍。

从构成共享发展总水平指数的一级指数来看，长沙市在经济发展普惠度、社会保障公平度以及人民生活幸福度三个指标上遥遥领先于另外两个城市。比如经济发展普惠度和人民生活幸福度，株洲市与湘潭市2016年的水平还不及长沙市2012年的水平；而社会保障公平度上，株洲市与湘潭市2016年的水平与长沙市2013年的水平基本持平。然而，在生态环境和谐度上，长沙市相对另外两个城市水平较低。从整体上看，湘潭市在生态和谐度上水平最高，其次为株洲市，长沙市最低。

一 长沙市共享发展评价

基于2012～2016年统计数据对长沙市进行共享发展总水平分析，结果如图4-3所示。

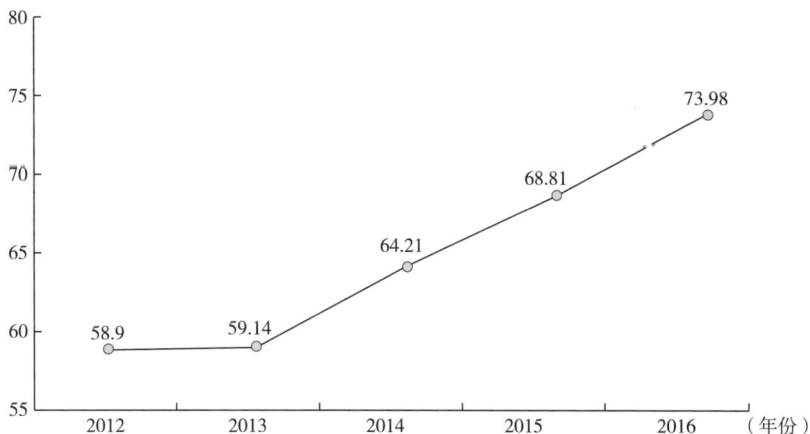

图4-3 2012～2016年长沙市共享发展总水平指数

从图4-3可以看出，长沙市共享发展总水平指数的变化可以清晰地划分为两个阶段，呈现出明显的先慢后快的增长特点。从2012年至2016年，长沙市共享发展总水平指数从58.9上升至73.98，年均增速5.86%，各年增速分别为0.41%、8.57%、7.16%和7.51%，2013年的增速比较缓慢，从2014年开始增速大幅提升。从构成长沙市共享发展总水平指数的一级指标来看，2013 年总水平指数增速缓慢的主要原因是生态环境和谐度与人民生活幸福度均出现一定程度的下降；而从 2014 年起，除生态环境和谐度指标有所波动之外，其余二级指标均呈现出快速增长，推动了长沙市共享发展总水平指数的快速增长。

基于 2012～2016 年统计数据对长沙市进行共享发展一级指标分析，一级指标结果如图 4-4 所示。

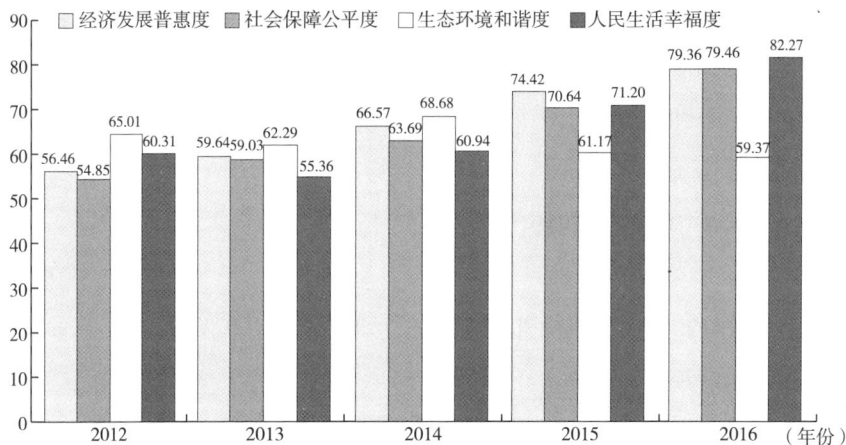

图 4-4　2012～2016 年长沙市共享发展一级指标变化

经济发展普惠度呈现较快速度增长的趋势。2012 年至 2016 年，长沙市经济发展普惠度从 56.46 上升至 79.36，年均增速 8.88%，各年增速分别为 4.55%、11.62%、11.79% 和 6.64%，整体呈现较快速度的增长。从整体评价期间来看，2012 年至 2016 年，收入水平指数、经济活力指数以及地区财力指数均呈现快速增长的趋势，这是推动经济发展普惠度呈现较快增长的主要动力。虽然收入差异指数在各个年份出现波动，但从整体来看其下降幅度并不大，对经济发展普惠度的影响相对有限，没有改变其较快增长的整体趋势。从个别年份来看，2013 年和 2016 年两年，收入差异指数出现下降，导致这两年经济发展普惠度增速相对较低；对于 2015 年，虽然收入差异指数出现下降，但是经济活力指数与地区财力指数均出现大幅上升，因此当年经济发展普惠度仍然保持快速增长。

社会保障公平度呈现加速增长的趋势。2012 年至 2016 年，长沙市社会保障公平度从 54.85 上升到 79.46，年均增速 9.71%，各年增速分别为 7.62%、7.89%、10.91% 和 12.49%，整体呈现加速增长的态势。从整体评价区间来看，2012 年至 2016 年，全部 5 个二级指标基本上全部呈现快速增长的趋势，这是推动社会保障公平度呈现加速增长的主要动力。从个别年份来看，2013 年就业指数出现小幅下降，但是并没有对社会保障公平度产生大的影响。

生态环境和谐度呈现波动性下降趋势。2012 年至 2016 年，长沙市生态环境和谐度从 65.01 下降至 59.37，年均降幅 2.24%，各年的增速分别为 –4.18%、10.25%、–10.93% 和 –2.94%，虽然 2014 年出现了较大福度的增长，但是从整体来看，长沙市生态环境和谐度是呈现出下降趋势的。从整体评价期间来看，2012 年至 2016 年，能源节约与环境美好两个二级指标均出现波动性下降，这也造成生态环境和谐度呈现出波动性下降的趋势。从个别年份来看，2014 年两个二级指标均出现一定程度的上升，这也使得当年生态环境和谐度出现了较大幅度的上升。其余年份中两个指标要么同时下降、要么一升一降，最终都导致这些年份的生态环境和谐度出现下降。

人民生活幸福度总体呈现加速增长的趋势。2012 年至 2016 年，长沙市人民生活幸福度从 60.31 上升至 82.27，年均增速 8.07%，各年增速分别为 –8.21%、10.08%、16.84% 和 15.55%，除 2013 年有较大幅度的回落，其余年份保持了较高的增长速度。从整体评价期间来看，2012 年至 2016 年，四个二级指标整体上保持了快速增长的趋势，这是推动人民生活幸福度总体呈现加速增长的主要原因。从个别年份来看，2013 年生活便利和文化繁荣两个指数出现了较大的下降，导致当前人民生活幸福度出现较大幅度下跌。2014 年科技共创指数出现下降，成为影响当年人民生活幸福度增速低于其后两年的因素。其余年份中四个二级指标均呈现较大幅度的增长，推动这些年份的人民生活幸福度加速增长。

基于 2012~2016 年统计数据对长沙市进行共享发展二级指标变化分析，结果如表 4-2 所示。

表 4-2 2012～2016 年长沙市共享发展二级指标变化

二级指标	2012 年	2013 年	2014 年	2015 年	2016 年
收入水平	51.73	56.32	63.37	71.57	82.15
收入差异	59.91	58.68	59.91	58.53	55.93
经济活力	56.06	62.81	74.30	90.34	100.00
地区财力	61.07	66.16	80.71	98.82	100.00
就业	38.30	36.84	38.68	44.22	52.68
教育	60.88	64.70	69.98	83.54	100.00
医疗	61.39	72.89	84.23	88.14	100.00
住房	—	53.55	56.63	64.01	65.79
保障均等	51.92	56.89	55.82	54.57	51.46
能源节约	55.60	48.75	53.91	55.39	47.57
环境美好	67.52	65.90	72.62	62.72	62.51
生活便利	64.23	57.07	58.44	69.80	81.64
文化繁荣	67.06	57.41	68.42	79.48	88.13
科技共创	—	44.60	43.83	49.06	60.81
法治	58.87	62.49	70.36	83.74	100.00

收入水平指数呈现加速增长的趋势。2012 年至 2016 年，收入水平指数从 51.73 上升至 82.15，年均增速 12.26%，各年增速分别为 8.87%、12.52%、12.94% 和 14.78%，增速呈现逐年递增的趋势。

收入差异指数呈现下降的趋势。2012 年至 2016 年，收入差异指数从 59.91 下降至 55.93，年均下降 1.7%，各年增速分别为 -2.05%、2.1%、-2.3% 和 -4.44%，除 2014 年指数出现小幅反弹，整体上收入差异指数呈现下降趋势。从构成收入差异指数的三级指标来看，2014 年地区平均工资的差异系数出现较大上升是当年收入差异指数出现下降的重要原因，其余年份地区平均工资的差异系数的下降则是造成当年收入差异指数上升的重要原因。

经济活力指数呈现加速增长的趋势。2012 年至 2016 年，经济活力指数从 56.06 上升至 100，年均增速 15.57%，各年增速分别为 12.04%、

18.29%、21.59% 和 10.69%，除 2016 年增速放缓，经济活力指数整体上呈现加速增长的趋势。

地区财力指数呈现快速增长的趋势。2012 年至 2016 年，地区财力指数从 61.07 上升至 100，年均增速 13.12%，各年增速分别为 8.33%、21.99%、22.44% 和 1.19%，除 2016 年增幅较小，地区财力指数各年都呈现较大幅度的增长，尤其是 2014 年、2015 年两年增速均超过 20%。人均财政收入指标 2015 年增速较小造成当年地区财力指数增长缓慢。

就业指数呈现先降后升的加速增长趋势。2012 年至 2016 年，就业指数从 38.30 上升至 52.68，年均增速 8.30%，各年增速分别为 -3.81%、4.99%、14.32% 和 19.13%，除 2013 年出现小幅下降，其余各年呈现加速增长的态势，尤其是 2015 年、2016 年两年增速达到两位数。2013 年人均社会保障和就业公共财政支出出现下降是当年就业指数下降的主要原因。

教育指数呈现前稳后快的加速增长趋势。2012 年至 2016 年，教育指数从 60.88 上升至 100，年均增速 13.21，各年增速分别为 6.27%、8.16%、19.38% 和 19.7%，2013 年、2014 年两年增长平稳，2015 年和 2016 年两年增速大幅提升接近 20%。平均受教育年限与人均公共财政教育支出的大幅增加是 2015 年、2016 年两年教育指数大幅增长的原因。

医疗指数呈现持续快速增长趋势。2012 年至 2016 年，医疗指数从 61.39 上升至 100，年均增速 12.97%，各年增速分别为 18.73%、15.56%、4.64% 和 13.46%，除 2015 年增速有所放缓，其余年份增速保持在较快水平，但整体看增速有缓慢下降的趋势。2013 年万人拥有卫生机构床位数大幅增长是当年医疗指数大幅增长的重要原因。

住房指数呈现持续增长趋势。2013 年至 2016 年，住房指数从 53.55 上升至 65.79，年均增速 7.10%，各年增速分别为 5.75%、13.03% 和 2.78%，2015 年增速有大的提升，其余年份增速相对稳定。

保障均等指数呈现整体波动性小幅下降趋势。2012 年至 2016 年，保障均等指数从 51.92 下降至 51.46，整体下降 0.89%，各年增速分别为 9.57%、-1.89%、-2.24% 和 -5.7%，除 2013 年增速较快之外，其余各年均出现下降，并且下降速度有不断增加的趋势。地区人均基本公共服务支出差异系数自 2013 年增长之后连续上升，造成了保障均等指数除 2013 年上升外其他年份下降。

能源节约指数呈现波动性下降趋势。2012 年至 2016 年，能源节约指数从 55.60 下降至 47.57，整体下降 14.44%，各年增速分别为 –12.32%、10.58%、2.75% 和 –14.12%，下降的年份下降速度均较快，而增长的年份增速均相对较慢，导致了能源节约指数在波动中整体出现下降。单位 GDP 能耗变化率的波动下降造成了能源节约指数的波动下滑。

环境美好指数整体基本呈现持续下降趋势。2012 年至 2016 年，环境美好指数从 67.52 下降至 62.51，整体下降 7.42%，各年增速分别为 –2.4%、10.2%、–13.63% 和 –0.33%，除 2014 年出现较大的增长，其余年份均出现不同幅度的下降，其中 2015 年降幅最大。建成区绿化覆盖率 2014 年大幅增长带动当年环境美好指数大幅上升。

生活便利指数呈先降后升的增长趋势。2012 年至 2016 年，生活便利指数从 64.23 上升至 81.64，年均增速 6.18%，各年增速分别为 –11.15%、2.4%、19.44% 和 16.96%，除 2013 年出现较大幅度的下降外，其余年份均出现增长，其中 2015 年、2016 年两年增速较快。城镇用气普及率 2013 年大幅下降是造成当年生活便利指数大幅下降的重要因素。

文化繁荣指数呈现先降后升的增长趋势。2012 年至 2016 年，文化繁荣指数从 67.06 上升至 88.13，年均增速 7.07%，各年增速分别为 –14.4%、19.18%、16.16% 和 10.88%，除 2013 年下降较大之外，其余年份都保持较高速度的增长。每万人拥有公共图书馆藏书量 2013 年的大幅下降是当年文化繁荣指数下降的主要因素。

科技共创指数呈现先降后升的增长趋势。2013 年至 2016 年，科技共创指数从 44.60 上升至 60.81，年均增速 10.87%，各年增速分别为 –1.73%、11.93% 和 23.95%，除 2014 年小幅下降之外，2015 年、2016 年两年均大幅上涨，且增速有增长的趋势。R&D 经费内部支出中政府资金投入比重在 2014 年降幅较大，成为当年科技共创指数下降的主要因素。

法治指数呈现持续较快增长的趋势。2012 年至 2016 年，法治指数从 58.87 上升至 100，年均增速 14.16%，各年增速分别为 6.15%、12.59%、19.02% 和 19.42%，各年增速呈现逐年不断提升的趋势。

二 株洲市共享发展评价

基于 2012～2016 年统计数据对株洲市进行共享发展总水平分析，结果如图 4-5 所示。

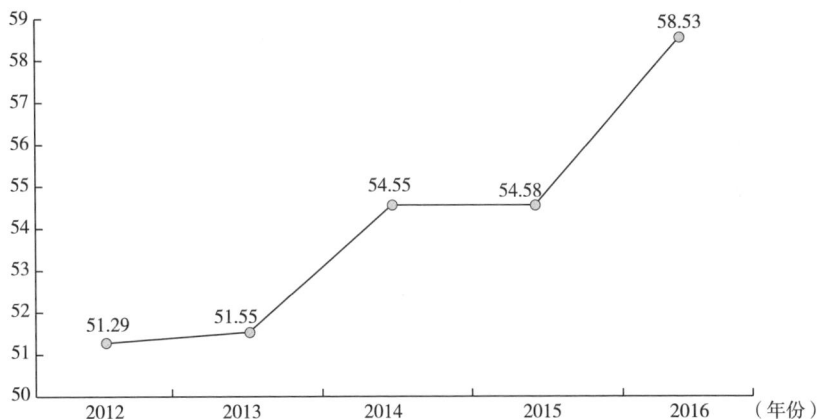

图 4-5　2012～2016 年株洲市共享发展总水平指数

从图 4-5 可以看到，2012～2016 年株洲市共享发展总水平呈现出阶梯状上升的趋势。株洲市共享发展总水平从 2012 年的 51.29 上升至 2016 年的 58.53，年均增速 3.36%，各年增速分别为 0.51%、5.82%、0.05% 和 7.24%，2013 年、2015 年两年增速较小，尤其是 2015 年指数基本与 2014 年持平，2014 年、2016 年两年指数增长较快，这种增长构成了阶梯状上涨的趋势。从构成株洲市共享发展总水平的一级指标来看，2013 年总水平指数增速缓慢的主要原因来自生态环境和谐度与人民生活幸福度均出现了一定程度的下降，抵消了经济发展普惠度与社会保障公平度两个指标出现的上升。2015 年总水平指数基本与上年持平的原因主要来自生态环境和谐度出现了一定程度的下降，而当年其他三个二级指标的增速均不高，两者相互作用，使得总水平指标相比上年基本保持稳定。2014 年总水平指数的较快增长主要受到生态环境和谐度快速增长的影响。2016 年总水平指数的较快增长则主要源自于经济发展普惠度、社会保障公平度与人民生活幸福度三个指标的较快增长。

基于 2012～2016 年统计数据对株洲市进行共享发展一级指标分析，一级指标结果如图 4-6 所示。

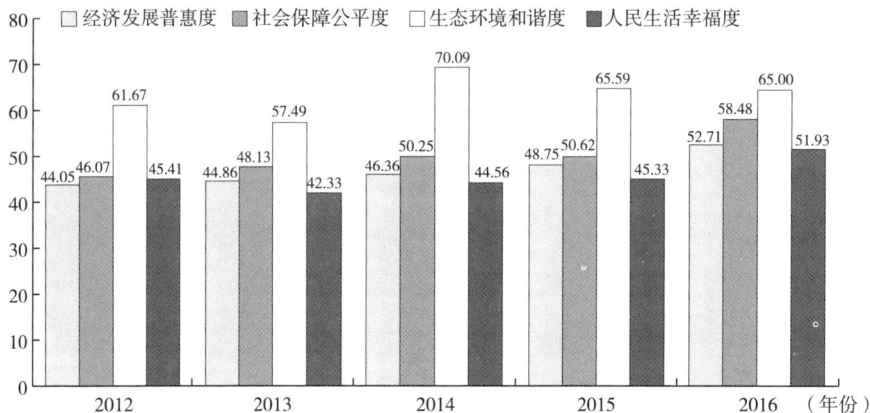

图 4-6　2012～2016 年株洲市共享发展一级指标变化

经济发展普惠度指标呈现增速逐年上升趋势。2012 年至 2016 年，经济发展普惠度从 44.05 上升至 52.71，年均增速 4.59%，各年增速分别为 1.84%、3.34%、5.16% 和 8.12%，各年增速呈现逐年上升的趋势。从构成经济发展普惠度的二级指标来看，2013 年经济发展普惠度增速相对较慢的原因主要是收入差异指数出现了下降，除此之外，全部 4 个二级指标均呈现出较快增长的态势，推动了经济发展普惠度在整个期间呈现稳步上涨的趋势。

社会保障公平度指标呈现较快增长的趋势。2012 年至 2016 年，社会保障公平度从 46.07 上升至 58.48，年均增速 6.14%，各年增速分别为 4.47%、4.4%、0.74% 和 15.53%，各年增速除 2015 年之外均较快，尤其是 2016 年增速大幅提升至两位数。从构成社会保障公平度的二级指标来看，造成 2015 年社会保障公平度增速较慢的主要原因是当年保障均等指标出现大幅下降，在很大程度上抵消了其余指标当年的增长，拖了社会保障公平度的后腿。而 2016 年社会保障公平度增长迅猛的主要贡献来源于就业和保障均等两个指标的大幅增长。

生态环境和谐度指标呈现波动性增长的趋势。2012 年至 2016 年，生态环境和谐从 61.67 上升至 65.00，年均增速 1.32%，各年增速分别为 –6.78%、21.92%、–6.42% 和 –0.9%，各年增速除 2014 年出现大幅增长之外，其余各年均出现下降，其中 2013 年、2015 年两年下降较快，2016 年降幅收窄。从构成生态环境和谐度的二级指标来看，2014 年能源节约与环境美好两个二级指标的大幅增长是造成当年生态环境和谐度大幅增长的原因。2016 年降幅收窄则源自于两个二级指标一升一降。2013 年、2015 年两年的较快下降源自于两个二级指标均出现下降。

人民生活幸福度指数呈现先降后升的增长趋势。2012 年至 2016 年，人民生活幸福度从 45.41 上升至 51.93，年均增速 3.41%，各年增速分别为 –6.78%、5.27%、1.73% 和 14.56%，除 2013 年出现下降之外，其余各年均上升，其中 2016 年增速提升较高。从构成人民生活幸福度的二级指标来看，2013 年指数下降主要受到生活便利与文化繁荣两个二级指标的下降影响，2016 年指数增速较快主要是 4 个二级指标均出现增长，尤其是生活便利指数上升较快。

基于 2012 ~ 2016 年统计数据对株洲市进行共享发展二级指标变化分析，结果如表 4-3 所示。

表 4-3　2012 ~ 2016 年株洲市共享发展二级指标变化

二级指标	2012 年	2013 年	2014 年	2015 年	2016 年
收入水平	45.88	47.16	48.72	53.33	60.14
收入差异	45.96	44.93	45.28	44.61	47.07
经济活力	39.59	42.21	45.17	48.66	50.81
地区财力	41.76	43.01	44.94	47.59	51.10
就业	41.56	44.99	50.37	56.55	67.17
教育	41.18	40.21	41.93	43.45	48.05
医疗	40.45	42.25	43.19	43.85	49.98
住房	—	63.41	71.13	81.14	85.85
保障均等	50.52	59.66	55.32	37.55	54.57

二级指标	2012 年	2013 年	2014 年	2015 年	2016 年
能源节约	56.95	46.03	82.42	68.30	52.75
环境美好	62.93	60.55	66.80	64.87	68.27
生活便利	57.64	49.35	52.10	52.71	62.72
文化繁荣	39.50	36.94	41.84	42.24	49.09
科技共创	—	47.61	44.86	46.53	50.66
法治	34.98	35.14	35.55	36.39	38.33

收入水平指数呈现加速增长的趋势。2012 年至 2016 年，收入水平从 45.88 上升至 60.14，年均增速 7%，各年增速分别为 2.79%、3.31%、9.46% 和 12.77%，各年增速呈现逐年提升的态势。

收入差异指数呈现波动性增长的趋势。2012 年至 2016 年，收入差异从 45.96 上升至 47.07，年均增速 0.6%，各年增速分别为 -2.24%、0.78%、-1.48% 和 5.51%，呈现上升与下降交替出现，使得收入差异指数出现波动性的增长。地区平均工资的差异系数与工资与居民收入比在 2013 年的大幅下降，成为 2013 年收入差异指数下降的主要因素。地区平均工资的差异系数大幅下降，是收入差异指数上升的主要因素。

经济活力指数呈现稳步增长的趋势。2012 年至 2016 年，经济活力指数从 39.59 上升至 50.81，年均增速 6.44%，各年增速分别为 6.62%、7%、7.73% 和 4.42%，各年增速基本保持稳定。

地区财力指数呈现加速增长的趋势。2012 年至 2016 年，地区财力指数从 41.76 上升至 51.10，年均增速 5.18%，各年增速分别为 3%、4.49%、5.9% 和 7.38%，增速呈现逐年上升的趋势。

就业指数呈现加速增长的趋势。2012 年至 2016 年，就业指数从 41.56 上升至 67.17，年均增速 12.75%，各年增速分别为 8.25%、11.96%、12.27% 和 18.78%，增速呈现逐年上升的趋势。

教育指数呈现先降后升的增长趋势。2012 年至 2016 年，教育指数从 41.18 上升至 48.05，年均增速 3.93%，各年增速分别为 -2.36%、

4.28%、3.63% 和 10.59%，2013 年指数出现下降，此后指数呈现较快增长。人均公共财政教育支出在 2013 年的大幅下降，是 2013 年教育指数下降的主要因素。

医疗指数呈现稳步增长的趋势。2012 年至 2016 年，医疗指数从 40.45 上升至 49.98，年均增速 5.43%，各年增速分别为 4.45%、2.22%、1.53% 和 13.98%，各年均呈现出增长态势，其中 2016 年增长提升最为迅猛。

住房指数呈现稳定增长趋势。2013 年至 2016 年，住房指数从 63.41 上升至 85.85，年均增速 7.87%，各年增速分别为 12.17%、14.07% 和 5.8%，各年均呈现较快增长。

保障均等指数呈现两头上升中间下降的增长趋势。2012 年至 2016 年，保障均等指数从 50.52 上升至 54.57，年均增速 1.95%，各年增速分别为 18.1%、−7.27%、−32.12% 和 45.33%，两头年份大幅增长，而中间年份大幅下降，使得保障均等指数整体虽然上升，但是上升幅度较小。地区人均基本公共服务支出差异系数的大幅收窄，造成了保障均等指数大幅上升。

能源节约指数呈现波动性下降趋势。2012 年至 2016 年，能源节约指数从 56.95 下降至 52.75，下降幅度 7.37%，各年增速分别为 −19.17%、79.06%、−17.13% 和 −22.77%，各年在上升与下降之间波动，整体呈现波动性下降。单位 GDP 能耗变化率的波动造成了能源节约指数的波动。

环境美好指数呈现波动性上升趋势。2012 年至 2016 年，环境美好指数从 62.93 上升至 68.27，年均增速 2.06%，各年增速分别为 −3.78%、10.32%、−2.89% 和 5.24%，各年在上升与下降之间波动，上升幅度大于下降幅度，使得整体仍然呈现增长。空气质量达标率大幅下跌是 2013 年和 2015 年环境美好指数下跌的主要因素。

生活便利指数呈现先降后升的增长趋势。2012 年至 2016 年，生活便利指数从 57.64 上升至 62.72，年均增速 2.13%，各年增速分别为 −14.38%、5.57%、1.17% 和 18.9%，除 2013 年指数出现大幅下降，其余各年指数较快增长，尤其是 2016 年增速迅猛提升。城镇用气普及率大幅下降是 2013 年生活便利指数大幅下跌的主要因素。

文化繁荣指数呈现先降后升的增长趋势。2012 年至 2016 年，文化繁荣指数从 39.50 上升至 49.09，年均增速 5.58%，各年增速分别为 -6.48%、13.26%、0.96% 和 16.22%，2013 年出现一定程度下降，2015 年增速大幅放缓，其余年份增速均较快。城乡居民文化娱乐服务支出占家庭消费支出的比重的大幅下降，是 2013 年文化繁荣指数出现下降的主要因素。

科技共创指数呈现先降后升的增长趋势。2013 年至 2016 年，科技共创指数从 47.61 上升至 50.66，年均增速 2.1%，各年增速分别为 -5.78%、3.72% 和 8.88%，除 2014 年指数出现下降，各年保持较快增长。R&D 经费内部支出中政府资金投入比重与户用互联网覆盖率的下降，是 2014 年科技共创指数下降的主要因素。

法治指数呈现稳步增长的趋势。2012 年至 2016 年，法治指数从 34.98 上升至 38.33，年均增速 2.31%，各年增速分别为 0.46%、1.17%、2.36% 和 5.33，各年增速虽然不高但是呈现出加速提升的趋势。

三　湘潭市共享发展评价

基于 2012～2016 年统计数据对湘潭市进行共享发展总水平分析，结果如图 4-7 所示。

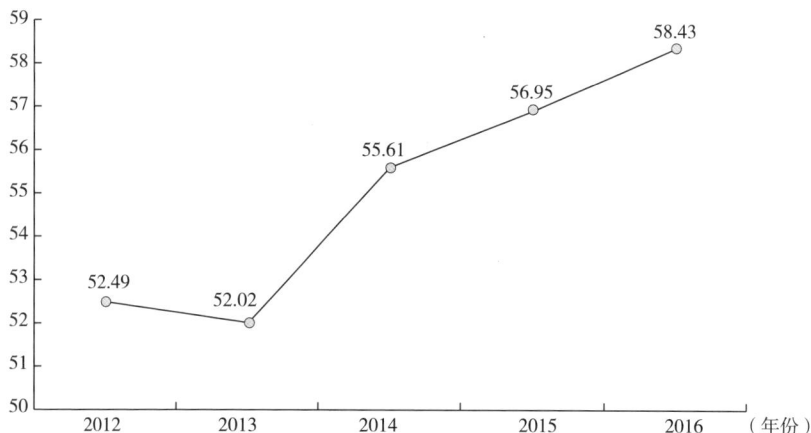

图 4-7　2012～2016 年湘潭市共享发展总水平指数

从图 4-7 可以看出，2012～2016 年湘潭市共享发展总水平可以划分为两个阶段，呈现出先降后升的增长趋势。湘潭市共享发展总水平指数从 2012 年的 52.49 上升至 58.43，年均增速 2.72%，各年增速分别为 -0.9%、6.9%、2.41% 和 2.6%，2013 年总水平指数相比上年出现轻微下跌，2014 年及以后总水平指数呈现稳步增长的趋势。从构成湘潭市共享发展总水平指数的一级指标来看，2013 年总水平指数的轻微下跌主要源自于生态环境和谐度这个一级指标出现了较为明显的下降，抵消了其他三个一级指标的增长，拖了总水平指数的后腿。2014 年增速相对较高得益于全部一级指标均呈现增长态势，尤其是生态环境和谐度指数大幅上升。2015 年、2016 年两年增速出现一定的回落，主要是受到生态环境和谐度总体下降的影响。

基于 2012～2016 年统计数据对湘潭市进行共享发展一级指标分析，一级指标结果如图 4-8 所示。

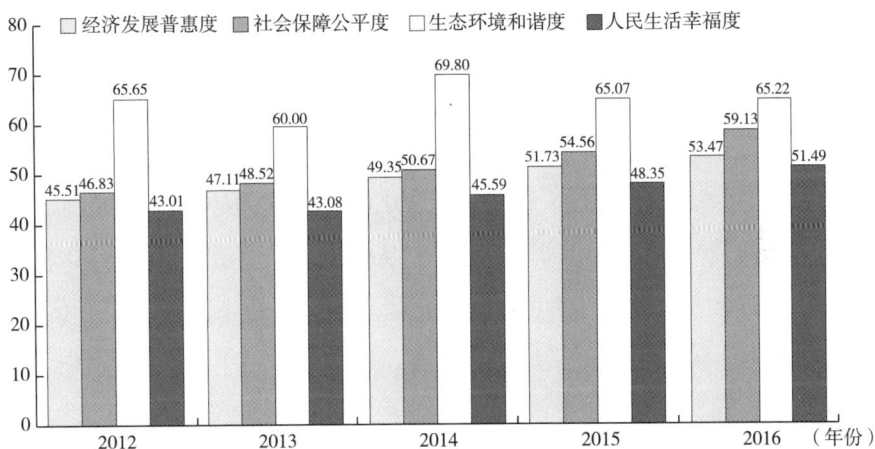

图 4-8　2012～2016 年湘潭市共享发展一级指标变化

97

经济发展普惠度指数呈现稳步增长的趋势。2012 年至 2016 年，经济发展普惠度指数从 45.51 上升至 53.47，年均增速 4.11%，各年增速分别为 3.52%、4.75%、4.82% 和 3.36%，各年增速保持在一个比较稳定的水平。从构成经济发展普惠度指数的二级指标来看，4 个二级指标基本保持较为平稳的增长，其中，2013 年收入水平指数出现小幅下降，拖累当年经济发展普惠度指数增速稍低；2014 年收入差异指数出现小幅下降，不过由于其余 3 个二级指标增速较快，当年经济发展普惠度增速受到的影响较小。

社会保障公平度指数呈现加速增长的趋势。2012 年至 2016 年，社会保障公平度从 46.83 上升至 59.13，年均增速 6%，各年增速分别为 3.61%、4.43%、7.68% 和 8.38%，各年增速呈现逐年提升的趋势。从构成社会保障公平度指数的二级指标来看，拉动社会保障公平度指数呈加速增长的主要动力来自就业指数这个二级指标的加速增长，教育和医疗两个二级指标各年保持稳定增长，而住房与保障均等两个二级指标各年间则呈现一定的波动性。

生态环境和谐度指数呈现一升一降波动性的变化趋势。2012 年至 2016 年，生态环境和谐度从 65.65 变化为 65.22，整体降低 0.43，各年增速分别为 –8.61%、16.33%、–6.78% 和 0.23%，各年在一升一降中波动性变化。从构成生态环境和谐度指数的二级指标来看，能源节约和环境美好两个二级指标基本也呈现出波动性的变化。

人民生活幸福度指数呈现前稳后快的增长趋势。2012 年至 2016 年，人民生活幸福度从 43.01 上升至 51.49，年均增速 19.72%，各年增速分别为 0.16%、5.83%、6.05% 和 6.5%，2013 年指数基本与上年保持稳定，2014 年及以后增速呈现出加速的趋势。从构成人民生活幸福度的二级指标来看，四个二级指标基本各年呈现出稳定增长的趋势，2013 年文化繁荣指数略有下降，而其他指标增速较缓，这也导致当年人民生活幸福度指数增速较低。

基于 2012～2016 年统计数据对湘潭市进行共享发展二级指标变化分析，结果如表 4-4 所示。

表 4-4　2012～2016 年湘潭市共享发展二级指标变化

二级指标	2012 年	2013 年	2014 年	2015 年	2016 年
收入水平	43.89	42.47	47.54	48.98	50.71
收入差异	52.91	56.36	55.02	56.81	57.86
经济活力	39.50	42.79	46.68	51.80	54.85

二级指标	2012 年	2013 年	2014 年	2015 年	2016 年
地区财力	40.20	41.88	43.15	44.63	45.81
就业	45.22	48.40	52.08	69.88	100.00
教育	42.05	44.25	45.48	47.90	51.35
医疗	40.72	42.28	44.82	45.88	49.82
住房	—	79.63	84.80	68.66	59.50
保障均等	33.33	34.35	33.33	50.04	45.84
能源节约	76.10	65.11	72.53	61.17	51.13
环境美好	62.87	58.64	69.07	66.11	68.98
生活便利	47.81	48.57	52.65	53.72	56.03
文化繁荣	44.18	44.04	46.25	50.76	55.55
科技共创	—	38.00	40.07	42.41	44.37
法治	35.51	35.58	36.10	37.71	39.28

收入水平指数呈现稳步增长的趋势。2012 年至 2016 年，收入水平指数从 43.89 上升至 50.71，年均增速 3.68%，各年增速分别为 -3.24%、11.94%、3.03% 和 3.53，除 2013 年收入指数下降之外，其余各年保持稳定的增长，特别是 2014 年增速较快。居民收入与经济发展之间的增长速度比出现的较大降幅，是影响 2013 年收入水平指数下降的主要因素。而居民收入与经济发展之间的增长速度比出现的较大增长，是影响 2014 年收入水平指数较快上升的主要因素。

收入差异指数呈现稳步增长的趋势。2012 年至 2016 年，收入差异指数从 52.91 上升至 57.86，年均增速 2.26%，各年增速分别为 6.52%、-2.38%、3.26% 和 1.85%，除 2014 年收入差异指数出现降低之外，各年均保持不同幅度的增长。城乡居民收入比指标的逐年下降，是影响收入差异指数总体上升的主要因素。

经济活力指数呈现稳步增长的趋势。2012 年至 2016 年，经济活力指数从 39.50 上升至 54.85，年均增速 8.55%，各年增速分别为 8.33%、

9.1%、10.97% 和 5.89%，2016 年以前呈现加速增长的趋势，2016 年增速势头有所回落。

地区财力指数呈现稳步增长的趋势。2012 年至 2016 年，地区财力指数从 40.20 上升至 45.81，年均增速 3.32%，各年增速分别为 4.2%、3%、3.43% 和 2.64%，各年增速基本保持稳定。

就业指数呈现分阶段加速增长的趋势。2012 年至 2016 年，就业指数从 45.22 大幅上升至 100，年均增速 21.95%，各年增速分比为 7%、7.6%、34.18% 和 43.1%，从各年增速中可以很明显看到整个期间可以分为两个阶段，第一阶段包括 2013 年和 2014 年两年，两年的增速比较稳定，第二阶段包括 2015 年和 2016 年两年，两年的增速突然大幅上升。人均社会保障和就业公共财政支出在 2015 年、2016 年两年的大幅增加，是影响这两年就业指数大幅增长的主要因素。

教育指数呈现稳步增长的趋势。2012 年至 2016 年，教育指数从 42.05 上升至 51.35，年均增速 5.12%，各年增速分别为 5.23%、2.78%、5.32% 和 7.2%，各年增速基本保持比较稳定没有大的波动。

医疗指数呈现稳定增长的趋势。2012 年至 2016 年，医疗指数从 40.72 上升至 49.82，年均增速 5.17%，各年增速分别为 3.83%、6%、2.37% 和 8.59%，各年增速基本保持比较稳定，其中 2014 年与 2016 年增速相对较快。

住房指数呈现先升后降的下降趋势。2013 年至 2016 年，住房指数从 79.63 下降为 59.50，年均降速 9.26%，各年情况为 2014 年指数上升 6.5%，2015 年和 2016 年指数分别下降 19.03% 和 13.34%，指数下降幅度较大。城乡居民家庭住房面积达标率的大幅下降，是影响 2015 年、2016 年两年住房指数大幅下降的主要因素。

保障均等指数呈现升降轮番出现的波动增长趋势。2012 年至 2016 年，保障均等指数从 33.33 上升至 45.84，年均增速 8.29%，各年增速分比为 3.1%、-3%、50.14% 和 -8.4%，2014 年、2016 年两年出现下降，2015 年增速出现大幅上升。地区人均基本公共服务支出差异系数的上升与下降，是影响保障均等指数的主要因素。

能源节约指数呈现波动性下降趋势。2012年至2016年，能源节约指数从76.10下降至51.13，年均下降9.46%，2013年下降14.4%，2014年上升11.4%，2015年、2016年两年分别下降15.66%和16.41%，各年的波动性很明显而且波动的浮动很大。单位GDP能耗变化率的波动，是影响能源节约指数的主要因素。

环境美好指数呈现一升一降波动增长的趋势。2012年至2016年，环境美好指数从62.87上升至68.98，年均增速2.35%，各年增速分别为−6.73%、17.79%、−4.3%和4.34%，各年呈现明显的波动性，其中2014年增速较高。空气质量达标率的大幅下降，是影响2013年、2015年两年环境美好指数下降的主要因素。空气质量达标率的大幅上升，是影响2014年环境美好指数较快增长的重要因素。

生活便利指数呈现稳定增长的趋势。2012年至2016年，生活便利指数从47.81上升至56.03，年均增速4.05%，各年增速分别为1.59%、8.4%、2%和4.3%，各年增速基本保持稳定。

文化繁荣指数呈现稳步增长的趋势。2012年至2016年，文化繁荣指数从44.18上升至55.55，年均增速5.89%，各年增速分别为−0.32%、5%、9.75%和9.44%，除2013年指数出现轻微下降之外，其余年份保持稳步增长的趋势。城乡居民文化娱乐服务支出占家庭消费支出的比重的较大下降，是影响2013年文化繁荣指数下降的主要因素。

科技共创指数呈现稳定上升的趋势。2013年至2016年，科技共创指数从38.00上升至44.37，年均增速3.96%，各年增速分别为5.45%、5.84%和4.62%，各年增速保持平稳。

法治指数呈现平稳增长的趋势。2012年至2016年，法治指数从35.51上升至39.28，年均增速2.55%，各年增速分别为0.2%、1.46%、4.46%和4.16%，除2013年和2014年增速缓慢之外，其余年份增长速度均保持稳定较快。

第三节　长株潭地区共享发展问题与对策

通过对各级指数的分析，有利于比较准确把握长株潭地区共享发展的整体特点，发现长株潭地区在发展过程中存在的一些问题，找到解决问题的对策与建议。

一　整体特征描述

1. 长株潭地区共享发展总体水平在全省处于领先地位

与全省平均水平相比，2012 年长株潭地区共享发展总水平指数与全省共享发展总水平指数之比为 1.08，到 2016 年这个比例上升至 1.19。与洞庭湖区域相比，2012 年长株潭地区共享发展总水平指数与洞庭湖区域共享发展总水平指数之比为 1.11，到 2016 年这个比例上升至 1.19。与湘南区域相比，2012 年长株潭地区共享发展总水平指数与湘南区域共享发展总水平指数之比为 1.14，到 2016 年这个比例上升至 1.19。与大湘西区域相比，2012 年长株潭地区共享发展总水平指数与大湘西区域共享发展总水平指数之比为 1.21，到 2016 年这个比例上升至 1.32。通过与全省平均水平及其他各区域的比较可以看出，长株潭地区共享发展总体水平不仅大幅领先，而且随着时间的推移，长株潭地区共享发展总体水平的领先优势呈现出不断扩大的趋势。

2. 长株潭地区共享发展呈现出一个核心的区域格局

在长株潭地区共享发展中，长沙的核心地位进一步巩固与加强。其共享发展水平与速度大幅超过株洲与湘潭，而且随着长沙资源吸引和整合能力的不断增强，这种优势和领导地位将会进一步得到巩固与增强。从共享发展总水平指数上看，2012 年长沙是株洲和湘潭的 1.15 倍和 1.12 倍，2016 年差距扩大到 1.26 倍和 1.27 倍。从共享发展一级指数上看，长沙市在经济发展普惠度、社会保障公平度以及人民生活幸福度三个指标上大幅领先于另外两个城市，2016年株洲与湘潭在这三个指数上基本仅相当于长沙2012年的水平。

3. 长株潭地区共享发展呈现出"三快一慢"的发展格局

从长株潭地区共享发展一级指数的分析中可以看出，关系经济、民生的三个指数增长较快，而关系环境的一个指数各年波动较大，整体水平不升反降。经济发展普惠度指数各年基本保持在5%～6%的增长速度，社会保障公平度指数各年基本保持在4%～10%的增长速度，人民生活幸福度指数年均有6%的增长速度，而生态环境和谐度指数波动较大，整体下降。

二　面临的主要问题

通过对长株潭地区各项指标进行定量的分析，从总体上看，长株潭地区共享发展水平在全省处于领先地位，各项发展取得了不同程度的进步。与此同时，从单项指标上来看，有些指标波动还比较明显，有些指标个别年份甚至出现了下滑，这说明长株潭地区共享发展中还存在着一些问题有待解决。

1. 生态环境发展趋势不容乐观

从全省来看，长株潭地区生态环境和谐度各年基本处于全省平均水平，2016年甚至低于全省平均水平。从长株潭地区自身来看，生态环境和谐度从2012年的62.39下降至2016年的61.67，降幅1.15%，其间各年波动较大，发展不稳定，发展趋势不明朗。从长沙市来看，生态环境和谐度从2012年的65.01下降至2016年的59.37，降幅8.68%，其间除2014年出现上升外，其余各年呈现不断下跌的趋势。从株洲市来看，生态环境和谐度从2012年的61.67上升至2016年的65.00，年均增速1.32%，虽然出现了增长，但是增速在所有一级指数中最低。从湘潭市来看，生态和谐度从2012年的65.65下降至2016年的65.22，其间各年波动较大，发展趋势不明朗。从构成生态环境评价的各级指标来看，造成长株潭地区生态环境问题的主要原因来自空气质量达标率下降，长株潭地区空气质量达标率从 2012 年的 74.68% 下降至 2016 年的 18.71%，长沙市空气质量达标率从 2012 年的 69.45% 下降至 2016 年的 11.21%，株洲市空气质量达标率从 2012 年的 80.24% 下降至 2016 年的 26.67%，湘潭市空气质量达标率从 2012 年的 80.24% 下降至 2016 年的 27.66%。

2. 城乡收入差异有扩大趋势

从长株潭地区整体来看，2012 年至 2016 年，长株潭地区城乡居民收入比从 79.61 上升至 82.90。从长沙市来看，2012 年至 2016 年，长沙市城乡居民收入比从 97.37 上升至 99.34。从株洲市来看，2012 年至 2016 年，株洲市城乡居民收入比从 61.18 上升至 67.76。从湘潭市来看，2012 年至 2016 年，湘潭市城乡居民收入比从 71.71 上升至 85.53。无论从长株潭地区整体，还是从三个城市来看，城乡收入差距都呈现出进一步扩大的趋势

3. 政府对科技创新资金支持力度在降低

从长株潭地区整体来看，2012 年至 2016 年，R&D 经费内部支出中政府资金投入比重从 14% 左右下降至 12% 左右。从长沙市来看，2012 年至 2016 年，R&D 经费内部支出中政府资金投入比重从 7% 左右下降至 5.81%。从株洲市来看，2012 年至 2016 年，R&D 经费内部支出中政府资金投入比重从 43% 左右下降至 35.47%。从湘潭市来看，2012 年至 2016 年，R&D 经费内部支出中政府资金投入比重从 9% 左右下降至 6.61%。

三 对策建议

从指标的分析中可以看出，长株潭地区共享发展在生态环境、城乡收入以及科技创新方面存在着问题。解决好这些问题，关系社会的稳定、人民的福祉，更关系共享发展的长远和可持续发展。

1. 以提升空气质量达标率导向提升生态环境质量

一是全面整治工业源污染，重点强化火电、化工、冶金、有色、造纸、水泥等重点行业 SO_2、NO_x、粉尘和温室气体防治。二是深入整治交通源污染，强力推进机动车尾气治理，加强非道路移动机械尾气排放监

管，加速淘汰黄标车和老旧车，提高成品油质量，科学控制私家车数量增长，大力推广新能源汽车。三是减少市政与城乡生活源污染，加强建筑、道路扬尘综合治理，整治秸秆和垃圾露天焚烧，强力推进露天矿山整治，以储油设施为重点实施挥发性有机物（VOCS）综合防治。四是增强城市大气流动性，规划设计城市风道，提升空气通透度，疏解雾霾效应。五是增强科学治污能力，推动开展大气污染前瞻性综合研究。六是推动长江中游区域大气联防联控，推进大气污染物的协同减排。

2. 以补齐"三农"发展"短板"为导向着力缩小城乡居民收入差距

一是加快推进新型城镇化，增加就业创业机会，提升农业资源利用效率，扩大农产品市场需求，带动城乡经济发展，让城乡居民共享发展成果。二是深入推进农业供给侧改革，推进农产品的结构性调整，推进农业生产方式的结构性调整，推进农业产业体系的结构性调整，增强农业生产效率。三是推动城乡公共服务均等化，加大农村教育文化设施建设，加强农村医疗卫生建设，完善农村最低生活保障制度。四是完善农村金融体制，深化农村信用合作社改革，构建多层次的农村金融体系，满足农村信贷需求。五是提高农村劳动力素质，积极培育新型职业农民，增强农民增收能力。六是构建城乡平等的就业机制，促进农村富余劳动力转移。

3. 以加大政府科技创新投入为导向推动科技持续快速稳定发展

一是加大政府资金的投入。加大对重点产业、重点领域前沿技术、关键技术、共性技术的研发投入，进一步加强政府科技投入在基础研究、应用研究中的主导地位，发挥政府投入的"杠杆效应"，优化 R&D 活动类型结构和区域分布，利用政府购买、知识产权的保护来刺激社会 R&D 投入的需要。二是合理配置 R&D 活动类型。基础研究、应用研究是创新能力建设的根本，是知识的源头，是形成自主知识产权的基础。政府要增加基础研究和应用研究的投入力度，鼓励自主创新，促进湖南经济的结构优化升级和提升可持续发展能力。三是进一步优化产业结构。大力发展战略性新兴产业、高新技术产业等前沿产业，并用高新技术改造提升传统产业；优化工业的内部结构，通过立足实际情况、依托资源禀赋，大力提升高技术行业、高 R&D 投入强度行业在工业中的比重。

第五章
环洞庭湖地区共享发展评价

环洞庭湖地区共包括岳阳市、常德市和益阳市。从资源禀赋来看，环洞庭湖地区土地面积为 46088 平方公里，占湖南省土地面积的21.76%；常住人口 1595.8 万人，占湖南省人口总量的 24.29%；域内洞庭湖湿地是湖南省乃至全国重要的湿地，具有强大的生态净化功能，环洞庭湖地区人与自然和谐发展水平关系绿色湖南的有序落实。从区位条件来看，环洞庭湖地区处于长江经济带、"一带一路"等重大发展规划的节点上，环洞庭湖地区发展质量得到提升，有助于湖南省发展总体水平的提升，可有效规避"短板效应"。因此，本章对 2012～2016 年环洞庭湖地区共享发展总指数、一级指标、二级指标的变动趋势特征进行全面评价和对比分析。

第一节　环洞庭湖地区共享发展综合评价

近年来，环洞庭湖地区共享发展取得进展，社会保障公平水平得到显著改善，但是，由于发展起点低，加之环洞庭湖地区对传统发展路径的惯性依赖，生态环境改善尚未获得理想的发展水平，总体上制约了环洞庭湖地区共享发展水平的提升，环洞庭湖地区共享发展水平相对滞后于湖南省长株潭城市群地区、湘南地区。

一 环洞庭湖地区共享发展总指数变化特征分析

基于 2012～2016 年统计数据对环洞庭湖地区共享发展质量进行分析，环洞庭湖地区共享发展总水平结果如图 5-1 所示。

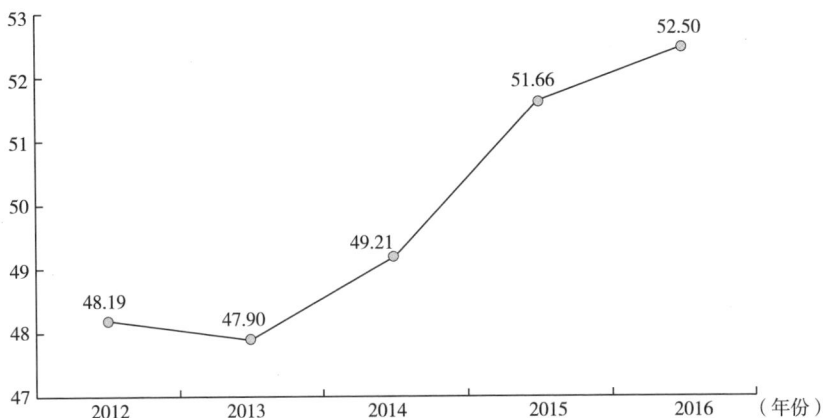

图 5-1　2012～2016 年环洞庭湖地区共享发展总水平指数

环洞庭湖地区共享发展总水平在全省四大板块中相对落后，总水平指数年均增速仅为2.16%，仅比大湘西地区共享发展水平增速高出0.58个百分点，却比长株潭城市群共享发展总水平指数增速低1.83个百分点。

从图 5-1 中可以看出，环洞庭湖地区共享发展指数呈现 U 形特征。2012 年，环洞庭湖地区共享发展指数为 48.19。2013 年，环洞庭湖地区共享发展指数下滑至 47.9。2013 年至 2016 年，环洞庭湖地区共享发展指数呈现递增发展态势，其中，2014 年至 2015 年，环洞庭湖地区共享发展指数增长迅速，共享发展指数增长率为 4.98%，相比 2012 年至 2016 年环洞庭湖地区共享发展指数年均增速（1.22%）高出 3.76 个百分点；2015 年至 2016 年，环洞庭湖地区共享发展指数增长率仅为 1.63%，增速显著放缓。2012 年至 2016 年，环洞庭湖地区贫困发生率有所降低，贫困状况有所缓解。造成环洞庭湖地区共享发展指数呈现 U 形特征的主要影响因子是社会保障公平度。社会保障公平度变化形态从 2012 年增长至 2013 年，2013 年至 2014 年呈现下滑态势，2014 年至 2016 年又迅速递增，其中，2014 年至 2015 年增长幅度较大。其他三个一级指标对环洞庭地区共享发展指数变动态势的影响相对较小。总的来看，环洞庭湖地区共享发展指数受社会保障公平度指标变化的冲击相对较为明显，但是总指数 2013 年的下降受到生态环境和谐度下降的影响。

二 环洞庭湖地区共享发展分指数变化特征分析

基于 2012～2016 年统计数据对环洞庭湖地区进行分析，环洞庭湖地区共享发展一级指标变化结果如图 5-2 所示。①

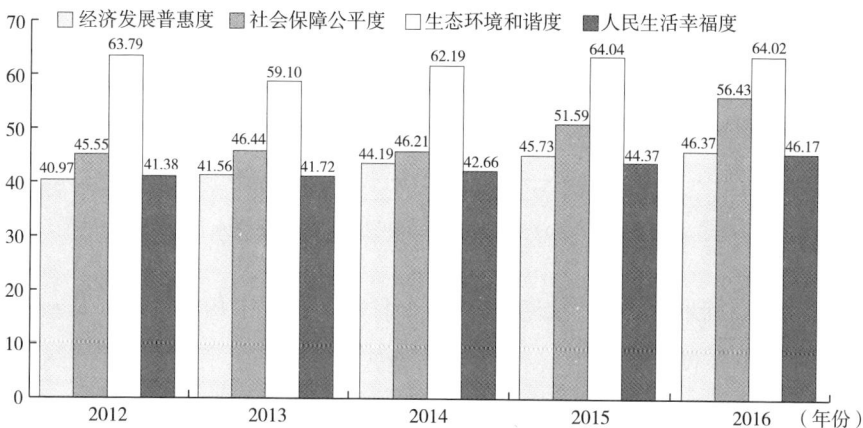

图 5-2 2012～2016 年环洞庭湖地区共享发展一级指标变化

从一级指标增速变化情况来看，2012 年至 2016 年，环洞庭湖地区经济发展普惠度在四个一级指标中的增长幅度位居第二，由 40.97 递增至 46.37，年均增长 3.14%，高于环洞庭湖地区共享发展总水平指数增速；环洞庭湖地区社会保障公平度增长幅度在四个一级指标中是最大的，由 45.55 递增至 56.43，年均增长 5.5%，远远高于环洞庭湖地区共享发展总水平指数增速；环洞庭湖地区生态环境和谐度由 63.79 递增至 64.02，年均增长 0.09%，低于环洞庭湖地区共享发展总水平指数增速；环洞庭湖

---

① 2012～2016 年该区域共享发展 4 个一级指数柱状图，由于扶贫数据缺失历史数据，因此柱状图只能体现 4 个一级指数。环洞庭湖地区岳阳市、常德市和益阳市存在同样情况，下文分析不再累述。

地区人民生活幸福度由 41.38 递增至 46.17，年均增长 2.78%，略高于环
洞庭湖地区共享发展总水平指数增速。比较分析表明，与经济发展普惠
度、社会保障公平度、人民生活幸福度相比，生态环境和谐度增幅显著
偏低，对环洞庭湖地区共享发展总水平的贡献明显低于其余三个一级指
标。从一级指标增长形态来看，环洞庭湖地区经济发展普惠度、人民生
活幸福度都呈现递增态势，社会保障公平度呈现 N 形发展态势，生态环
境和谐度呈现倒 N 形特征。

　　构成经济发展普惠度的二级指标中，收入差异指数、经济活力指数
和地区财力指数波动不大，收入水平指数存在较大变动，在 2013 年处
于五年统计期最低值，2013 年至 2016 年呈现递增态势。构成社会保障
公平度的二级指标中，就业指数、教育指数、医疗指数和住房指数呈现
递增态势①，保障均等指数存在较大波动，2012 年至 2014 年呈现递减态
势，2014 年达到统计期最低值（48.3），之后反转上升。构成生态环境
和谐度的二级指标中，能源节约指数和环境美好指数变动都比较大，环
境美好指数也于 2013 年达到统计期最低值（60.15），之后反转上升；能
源节约指数在 2013 年达到统计期最低值（55.18），之后反转上升，经
过一段较为平稳的递增之后，2015 年至 2016 年，能源节约指数又呈现
递减态势，对生态环境和谐度变化的冲击相比环境美好指数而言较为
明显。构成人民生活幸福度的二级指标中，生活便利指数波动较小，总
体上是递增态势，但是呈现倒 U 形发展态势；文化繁荣指数存在波动，
2012 年至 2013 年呈现递减态势之后反转上升；科技共创指数一直呈现
稳定增长态势；法治指数变动不大，2012 年至 2013 年保持不变，之后
维系较为平稳的增长态势。

　　为进一步分析环洞庭湖地区共享发展总水平指数变动的影响，本文
深化至二级指标层展开分析，聚焦到 15 个二级指标，即收入水平指数、
收入差异指数、经济活力指数、地区财力指数、就业指数、教育指数、
医疗指数、住房指数、保障均等指数、能源节约指数、环境美好指数、

---

　　①　2012 年环洞庭湖地区住房二级指标数据缺失。

生活便利指数、文化繁荣指数、科技共创指数、法治指数。其在 2012 年至 2016 年的演变详见表 5-1 所示。

表 5-1 中，收入差异指数、经济活力指数、地区财力指数、教育指数和法治指数逐年递增，分别由 2012 年的 45.68、36.22、35.42、37.55 和 34.26 递增至 2016 年的 52.39、41.84、37.88、42.77 和 36.29，增速相对较为平缓，年均增幅分别为 3.49%、3.67%、1.69%、3.31% 和 1.45%；科技共创指数由 2013 年的 36.23 递增至 2016 年的 39.31，年均增幅为 2.76%。医疗指数、就业指数和住房指数增速较快，其中，医疗指数和就业指数分别由 2012 年的 35.74 和 39.08 递增至 2016 年的 45.18 和 71.52，年均增幅分别为 6.03% 和 16.31%，住房指数由 2013 年的 64.87 递增至 2016 年的 79.58，年均增幅为 7.05%。收入水平指数、保障均等指数和环境美好指数均呈现 V 形发展态势，其中，收入水平指数由 2012 年的 41.29 递增至 2016 年的 46.21，年均增幅较低，为 2.85%，但在 2012 年至 2013 年出现降低，2013 年至 2014 年又恢复递增态势；保障均等指数由 2012 年的 61.78 递减至 2016 年的 60.48，年均增幅呈现负值，2016 年相比 2012 年递减 2.1%，保障均等指数总体情况是趋于恶化的；环境美好指数由 2012 年的 64.0 递增至 2016 年的 65.64，年均增幅相对较低，仅为 0.63%，但是在 2012 年至 2013 年出现降低，2013 年至 2014 年又恢复递增态势。能源节约指数呈现倒 N 形发展态势，由 2012 年的 63.01 递减至 2016 年的 57.96，能源节约指数的发展态势是趋于恶化的。

为进一步分析变动幅度特别的二级指标，从构成二级指标的次级指标去溯源。

在构成医疗指数的次级指标中，万人拥有卫生机构床位数由 2012 年的 39.57 张递增至 2016 年的 58.09 张，年均增幅达到 10.08%；万人拥有卫生医疗从业人员数由 2012 年的 44.8 人递增至 2016 年的 66.48 人，年均增幅达到 10.37%，显然，万人拥有卫生医疗从业人员数对医疗指数增长的贡献相对较大。

在构成就业指数的次级指标中，人均社会保障和就业公共财政支出由 2012 年的 774.69 元递增至 2016 年的 1319.5 元，年均增幅达到

14.24%，2012年至2016年的人均社会保障和就业公共财政支出大幅增加使得就业指数获得了16.31%的年均增幅。

在构成收入水平指数的次级指标中，城镇居民人均可支配收入由2012年的20707元递增至2016年的26460元，年均增幅达到6.32%；农村居民人均可支配收入由2012年的8782元递增至2016年的13070元，年均增幅高达10.45%；居民收入与经济发展之间的增长速度比由2012年的1.23递增至2016年的1.25，年均增幅仅为0.4%。显然，农村居民人均可支配收入对收入水平指数增长的贡献最大，其次是城镇居民人均可支配收入，从这得到启示，要提高内需对经济增长的贡献，就要提高居民收入份额，也就是说居民收入增速应大幅超越经济增速，经济增长方式转变就能获得成功。

在构成保障均等指数的次级指标中，地区人均基本公共服务支出差异系数归一化数值由2012年的69.07递减至2016年的67.32，年均减幅达到0.64%，显然，改善地区人均基本公共服务支出差异系数，有助于提高保障均等发展水平。

在构成环境美好指数的次级指标中，城镇污水处理率由2012年的84.47%递增至2016年的92.56%，年均增幅达到2.31%；城镇生活垃圾无害化处理率在2012年仅为96.2%，在2016年全部达标，年均增幅为0.97%；人均公园绿地面积由2012年的8.92平方米递增至2016年的10.36平方米，年均增幅达到3.81%；建成区绿化覆盖率由2012年的35.12平方米递增至2016年的40.36平方米，年均增幅达到3.54%。数据分析表明，对环境美好指数贡献的高低顺序为人均公园绿地面积、建成区绿化覆盖率、城镇污水处理率和城镇生活垃圾无害化处理率，提升城镇污水处理率，可以提高环境美好指数，进而促进生态环境和谐度。

在构成能源节约指数的次级指标中，单位GDP能耗变化率由2012年的峰值（7.28）降低至统计期最低值（-5.96），之后持续上升，2015年至2016年，单位GDP能耗变化率又呈现递减态势，但是仍高于2013年数据，由此可见，一方面，单位GDP能耗变化率的变动态势诱致能源节约指数呈现倒N形态；另一方面，能源节约仍有发展空间，加快推进能源节约措施的应用和推广，可以继续降低能耗，有利于生态环境和谐度的进一步改善。

表 5-1　2012～2016 年洞庭湖地区共享发展二级指标变化

二级指标	2012 年	2013 年	2014 年	2015 年	2016 年
收入水平	41.29	38.11	42.39	45.32	46.21
收入差异	45.68	49.51	51.89	52.30	52.39
经济活力	36.22	37.54	39.05	40.71	41.84
地区财力	35.42	36.11	36.74	37.28	37.88
就业	39.08	44.39	48.76	59.80	71.52
教育	37.55	38.16	38.98	40.64	42.77
医疗	35.74	36.72	37.95	41.36	45.18
住房	—	64.87	67.02	73.63	79.58
保障均等	61.78	59.56	48.30	56.86	60.48
能源节约	63.01	55.18	61.62	62.41	57.96
环境美好	64.00	60.15	62.35	64.47	65.64
生活便利	52.60	54.63	55.83	55.44	54.53
文化繁荣	38.80	37.67	38.95	42.64	46.70
科技共创	—	36.23	36.51	37.72	39.31
法治	34.26	34.26	34.55	35.32	36.29

112

第二节　环洞庭湖地区共享发展评价

　　由于资源禀赋、发展条件等差异，环洞庭湖地区岳阳市、常德市和益阳市的共享发展总水平存在差异。从统计期末期共享发展总水平指数比较情况来看，2016 年，常德市共享发展总水平指数最高，达到 56.55；益阳市共享发展总水平指数位居第二，为 53.03；岳阳市共享发展总水平指数最低，仅为 51.24。从年均增长速度的比较来看，益阳市年均增长水平最高，年均增长速度为2.64%，高出环洞庭湖地区共享发展总水平指数年均增幅；常德市共享发展总水平指数年均增长速度为2.18%，位居第二，略高于环洞庭湖地区年均增长速度；岳阳市共享发展总水平指数年均增长水平最低，仅为2.04%，还低于环洞庭湖地区共享发展总水平指数年均增幅。

进一步对岳阳市、常德市和益阳市的一级指标展开比较分析。从一级指标中经济发展普惠度比较情况来看，基于统计期末期数值的比较分析表明，益阳市的发展水平最高，常德市的发展水平位居第二，岳阳市的发展水平排第三；基于年均增长速度的比较分析表明，岳阳市的年均增幅最大，益阳市的年均增幅位居第二，常德市的年均增幅排第三。从一级指标中社会保障公平度比较情况来看，基于统计期末期数值的比较分析表明，益阳市的发展水平最高，常德市的发展水平位居第二，岳阳市的发展水平排第三；基于年均增长速度的比较分析表明，常德市的年均增幅最大，益阳市的年均增幅位居第二，岳阳市的年均增幅排第三。从一级指标中生态环境和谐度比较情况来看，基于统计期末期数值的比较分析表明，常德市的发展水平最高，岳阳市的发展水平位居第二，益阳市的发展水平排第三；基于年均增长速度的比较分析表明，常德市的年均增幅最大，岳阳市的年均增幅位居第二，益阳市的年均增幅排第三，并呈现负值。从一级指标中人民生活幸福度比较情况来看，基于统计期末期数值的比较分析表明，常德市的发展水平最高，益阳市的发展水平位居第二，岳阳市的发展水平排第三；基于年均增长速度的比较分析表明，益阳市的年均增幅最大，常德市的年均增幅位居第二，岳阳市的年均增幅排第三。

一 岳阳市共享发展评价

基于2012年至2016年统计数据对环洞庭湖地区岳阳市共享发展总水平测算，结果如图5-3所示。

从图5-3可以看出，2012年至2016年，岳阳市共享发展总水平指数以M形态波动发展。2012年，岳阳市共享发展总水平指数为47.27，

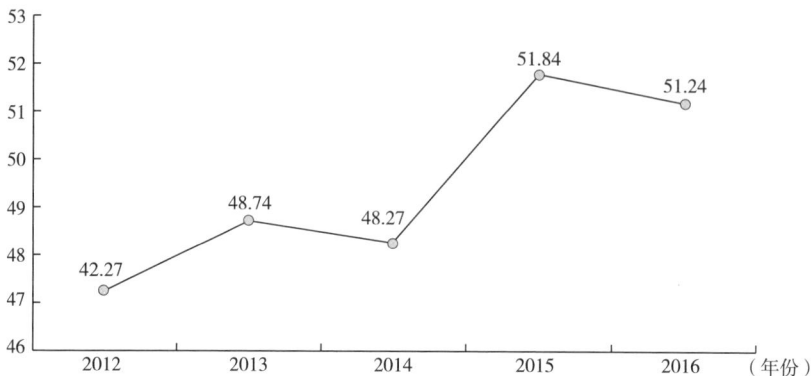

图 5-3　2012～2016 年岳阳市共享发展总水平指数

2012 年至 2013 年，岳阳市共享发展总水平指数递增至 48.74，之后呈递减态势，2014 年至 2015 年，又呈现递增发展态势，2015 年达到五年统计期的最高点，之后又呈现递减态势。

　　造成岳阳市共享发展指数呈现 M 形特征的原因主要在于社会保障公平度。社会保障公平度在 2012 年至 2014 年期间，呈现 N 形增长态势，在 2014 年至 2016 年期间，增长迅速，拉高了岳阳市共享发展总水平。生态环境和谐度则起了一定的负向作用，在经历了 2013 年的低点后，2013 年至 2015 年，生态环境和谐度呈现递增态势，在经历了 2015 年的高位发展后又迅速降低，对岳阳市共享发展总水平指数在 2016 年的减低态势产生一定的冲击。经济发展普惠度在 2012 年至 2016 年持续增长，对于岳阳市共享发展总水平指数总体增长态势有贡献。在一级指标评价维度中，人民生活幸福度权重是较高的，增长趋势却相对平缓，但是，2014 年出现的低值对于岳阳市共享发展总水平指数 M 形态中 2014 低值的产生具有一定的影响，人民生活幸福度 2016 年较 2015 年下降，对岳阳市总指数 2016 年的下降应产生主要影响。

　　基于 2012 年至 2016 年统计数据对岳阳市进行一级指数变化特征分析，一级指标结果如图 5-4 所示。从一级指标增速变化情况来看，2012 年至 2016 年，岳阳市经济发展普惠度指数在四个一级指标中的增长幅度位居第二，由 38.6 递增至 45.56，年均增长 4.23%，高于岳阳市共享发展总水平指数增速；岳阳市社会保障公平度增长幅度在四个一级指标中是增速最大的，由 43.86 递增至 54.4，年均增长 5.53%，远远高于岳阳市共享发展总水平指数增速；岳阳市生态环境和谐度由 61.12 递增至61.81，年均增长仅为 0.28%，远远低于岳阳市共享发展总水平指数增速；岳阳市人民生活幸福度由 44.19 递增至 44.35，年均增长仅为 0.09%，是一级指标中增速最低的。

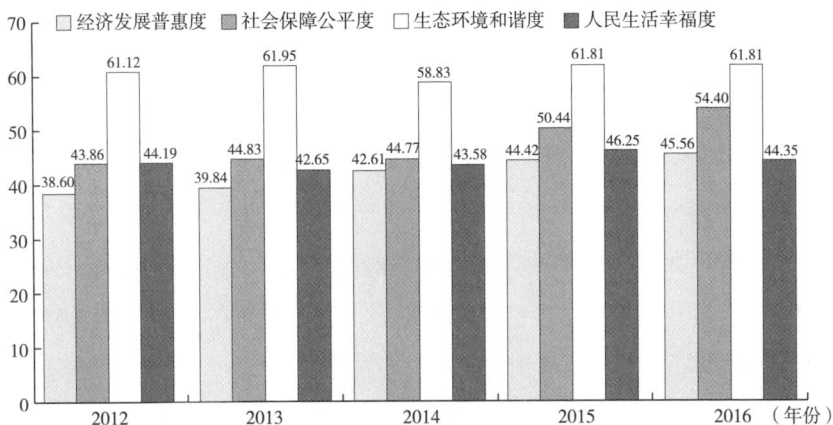

图 5-4 2012~2016 年岳阳市共享发展一级指标变化

比较分析表明，与经济发展普惠度、社会保障公平度相比，人民生活幸福度和生态环境和谐度增幅明显偏低，对岳阳市共享发展总水平的贡献显著低于其余两个一级指标，未来对岳阳市共享发展总水平的贡献提升空间较大。从一级指标增长形态来看，岳阳市经济发展普惠度一直呈现递增态势，社会保障公平度呈现不规则的 N 形发展态势，人民生活幸福度呈现倒 N 形发展态势，生态环境和谐度呈现 N 形发展态势。

构成经济发展普惠度的二级指标中，地区财力指数波动不大，一直呈现递增态势；经济活力指数波动不大，一直呈现递增态势，增幅相对高于地区财力增长水平；收入差异指数在2012年至2013年有迅速的发展，之后发展较为平缓；收入水平指数存在较大变动，在 2013 年处于五年统计期最低值，2013 年至 2016 年呈现递增态势，其中，2013 年至 2014 年的增幅明显大于 2014 年至 2016 年的增幅。构成社会保障公平度的二级指标中，就业指数、教育指数、医疗指数和住房指数均呈现稳定的递增态势,①保障均等指数变动较大，出现两个较大的快速发展期，即2012年至2013年、2014年至2016年，2012年至2013年的增幅显著小于2014年至2016年的增幅。构成生态环境和谐度的二级指标中，能源节约指数和环境美好指数变动都比较大，环境美好指数也于2014年达到统计期最低值（59），之后反转上升；能源节约指数由2012年持续降低至2014年，之后出现较为平缓的上升，2015年至2016年，能源节约指数又向低位发展，降低幅度要高于2012年至2014年的降低水平，显然，能源节约指数对生态环境和谐度变化有贡献。构成人民生活幸福度的二级指标中，生活便利指数波动较大，呈现倒N形发展态势，在2013年和2016年出现了两个低点，2016年生活便利指数是五年统计期最低值；文化繁荣指数波动不大，呈现不太明显的V形发展态势，经历了2013年的低点后，一直稳定增长；科技共创指数呈现稳定增长态势；法治指数在2012年至2013年呈现递减态势，之后反转上升。

为进一步分析岳阳市共享发展总水平指数变动的影响，本文深化至二级指标层展开分析，聚焦到15个二级指标，即收入水平指数、收入差异指数、经济活力指数、地区财力指数、就业指数、教育指数、医疗指数、住房指数、保障均等指数、能源节约指数、环境美好指数、生活便利指数、文化繁荣指数、科技共创指数、法治指数。其在2012年至2016年的演变详见表5-3所示。

表5-3中，经济活力指数、地区财力指数、就业指数和教育指数逐年递增，分别由2012年的37.3、35.69、38.5和39.7递增至2016年的44、38.9、77.26和44.94，年均增幅分别为4.22%、2.18%、19.02%和3.15%；住房指数和科技共创指数分别由2013年的59.88和36.26递增至2016年的67.67和40.02，年均增幅分别为4.16%和3.34%。收入水平指数、医疗指数、文化繁荣指数和法治指数呈现U形发展态势，其中，收入水平指数年均增幅为4.81%，在2013年出现最低值；医疗指数年均增幅为5.69%，2012年至2014年一直呈现递减态势，之后反转上

---

① 2012年岳阳市住房二级指标数据缺失。

升；文化繁荣指数和法治指数年均增幅分别为3.75%和1.7%，这两个二级指标均在2013年出现最低值。收入差异指数呈现倒U形发展态势，由2012年的38.52递增至2016年的45.5，年均增幅达到4.25%。保障均等指数和环境美好指数均呈现N形发展态势，其中，保障均等指数由2012年的51.49递减至2016年的49.22，尽管2013年出现五年统计期的峰值（51.59），年均减幅仍达到1.12%，保障均等指数是趋于恶化的；环境美好指标由2012年的59.51递增至2016年的65.76，年均增幅为2.53%。能源节约指数和生活便利指数呈现倒N形发展态势，其中，能源节约指数由2012年的67.13递减至2016年的46.99，年均减幅达到8.53%，能源节约指数是趋于恶化的；生活便利指数由2012年的61.5递减至2016年的49.27，年均减幅达到5.39%。

为进一步分析变动幅度特别的二级指标，从构成二级指标的次级指标去溯源。

保障均等指数年均增幅为-1.12%，在构成保障均等指数的次级指标中，地区人均基本公共服务支出差异系数的归一化数值由2012年52.89递减至2016年的48.41，年均减幅达到2.19%，这项指标是趋于恶化的，改善保障地区人均基本公共服务支出差异系数，有助于提高保障均等水平。

环境美好指数年均增幅为2.53%，略高于岳阳市共享发展总水平指数年均增长速度，在构成环境美好指数的次级指标中，空气质量良好天数比例归一化数值由2012年81.13降低至2016年的25.35，降低幅度非常大；城镇污水处理率由2012年的79.49%递增至2016年的93.09%，年均增幅达到4.03%；城镇生活垃圾无害化处理率由2012年的90.19%递增至2016年的100%，年均增幅达到2.61%；人均公园绿地面积由2012年的7.89平方米递增至2016年的10.61平方米，年均增幅达到7.7%；建成区绿化覆盖率由2012年的35.83%递增至2016年的39.99%，年均增幅达到2.78%；数据分析表明，空气质量达标率显示为负增长，鉴于城镇生活垃圾无害化处理率在2016年已经实现100%，因此，提高空气质量良好天数比例和建成区绿化覆盖率可以提高环境美好指数，进而促进生态环境和谐度改善。

生活便利指数年均减幅为 5.39%，在构成生活便利指数的次级指标中，每万人拥有公共交通车辆由 2012 年的 4.87 辆递减至 2016 年的 4.67 辆，年均减幅为 1.01%；人均拥有道路面积由 2012 年的 12.89 平方米递增至 2016 年的 16.26 平方米，年均增幅达到 5.98%；城镇用气普及率由 2012 年的 98.02% 递减至 2016 年的 86%，年均减幅达到 3.22%。由此可见，加快城市建设，着力提高每万人拥有公共交通车辆和城镇用气普及率，可以提高生活便利指数，进而提升人民生活幸福度。

表 5-2 2012～2016 年岳阳市共享发展二级指标变化

二级指标	2012 年	2013 年	2014 年	2015 年	2016 年
收入水平	40.51	37.57	43.37	45.90	48.88
收入差异	38.52	43.91	45.00	46.38	45.50
经济活力	37.30	38.81	40.55	42.66	44.00
地区财力	35.69	36.47	37.29	37.59	38.90
就　业	38.50	43.00	48.39	64.47	77.26
教　育	39.70	40.69	41.72	42.84	44.94
医　疗	36.39	36.05	36.02	41.44	45.40
住　房	—	59.88	60.88	65.61	67.67
保障均等	51.49	51.59	42.77	48.42	49.22
能源节约	67.13	62.08	58.19	61.17	46.99
环境美好	59.51	61.92	59.00	61.98	65.76
生活便利	61.50	57.26	58.99	61.14	49.27
文化繁荣	39.24	38.24	38.79	42.99	45.46
科技共创	—	36.26	37.05	38.25	40.02
法　治	34.05	33.90	34.49	35.71	36.43

二　常德市共享发展评价

基于 2012 年至 2016 年统计数据对环洞庭湖地区常德市共享发展总

水平测算，结果如图 5-5 所示。

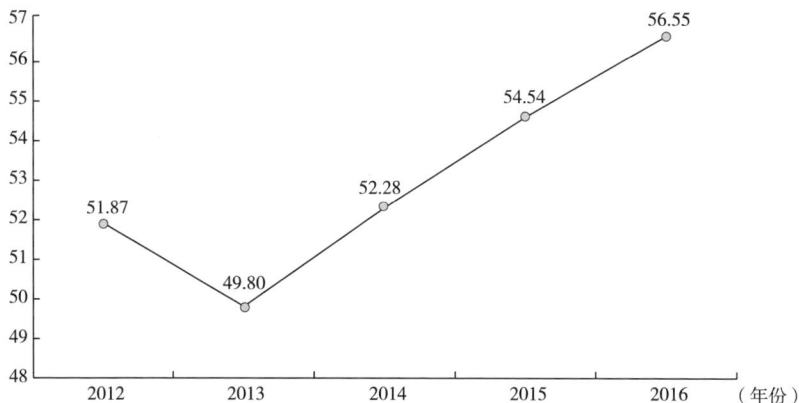

图 5-5 2012～2016 年常德市共享发展总水平指数

从图 5-5 可以看出，2012 年至 2016 年，常德市共享发展总水平指数以 V 形态波动发展。2012 年，常德市共享发展总水平指数为 51.87，2012 年至 2013 年，常德市共享发展总水平指数递减至 49.80，之后又呈持续递增态势，2016 年共享发展总水平指数为 56.55。2013 年至 2016 年，常德市共享发展总水平指数年均增速达到 4.33%，远远高于五年统计期的年均增长水平。

造成常德市共享发展指数呈现 V 形特征的原因主要在于生态环境和谐度、社会发展保障度和经济发展普惠度。生态环境和谐度在 2012 年至 2013 年，呈递减发展态势，之后反转上升，其中，2013 年至 2014 年的增长幅度相比 2015 年至 2016 年的增长幅度更大；社会保障公平度在 2012 年至 2013 年，增长较为平缓，之后呈现递减发展态势，在 2014 年至 2016 年，又迅速增长；经济发展普惠度在 2012 年至 2013 年出现下降态势，之后至 2016 年均维持着持续稳定的增长态势。由此可见，生态环境和谐度、社会保障公平度和经济发展普惠度协同拉动了常德市共享发展总水平的增长，对常德市共享发展总水平的 V 形变动态势贡献突出。人民生活幸福度在 2012 年至 2016 年均维持着持续稳定的增长态势，对于常德市共享发展总水平指数总体增长态势有贡献。

基于 2012 年至 2016 年统计数据对常德市进行一级指标变化特征分析，一级指标结果如图 5-6 所示。从一级指标增速变化情况来看，2012

年至 2016 年，常德市社会保障公平度在四个一级指标中的增长幅度位居第一，由 46.37 递增至 58.68，年均增长 46.06%，高于常德市共享发展总水平指数增速；常德市人民生活幸福度增长幅度在四个一级指标中位居第二，由 42.75 递增至 48.5，年均增长 3.21%，高于常德市共享发展总水平指数增速；常德市生态环境和谐度由 66.3 递增至 72.76，年均增长为 2.35%，略高于常德市共享发展总水平指数增速；常德市经济发展普惠度由 43.61 递增至 46.9，年均增长仅为 1.83%，不仅是一级指标中增速最低的，还低于常德市共享发展总水平指数增速。

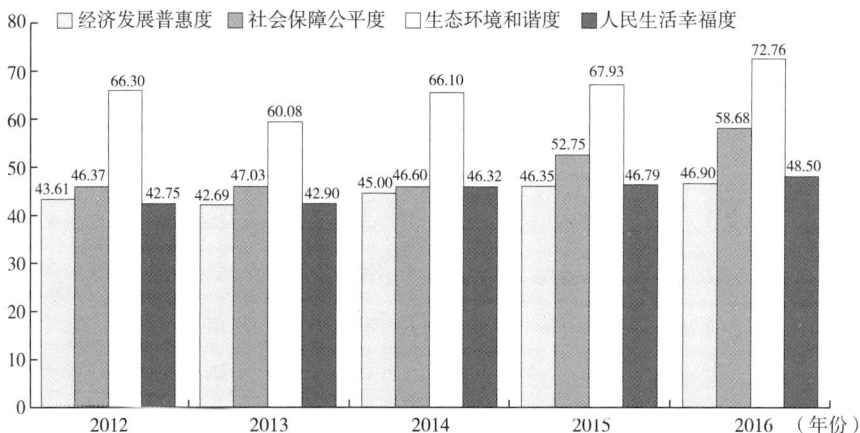

图 5-6　2012～2016 年常德市共享发展一级指标变化

　　比较分析表明，与社会保障公平度、人民生活幸福度和生态环境和谐度相比，经济发展普惠度增幅明显偏低，在 2013 年甚至呈现下降态势，该项指标对常德市共享发展总水平的贡献显著低于其余三个一级指标，未来对常德市共享发展总水平的贡献仍有很大提升空间。从一级指标增长形态来看，常德市人民生活幸福度一直呈现递增态势，社会保障公平度呈现不规则的 N 形发展态势，生态环境和谐度呈现 V 形发展态势。

　　构成经济发展普惠度的二级指标中，地区财力指数波动不大，一直呈现递增态势；经济活力指数波动不大，一直呈现递增态势，增幅相对高于地区财力增长水平；收入差异指数波动发展，在 2012 年至 2013 年存在递减态势，之后反转上升，在 2014 年至 2015 年又递减，在 2015

年至 2016 年又递增；收入水平指数存在较大变动，在 2013 年处于五年统计期最低值，2013 年至 2015 年呈现迅速递增态势，在 2015 年至 2016 年依然维持增长态势，但增长幅度较为平缓。构成社会保障公平度的二级指标中，就业指数、教育指数、医疗指数和住房指数均呈现稳定的递增态势[①]；保障均等指数变动较大，在 2012 年至 2014 年呈现递减态势，其中，2013 年至 2014 年的递减态势明显高于 2012 年至 2013 年的递减态势，保障均等指数在 2015 年至 2016 年，呈现递增态势，其中，2014 年至 2015 年的递增幅度高于 2015 年至 2016 年的递增幅度。构成生态环境和谐度的二级指标中，能源节约指数和环境美好指数变动都比较大，环境美好指数于 2013 年达到统计期最低值（62.46），之后反转上升，在 2015 年至 2016 年又呈现递减态势，2016 年环境美好指数比 2012 年数值还低，在一定程度上拉低了生态环境和谐度；能源节约指数由 2012 年持续降低至 2013 年，之后出现较为快速的上升，2014 年至 2015 年，能源节约指数又出现较为平缓的增长，在 2015 年至 2016 年，又迅速递增，显然，能源节约指数对生态环境和谐度变化的贡献，在一定程度上拉高了生态环境和谐度。构成人民生活幸福度的二级指标中，生活便利指数波动较大，呈现倒 V 形发展态势，在 2014 年出现高点，在 2014 年至 2016 年又呈现递减态势，2016 年生活便利指数略高于 2012 年数值；文化繁荣指数和科技共创指数波动不大，呈现不太明显的 V 形发展态势，文化繁荣指数经历了 2013 年的低点后，一直稳定增长；科技共创指数和法治指数也呈现波动增长态势。

为进一步分析常德市共享发展总水平指数变动的影响，本文深化至二级指标层展开分析，聚焦到 15 个二级指标，即收入水平指数、收入差异指数、经济活力指数、地区财力指数、就业指数、教育指数、医疗指数、住房指数、保障均等指数、能源节约指数、环境美好指数、生活便利指数、文化繁荣指数、科技共创指数、法治指数。其在 2012 年至 2016 年的演变详见表 5-3。

---

① 2012 年岳阳市住房二级指标数据缺失。

表 5-3 2012~2016 年常德市共享发展二级指标变化

二级指标	2012 年	2013 年	2014 年	2015 年	2016 年
收入水平	43.05	39.54	42.14	45.18	45.22
收入差异	51.58	51.16	54.37	54.04	54.68
经济活力	36.13	37.50	38.89	40.51	41.70
地区财力	36.31	37.08	37.72	38.46	38.95
就业	40.04	46.19	49.44	60.99	70.79
教育	37.18	37.20	37.75	39.51	42.11
医疗	36.07	37.60	39.42	42.02	45.27
住房	—	71.15	73.61	86.16	100.00
保障均等	60.03	55.94	44.02	51.90	56.27
能源节约	62.94	51.13	68.14	68.30	100.00
环境美好	67.20	62.46	65.56	67.83	65.49
生活便利	55.85	56.65	65.86	60.69	56.40
文化繁荣	40.15	38.61	40.78	44.75	50.85
科技共创	—	37.54	37.01	38.29	39.96
法治	34.11	34.05	34.67	35.29	36.53

表 5-3 中，经济活力指数、地区财力指数、就业指数、教育指数和医疗指数逐年递增，分别由 2012 年的 36.13、36.31、40.04、37.18 和 36.07 递增至 2016 年的 41.7、38.95、70.79、42.11 和 45.27，年均增幅分别为 3.65%、1.77%、15.31%、3.16% 和 5.84%；住房指数由 2013 年的 71.15 递增至 2016 年的 100，年均增幅为 12.01%。收入水平指数、保障均等指数、能源节约指数、文化繁荣指数、科技共创指数和法治指数呈现 U 形发展态势，其中，收入水平指数年均增幅为 1.24%，在 2013 年出现最低值；保障均等指数年均减幅为 1.6%，2012 年至 2014 年一直呈现递减态势，之后反转上升，2016 年的数值为 56.27，仍低于 2012 年的数值，可见保障均等指数是趋于恶化的；能源节约指数年均增幅为 12.27%，在 2013 年出现最低值，之后反转上升，在 2016 年达标；文化

繁荣指数和法治指数年均增幅分别为 6.08% 和 11.73%，这两个二级指标均在 2013 年出现最低值；科技共创指数年均增幅为 2.1%，在 2014 年出现最低值，之后反转上升。收入差异指数呈现 W 形发展态势，由 2012 年的 51.58 递减至 2013 年的 51.16，之后递增至 2014 年的 54.37，再递减至 2015 年的 54.04，在 2015 年至 2016 年又恢复递增态势，年均增幅达 1.47%。环境美好指数呈现倒 N 形发展态势，由 2012 年的 67.2 递减至 2013 年的 62.46，之后呈现递增态势，2015 年达到 67.83，在 2015 年至 2016 年又呈现递减态势，2016 年达到 65.49，年均减幅为 0.64%，数据表明，环境美好指数总体上有趋于恶化的发展态势。生活便利指数呈现倒 U 形发展态势，由 2012 年的 55.85 递增至 2014 年的 65.86，之后逐年递减，2016 年数值为 56.4，略高于 2012 年的发展水平，年均增幅为 0.25%。

为进一步分析变动幅度特别的二级指标，从构成二级指标的次级指标去溯源。

收入水平指数年均增幅为 1.24%，在构成收入水平指数的次级指标中，城镇居民人均可支配收入由 2012 年的 19858 元递增至 2016 年的 26532 元，年均增幅为 7.51%；农村居民人均可支配收入由 2012 年的 8597 元递增至 2016 年的 12758 元，年均增幅为 10.37%；居民收入与经济发展之间的增长速度比由 2012 年的 1.54 递减至 2016 年的 1.11，年均减幅为 7.88%。数据表明，若能提高居民收入份额，可以提高内需，有助于常德市经济转型。

保障均等指数年均减幅为 1.6%，拉低了常德市共享发展总水平，在构成保障均等指数的次级指标中，地区人均基本公共服务支出差异系数归一化数值由 2012 年的 66.71 递减至 2016 年的 61.15，年均减幅为 2.15%，可见，大幅改善地区人均基本公共服务支出差异系数这个指标状况，有助于提高保障均等指数的发展水平。

环境美好指数年均减幅为 0.64%，对常德市共享发展总水平指数的发展产生了不利的影响，在构成环境美好指数的次级指标中，2012 年空气质量良好天数比例归一化数值相比 2016 年有大幅递减；城镇污水处理率由 2012 年的 85% 递增至 2016 年的 93.09%，年均增幅达到 2%；

城镇生活垃圾无害化处理率只有 2013 年度未达标，其余年份均达标；人均公园绿地面积由 2012 年的 12 平方米递增至 2016 年的 11.66 平方米，年均减幅达到 0.69%；建成区绿化覆盖率由 2012 年的 35.51% 递增至 2016 年的 40.89%，年均增幅达到 3.91%；数据分析表明，人均公园绿地面积拉低了环境美好指数发展水平，鉴于城镇生活垃圾无害化处理率在 2016 年已经实现 100%，因此，提高人均公园绿地面积、城镇污水处理率和空气质量良好天数比例可以提高环境美好指数，进而促进生态环境和谐度。

生活便利指数年均增幅仅为 0.25%，在构成生活便利指数的次级指标中，每万人拥有公共交通车辆由 2012 年的 5.30 辆递增至 2016 年的 6.18 辆，年均增幅为 3.91%；人均拥有道路面积由 2012 年的 13.76 平方米递减至 2016 年的 11.17 平方米，年均减幅为 5.08%；城镇用气普及率由 2012 年的 93.47% 递增至 2016 年的 93.92%，年均增幅仅为 0.12%。由此可见，加快城市建设，着力提高人均拥有道路面积和城镇用气普及率，可以提高生活便利指数，进而提升人民生活幸福度。

三　益阳市共享发展评价

基于 2012 年至 2016 年统计数据对环洞庭湖地区益阳市共享发展总水平测算，结果如图 5-7 所示。

从图 5-7 可以看出，2012 年至 2016 年，益阳市共享发展总水平指数以不规则的 U 形态波动发展。2012 年，益阳市共享发展总水平指数为 47.79，2012 年至 2013 年，益阳市共享发展总水平指数递减至 47.51，之后又呈持续递增态势，2016 年共享发展总水平指数为 53.03。2013 年至 2016 年，益阳市共享发展总水平指数年均增速达到 3.73%，远远高于五年统计期的年均增长水平。

造成益阳市共享发展指数呈现不规则 W 形特征的原因主要在于社会保障公平度、人民生活幸福度和生态环境和谐度。社会保障公平度在 2012 年至 2014 年呈现倒 U 形态势发展，在 2014 年至 2016 年迅速增长；人民

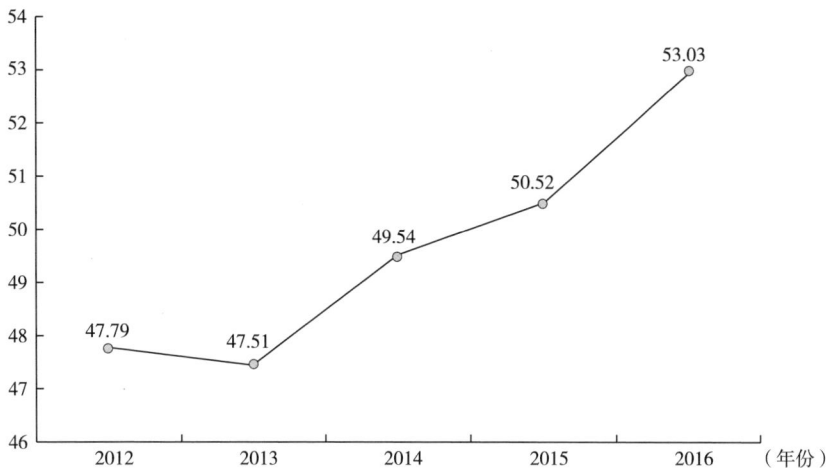

图 5-7　2012～2016 年益阳市共享发展总水平指数

生活幸福度在 2012 年至 2014 年呈现倒 U 形态势发展，在 2014 年至 2016 年迅速增长；生态环境和谐度第一个高峰值出现在 2012 年，在 2012 年至 2013 年呈现递减态势，之后反转上升，在 2014 年达到第二个峰值，之后持续递减。由此可见，生态环境和谐度对益阳市共享发展总水平指数的变动起了负向作用，而社会保障公平度和人民生活幸福度总体上对益阳市共享发展总水平指数的增长有贡献，生态环境和谐度、社会保障公平度和人民生活幸福度对益阳市共享发展总水平不规则 U 形态发展存在一定影响。经济发展普惠度在 2012 年至 2016 年维持着稳定的增长态势。

　　基于 2012 年至 2016 年统计数据对益阳市进行一级指标变化特征分析，一级指标结果如图 5-8 所示。

　　从一级指标增速变化情况来看，2012 年至 2016 年，人民生活幸福度增长幅度在四个一级指标中是最大的，由 38.08 递增至 48.07，年均增长 6%；社会保障公平度增长幅度在四个一级指标中位居第二，由 48.64 递增至 60.87，年均增长 5.77%；经济发展普惠度由 43.51 递增至 49.29，年均增长 3.17%，位居第三；生态环境和谐度由 65.74 递减至 61.29，年均减幅为 1.74%，显然，人民生活幸福度和社会保障公平度对益阳市共享发展总水平的贡献显著高于其他两个一级指标，而生态环境和谐度未来对益阳市共享发展总水平的贡献还有很大提升空间。从一级指标增长形态来看，

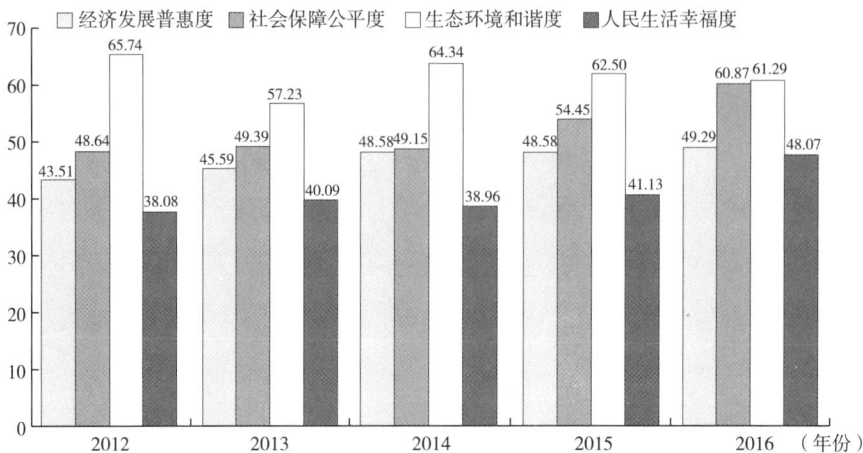

图 5-8　2012～2016 年益阳市共享发展一级指标变化

益阳市人民生活幸福度和社会保障公平度均呈现 N 形发展态势，经济发展普惠度呈现倒 U 形发展态势，生态环境和谐度呈现倒 N 形发展态势。

　　构成经济发展普惠度的二级指标中，经济活力指数和地区财力指数一直呈现稳定的增长态势；收入水平指数呈现倒 N 形发展态势，在 2012 年至 2013 年呈现递减态势，之后反转上升，在 2015 年达到统计期的峰值后，又趋于递减；收入差异指数在 2012 年至 2014 年呈递增发展态势，之后反转减低，在 2015 年至 2016 年，又转而呈现递增态势，2016 年的数值仍低于 2014 年的峰值。构成社会保障公平度的二级指标中，就业指数、教育指数、医疗指数和住房指数均呈现稳定的递增态势[①]，保障均等指数变动较大，呈 U 形发展态势，在 2014 年出现最低值，之后反转持续增长，2015 年至 2016 年的增幅相对于 2014 年至 2015 年的增幅要平缓。构成生态环境和谐度的二级指标中，能源节约指数和环境美好指数变动都比较大，环境美好指数呈现 W 形发展态势，在 2013 年出现最低值后，反转上升，在 2014 年后又呈现递减态势，在 2015 年出现第二个最低值，之后呈递增发展态势；能源节约指数则呈现倒 N 形发展态势，在 2012 年至 2013 年呈递减态势，之后反转上升，在 2014 年达到统计期的峰值后，转而持续递减，数据表明，能源节约指数发展态势对

① 2012 年岳阳市住房二级指标数据缺失。

生态环境和谐度变化有负向作用。构成人民生活幸福度的二级指标中，生活便利指数波动较大，呈现 N 形发展态势，在 2012 年至 2013 年呈递增发展态势，之后递减，在 2014 年后反转呈现持续递增发展态势，在 2015 年至 2016 年的增幅达到 37.9%，对于人民生活幸福度的提升有显著的贡献；文化繁荣指数波动不大，呈现不太明显的 U 形发展态势，经历了 2013 年的低点后，一直稳定增长；科技共创指数呈现 U 形发展态势，在 2014 年达到最低值后，转而持续增长；法治指数呈现 N 形发展态势，在 2012 年至 2013 年持续递增，在 2013 年后，呈递减发展态势，在 2014 年后反转持续上升。

为进一步分析益阳市共享发展总水平指数变动的影响，本文深化至二级指标层展开分析，聚焦到 15 个二级指标，即收入水平指数、收入差异指数、经济活力指数、地区财力指数、就业指数、教育指数、医疗指数、住房指数、保障均等指数、能源节约指数、环境美好指数、生活便利指数、文化繁荣指数、科技共创指数、法治指数。其在 2012 年至 2016 年的演变详见表 5-4。

127

表 5-4　2012～2016 年益阳市共享发展二级指标变化

二级指标	2012 年	2013 年	2014 年	2015 年	2016 年
收入水平	40.29	37.19	41.42	44.61	44.50
收入差异	55.55	64.02	67.69	63.50	65.21
经济活力	35.05	36.11	37.50	38.71	39.53
地区财力	33.99	34.47	34.90	35.46	35.40
就业	38.61	43.92	48.33	53.49	66.12
教育	35.90	36.61	37.65	39.50	42.08
医疗	34.59	36.46	38.77	40.45	44.84
住房	—	64.15	67.65	71.13	76.17
保障均等	87.37	82.92	68.30	87.29	99.29
能源节约	55.81	50.96	57.68	55.39	43.03
环境美好	68.39	58.90	66.11	64.40	66.16

二级指标	2012 年	2013 年	2014 年	2015 年	2016 年
生活便利	42.34	49.86	45.13	46.16	63.70
文化繁荣	37.83	37.26	38.07	41.84	46.05
科技共创	—	35.08	34.83	36.45	37.53
法治	34.64	35.07	34.40	34.86	35.87

表 5-4 中，经济活力指数、就业指数、教育指数、医疗指数和住房指数逐年递增，其中，经济活力指数、就业指数、教育指数和医疗指数分别由 2012 年的 35.05、38.61、35.9 和 34.59 递增至 2016 年的 39.53、66.12、42.08 和 44.84，年均增幅分别为 3.05%、14.4%、4.05% 和 6.7%；住房指数则由 2013 年的 64.15 递增至 2016 年的 76.17，年均增幅为 5.89%。保障均等指数、文化繁荣指数和科技共创指数呈现 U 形发展态势，其中，保障均等指数和文化繁荣指数分别由 2012 年的 87.37 和 37.83 递增至 2016 年的 99.29 和 46.05，年均增幅分别为 3.25% 和 5.04%；科技共创指数由 2013 年的 35.08 递增至 2016 年的 37.53，年均增幅为 2.28%。环境美好指数呈现 W 形发展态势，由 2012 年的 68.39 递减至 2016 年的 66.16，年均减幅为 0.83%。收入水平指数和能源节约指数均呈现倒 N 形发展态势，其中，收入水平指数由 2012 年的 40.29 递增至 2016 年的 44.5，年均增幅达到 2.52%，而能源节约指数由 2012 年的 55.81 递减至 2016 年的 43.03，年均减幅达到 6.29%。地区财力指数呈现倒 U 形发展态势，由 2012 年的 33.99 递增至 2016 年的 35.4，年均增幅为 1.02%。收入差异指数、生活便利指数和法治指数分别由 2012 年的 55.55、42.34 和 34.64 递增至 2016 年的 65.21、63.7 和 35.87，年均增幅分别为 4.09%、10.75% 和 0.88%。

为进一步分析变动幅度特别的二级指标，从构成二级指标的次级指标去溯源。

环境美好指数年均减幅为 0.83%，在一定程度上拉低了益阳市共享发展总水平指数年均增长速度，在构成环境美好指数的次级指标中，空气质量良好天数比例归一化数值由 2012 年的 91.02 递减至 2016 年的 44.43，年均减幅达到 16.41%；城镇污水处理率由 2012 年的 91.18% 递增至 2016 年的 92.53%，年均增幅达到 0.37%；城镇生活垃圾无害化处理率在统计期内一直保持 100%；人均公园绿地面积由 2012 年的 6.16 平方米递增至 2016 年的 8.32 平方米，年均增幅达到 7.82%；建成区绿化覆盖率由 2012 年的 33.7% 递增至 2016 年的 40.15%，年均增幅达到 4.48%。数据分析表明，提高空气质量达标率和城镇污水处理率，可以提高环境美好指数，进而促进生态环境和谐度。

第三节　环洞庭湖地区共享发展问题与对策

　　湖南省高质量发展需要推动环洞庭湖地区共享发展。环洞庭湖地区共享发展是一个系统工程，要瞄准"短板"，精准施策，稳扎稳打。

一　整体特征描述

　　随着发展理念的不断进步，环洞庭湖地区共享发展不断深入，区域共享发展水平得到提升，在公共服务供给水平提升、脱贫攻坚和人民生活质量改善方面表现显著。

1. 环洞庭湖地区公共服务供给力度加大

　　环洞庭湖地区教育指数、医疗指数、住房指数在统计期内总体上呈现递增态势，环洞庭湖地区公共服务供给水平得到提升。岳阳市在教育领域着力促进均衡发展，改造 477 所农村薄弱学校，建设 197 所公办幼儿园和 633 所合格校，岳阳全市完全小学以上义务教育学校均建成合格校，着力建设"三通两平台"建设，实现 187 个国家数字资源全覆盖[1]，率先在全省优化升级远程教育，提质升级 600 个站点，着力推进"远程

---

① 《岳阳教育全面改"薄"促均衡》，《湖南日报》2016 年 9 月 2 日。

教育＋"平台载体建设，服务农村发展^①；在医疗卫生领域着力创新，取得一系列突出成果，试点计划生育手术并发症扶助制度并形成为国家奖励扶助政策，在农村全面建成村级信息直报机制并实现 3400 多个村全覆盖，实行的"三员"合一机制有效地解决了乡镇一级卫生计生行政监管机构空缺问题，岳阳全市累计新扩建 13 所县级医院、123 个乡镇卫生院、23 个社区卫生服务中心、746 个村卫生室和 10 个农村医疗急救体系项目^②；在住房保障方面，岳阳市着力推动四化建、洞庭新城等 10 个棚户区改造，并将棚户区改造与综合商业设施、商务办公、精品住宅、休闲游憩、生态居住整合发展，打造功能多元的城市综合功能区^③。常德市在教育方面着力实施教育攻坚 3 年计划和农村薄弱学校改造、市城区中小学扩容提质、职业教育品牌建设、全市教育信息化建设等"四大工程"，改造 275 所非完全小学、30 个教学点，使全市 425 所农村寄宿制学校达到"三有"标准，城区新建、扩建中小学 39 所，城区新建、改造幼儿园 13 所，建设发展 10 所市级中职教育示范学校，市城区基本建成统一标准的教育资源公共服务体系^④；在医疗卫生领域，常德市推动城区医院提质扩容、基层卫生服务体系建设和医药卫生体制改革攻坚计划，累计投资 57.84 亿元，新建、改扩建 932 个医疗卫生项目，着力在城乡分别构建 10 分钟医疗卫生服务圈和 15 分钟医疗卫生服务圈，基本实现"首诊在社区、小病在社区、康复在社区"和"小病不出乡、大病不出县、疑难病不出市"^⑤；在住房保障等领域，常德市改造棚户区8.5 万户，成功跻身全国文明城市和全国绿化模式城市^⑥。益阳市着力推动财政资金支出着力向民生领域倾斜^⑦，推动公共服务领域的改革创新，

---

① 徐亚平：《岳阳"远程教育＋"助推农村发展》，《湖南日报》2016 年 5 月 18 日。

② "三员"合一，是指在村组配齐配强计生专干、妇幼专干、卫生监督协管员。文献详见《民生休戚系心头——岳阳市卫生计生工作纪实》，《湖南日报》2017 年 10 月 20 日。

③ 《岳阳市科学规划棚户区有特色》，《湖南日报》2016 年 12 月 29 日。

④ 《常德市实施教育 3 年攻坚》，《湖南日报》2014 年 3 月 29 日。

⑤ 周勇军、柏润、杨善军等：《"三年攻坚"护航民生安康——常德市实施卫生攻坚建设纪实》，《湖南日报》2016 年 11 月 17 日。

⑥ 《常德一座"真善美"的幸福之城》，《湖南日报》2016 年 9 月 29 日。

⑦ 《益阳：改革激起千层浪》，《湖南日报》2015 年 12 月 9 日。

中小学招生改革和县级公立医院改革获得实质性成果，以益阳市资阳区为例，2014年，资阳区民生支出占区财政支出总额的76.4%，教育、医疗卫生、社会保障和住房保障支出累计10亿元[①]；益阳市在教育领域方面推进的中小学教师"县管校聘"改革，有效地促进了教师资源在县域内城区学校之间、城乡学校之间、教育基础资源禀赋优劣学校之间、中心小学与村小学之间有序、科学的流动。显然，经过多年的努力，环洞庭湖地区各市域公共服务供给质量得到提升，社会保障水平得到提高。

2. 环洞庭湖地区减贫脱贫攻坚有序推进

环洞庭湖地区贫困发生率在统计期内有所降低，贫困状况得到缓解。岳阳市在2017年实施29个易地扶贫搬迁项目，7002户贫困户获得新居，1.2万户贫困户享受危房改造政策；贫困村光伏产业、种养产业村级覆盖率分别达到98.8%和92.4%；近2万贫困人口实现就业；1.8万贫困人口纳入社保兜底；全面落实"三个一批"健康扶贫政策；6.6万人摆脱贫困，187个贫困村脱贫，岳阳市贫困发生率由4.29%降低至2.29%。[②] 常德市强化建档立卡贫困人口"五重医疗保障"，健全贫困助学帮扶机制，有效完成实用技术培训、易地扶贫搬迁、危房改造等工作任务，强化贫困村水电路网等基础建设，着力构建"新型经营主体＋贫困村＋贫困户"的产业扶贫模式，2017年，全市脱贫5万人以上，100个以上的贫困村脱贫。[③] 益阳市发放6.6亿元扶贫小额贷款，完成1.47万人次易地扶贫搬迁，8.5万人脱贫，141个贫困村脱贫[④]，尤其是贫困助学工程扶贫效率显著，2015年以来，益阳市累计发放1341.8万元助学金，惠及310个贫困村和6720人次贫困学生。[⑤] 综上所述，环洞庭湖地区各市域将脱贫攻坚作为推进共享发展的重要工作来抓，脱贫攻坚取得成效。

---

① 蔡东赢、郭云飞、杨军：《资阳区财政支出民生占七成多》，《湖南日报》2014年2月5日。

② 《2018年岳阳市政府工作报告》，岳阳市政府内部资料。

③ 曹立军：《政府工作报告——2017年12月26日在常德市第七届人民代表大会第二次会议上》，《常德日报》2018年1月10日。

④ 《2018年益阳市政府工作报告》，益阳市政府内部资料。

⑤ 《益阳教育基金会资助贫困学生6720人次》，《湖南日报》2017年12月8日。

3.环洞庭湖地区人民生活幸福感日益增强

环洞庭湖地区人民生活幸福度在统计期内的年均增幅高于环洞庭湖地区共享发展总水平指数增速。岳阳市以创建全国文明城市为龙头，推动"五创"提质活动，着力打造江湖名城这张"大名片"，加快推进以人为核心的新型城镇化，不断完善城市功能，推进城乡环境整治攻坚，城乡生活设施得到显著改善①；着力构建布局合理、功能齐全、城乡共享的公共文化服务体系，建成 11 个公共图书馆、10 个博物（纪念）馆、10 个文化馆（群艺馆）、3 个美术馆、10 个城市数字影院、183 个乡镇综合文化站、2631 个文化信息资源共享基层服务点和 3543 个农家书屋，每年免费送 4000 多场戏、影，举办了"欢乐潇湘·幸福岳阳"群众文艺会演、岳阳文化艺术节等文化节庆②；着力开展法治文化阵地建设等系列行动，连续多年获评湖南省社会治安综合治理先进市，有 3 个村（社区）获评国家"民主法治示范村（社区）"。③常德市着力推动海绵城市建设以及城市提质和交通瓶颈破解工作④，城镇建设取得进展，基本实现"小雨不积水、大雨不内涝、水体不黑臭、热岛有缓解"⑤，中心城区实现了规模雨水就地蓄滞利用，以杆线入地、地下管网改造、慢行系统建设、公交专用道建设、路面提质改造等城市基础设施提质改造初见成效；着力推动文化产业供给侧结构性改革，丰富文化供给，繁荣地方文化，在城市水系、路、街、桥和沿岸风光带提质改造中，注重文化元素的融入，嵌入诗墙等文化符号，提升城市发展品位；将"建设智慧常德"放在首位，推动"科技先导、创新驱动"发展战略，智慧常德云计算、云服务

---

① "五创"是指国家佳通管理模范城市、国家社会治安模范城市、全国绿化模范城市、国家环保模范城市。文献参见《岳阳：打造重要增长极》，华声在线，http://hunan.voc.com.cn/article/201209/201209220742029255.html，2019 年 9 月 22 日。《打造大门户大引擎大名片大基地以抓铁有痕的韧劲推动岳阳新增长极建设》，《湖南日报》2016 年 4 月 14 日。

② 《岳阳公共文化服务将领先中部》，《湖南日报》2013 年 11 月 14 日。

③ 《"法治岳阳"阔步前行连续 8 年获评全省社会治安综合治理先进》，《湖南日报》2015 年 6 月 1 日。

④ 《常德产业格局"漂亮转身"》，《湖南日报》2017 年 7 月 21 日。

⑤ 《神奇"海绵"，畅通城市"呼吸"——常德建设海绵城市调查》，《湖南日报》2016 年 9 月 7 日。

特色品牌得到提升；启动"法治常德"建设，积极化解社会矛盾，充分展现了反恐风险、破解难题的常德智慧。[①]益阳市大力提升城市品位，推动城市基础设施提质，加大棚户区改造力度，城市生活更加优美，成功创建中国优秀旅游城市、全国双拥模范城市和国家森林城市，相继获得了"全国文明城市提名城市"、"国家卫生城市"和首批"省级创业型城市"殊荣[②]；出台建设"文化强市"的决定，支持重点文化产业率先发展，切实提高了益阳文化创新力、传播力和保障力；着力实施"智慧大脑＋政务服务"十大项目，推动新型智慧城市建设，实现技术融合、流程再造，为群众办事提供便利，2017年获评为"中国智慧城市示范城市奖"[③]；着力建设"法治益阳"，创新社会管理模式，推进涉法涉诉信访制度等改革，努力构建"硬碰硬"纠错机制、面对面释法机制、心贴心帮扶机制，推行"一社区一法律顾问"，建构人民调解、行政调解、保险理赔和法庭审理"四位一体"的联调联处模式，成功打造一批在湖南省乃至全国有影响力的法治建设品牌，现代治理能力得到有效提升。[④]由此可见，环洞庭湖地区各市域创新机制，提升城市品质，繁荣地方文化，推动科技创新和法治建设，在一定程度上满足了人民群众对美好生活的需求。

133

二 面临的主要问题

尽管环洞庭湖地区及域内各市域共享发展取得一定进展，在一定程度上满足了区域人民群众对美好生活的需求，但要客观地看到，环洞庭湖地区共享发展依然面临着传统农区发展依然滞后、区域共享发展存在失衡以及生态环境建设"短板效应"明显等突出矛盾和问题。

1.环洞庭湖地区发展依然滞后

环洞庭湖地区农业资源禀赋相对于其他区域具有比较优势，为环

---

① 《常德——一座"真善美"的幸福之城》，《湖南日报》2016年9月29日。

② 《古城益阳今更美》，《湖南日报》2015年11月27日。

③ 杨石明：《益阳荣获"2017中国智慧城市示范城市奖"》，《益阳日报》2017年12月21日。

④ 《"法治益阳"建设亮点纷呈》，《湖南日报》2014年10月25日。

洞庭湖地区经济增长提供了坚实的物质基础，这也使得环洞庭湖地区经济增长在历史上形成了对农业资源禀赋的依赖。在城镇化、工业化进程中，环洞庭湖地区未能有效推动产业转型和升级，相比湖南省其他发展板块，环洞庭湖地区发展相对滞后。"十二五"末期，环洞庭湖地区固定资产投资总额为5236.42亿元，相比长株潭城市群、湘南地区分别低49.41%和10.28%；环洞庭湖地区地方财政收入为345.2亿元，相比长株潭城市群、湘南地区分别低66.41%和23.23%，尽管略高于大湘西地区13.96%，但是环洞庭湖地区同比增幅却比大湘西地区同比增幅低2.5个百分点；环洞庭湖地区城镇居民人均可支配收入相比长株潭城市群、湘南地区分别低34.07%和3.11%，环洞庭湖地区农村居民人均可支配收入相比长株潭城市群、湘南地区分别低38.44%和2.64%。从环洞庭湖地区区域内各市域发展情况来看，经济发展水平也有待提升。岳阳市、常德市和益阳市第一产业中，粮猪型农业结构特征没有发生根本改变，产品层次低、附加值不高；岳阳市、常德市和益阳市二三产业占比分别为88.9%、87.8%和81.8%，均低于全省平均水平（89.3%），岳阳市产业结构相对较优，二三产业占比仅比全省平均水平（89.3%）低0.4个百分点，但是岳阳市第三产业占比（45.1%）相比全省平均水平低3.3个百分点，距离第三产业占比47.0%的全面小康社会目标还有1.9个百分点的差距。[①]

2. 环洞庭湖地区共享发展存在失衡

从市域共享发展水平比较来看，岳阳市、常德市和益阳市共享发展总水平不一致，存在较大差距，有些市域之间的差距还在扩大，例如，常德市共享发展总水平指数与岳阳市共享发展总水平指数的差距由2012年的4.6扩大至2016年的5.31，益阳市共享发展总水平指数与岳阳市共享发展总水平指数的差距由2012年的0.52扩大至2016年的1.79，由此可见，环洞庭湖地区共享发展总水平还有进一步提升空间。从市域内共

---

① 根据湖南省、岳阳市、常德市和益阳市2017年度统计公报数据进行分析。数据来源详见湖南省统计局，统计公报，http://www.hntj.gov.cn/tjfx/tjgb/jjfzgb/，湖南省统计信息网，2018年5月16日。

享发展分类指标比较来看，各市域各类一级指标变化不一致。人民群众对美好生活的向往，不仅期望社会保障公平度的提升，还期望生态环境和谐度能得到提升，但是，岳阳市社会保障公平度提升的同时，岳阳市生态环境和谐度反而在统计期末期呈现递减态势。理论上来讲，经济持续增长，应有更多的货币存量用于社会保障公平度和生态环境和谐度的提高，但是，益阳市经济发展普惠度持续增长的过程中，益阳市生态环境和谐度却在统计期内出现递减发展态势。显然，市域内共享发展各类指标并未实现同步递增发展态势，各市域共享发展总水平有进一步提升空间。

3. 环洞庭湖地区生态环境建设"短板效应"明显

环洞庭湖地区共享发展总水平变动情况表明，生态环境问题俨然成为区域共享发展的"短板"，环洞庭湖地区各市域面临着不同的生态环境问题。岳阳市以重化工业为主导产业，污染基数高，氨氮、化学需氧量排放位居全省首位，农业面源污染和农村畜禽养殖污染问题也十分突出。与此同时，岳阳市生态环境治理硬件和软件设施都不完善，一方面，环保基础设施建设滞后，城乡以及工业园区垃圾、污水处理等设施不完善；另一方面，生态环境保护管理体制机制不健全，各地各相关部门联防联控合力不足，尤其是乡镇环保力量薄弱。[①] 常德市生态环境问题也较为突出，市域内洞庭湖三类水质断面比例下降，畜禽养殖污染较为严重，部分湖泊湿地水质污染，临澧、鼎城等工业园区污水处理厂建设相对滞后。[②] 益阳市市控、省控水质监测断面不达标率达到35%，部分土壤点位重金属问题突出；污染治理基础设施建设进度相对滞后，仍有6个工业园区未能建成污水集中处理设施；自然生态破坏问题较为突出，洞庭湖区大量内湖的矮围网围尚未拆除，部分矮围网围发展到南洞庭湖湿地水禽保护区的核心区和缓冲区。[③] 上述数据表明，环洞庭湖地区生态环境问题值得警惕，环洞庭湖地区应加大力度推进区域生态环境治理。

---

① 《岳阳市 2016 年度环境保护工作情况报告》，岳阳市环保局内部资料。

② 《常德 286 个突出环境问题整改到位》，《湖南日报》2017 年 12 月 5 日。

③ 《益阳市 2016 年环境保护工作年度报告》，益阳市政府内部资料。

三 对策建议

环洞庭湖地区应瞄准影响区域共享发展的主要矛盾和问题，进行"靶向治疗"，加快推进以人为核心的城镇化，大力推进以绿色为导向的产业改造升级，着力推进以人与自然和谐共生发展为目标的制度供给。

1.环洞庭湖地区应加快推进以人为核心的城镇化

一是营造宜居、便利的生活环境。基于城镇公共服务设施很强外溢性的考虑，环洞庭湖地区要着力推进、优化以人为核心的城镇规划设计和城镇建设，要实现对物质生产的关注向对人本身需求的关注转变，要将提高居民生活品质作为城镇化核心要务。为此，应瞄准城镇居民服务，着力提高城镇基础设施建设质量。二是坚持城镇发展过程中的社会正义。一方面，要着力深化户籍制度改革，破解城乡二元分割难题，加快推进城乡融合发展。另一方面，关注低收入群体生存和发展需求，强化其社会保障。三是强化对开发区和工业区的改造升级。开发区和工业区建设不能再停留在原有的、片面关注生产、功能单一的园区开发思维，应推进开发区和工业区"城镇化"改造，将开发区和工业区建成具备完全城镇功能的城镇社区。四是强化文化传承和保护。加大对环洞庭湖地区城乡文化遗产保护力度，着力建设有历史文化底蕴、独具地域风情的美丽城镇。

2.环洞庭湖地区应大力推进以绿色为导向的产业改造升级

前文分析表明，生态环境和谐度是制约环洞庭湖地区共享发展总水平提升的"短板"，尤其是环洞庭湖地区有其特殊性，那就是区域内洞庭湖湿地是长江流域重要的"绿肾"，维系洞庭湖湿地生态系统是湖南坚持生态优先对接长江经济带发展的重要内容。为此，环洞庭湖地区应着力推进以绿色为导向的产业改造升级。一是推进环洞庭湖地区"旅游+"产业发展。以旅游的优势带动农业的转型升级，实现三产联动、产业融合的全新突破。当前，迫切需要整合环洞庭湖地区各市域旅游产业发展规划，形成旅游产业发展一盘棋，推动生态旅游梯度发展，放大"旅游+"效应。二是推进环洞庭湖地区高能耗、高污染产业转型升级。一方面，根据洞庭湖湿地生态治理的现实需求，对不符合区域生态建设要求的企业一律"关停转迁"；另一方面，加快对企业进行生态化改造，强化企业对生产废弃资源的循环利用，引导、支持构建产业大循环链，推进三次产业之间循环发展。三是发展环境产业。基于环洞庭湖地区位于武汉城市群和长株潭城市群两大"两型社会"试验区的节点位置，环洞庭湖地区在推进产业转型升级过程中，充分吸纳"两型社会"试验区的要素，大胆引入并积极发展环境产业。

3. 环洞庭湖地区应着力推进以人与自然和谐共生发展为目标的制度供给

环洞庭湖地区要有序推进以人为核心的城镇化和产业升级改造，就要加强改革创新，优化制度供给。一是建立环洞庭湖地区协同发展机制。环洞庭湖地区共享发展效果并不是区域内各市域的简单加总，应是区域内各市域协同努力的结果。为此，环洞庭湖地区各市域应建立区域协同发展共商机制，推进区域交通、产业和空间协同发展，打破行政壁垒，实现合作共赢。二是加快推进城镇规划管理体制改革。完善适应城镇精细化管理的体制机制，推进城镇的精细化规划、精细化建设和精细化管理。二是建立健全政府引导基金体制机制。政府引导基金是引导社会资本投向关键领域建设的重要政策工具。环洞庭湖地区市域政府应加强顶层设计，结合市域内城镇提质、产业转型升级等需求，调整、明确政府引导基金作用领域，完善政府引导基金的市场化运作机制。四是完善社会参与机制。城镇提质改造、产业转型升级等都具有外部性，关系人民群众的切身利益。如果单纯追求经济效益，不考虑社会效益和生态效益，不仅会增加发展成本，还可能诱发一些无序竞争，侵害人民群众合法权益。因此，有必要建立健全社会参与机制，畅通参与渠道，完善听证程序，引导、鼓励更多社会力量参与到城镇提质改造、产业转型升级等决策活动中来，增大城镇建设和产业转型等透明度。当然，社会力量参与政府政策决策务必遵循一定的"规则"，确保社会力量在"体制机制"内办事，才能将事情办好办实。

第六章
湘南地区共享发展评价

湘南地区包括衡阳、永州、郴州3市，是湖南通粤达海的"南大门"。本章对湘南地区以及衡阳、永州、郴州3市的共享发展总指数、5个一级指标、16个二级指标和35个三级指标在2012~2016年的变动趋势和特点进行了回顾分析，在此基础上分析现阶段湘南地区共享发展面临的问题和发展短板，提出未来提升共享发展水平的对策建议。

第一节　湘南地区共享发展综合评价

湘南地区社会经济发展模式向共享发展转型已有较大进展，但因起点较低，加之长期传统粗放式经济发展及梯度发展政策的影响，总体来说，湘南地区共享发展滞后于整体湖南共享发展水平，无论是从指标的水平值还是从年均增速来看，绝大多数指标都低于总体水平。

一　湘南地区共享发展总指数变化特征分析

基于2012~2016年统计数据对湘南地区进行共享发展总水平指数评价，结果如图6-1所示。从图中可以清晰看出，就绝对值而言，湘南地区共享发展总水平指数呈现逐年上升趋势，2012年总指数得分为46.88，至2016年总指数已上升为52.58，五年年均增长为2.32%；就增速而言，湘南地区总指数增速呈现先慢后快再变缓的趋势，2013年总指数增速较慢不足 1%，仅为 0.73%；2014 年共享发展总水平指数快速发展，增速高达 5.76%；至 2016 年增速放缓为 3.22%；而横向比较，湘南地区共享发展总水平指数在湖南四大区域板块中表现并不突出，各年总水平指数处于中等靠后，除 2016 年总指数水平上升至第二，其他年份均位居第三，仅高于大湘西地区。

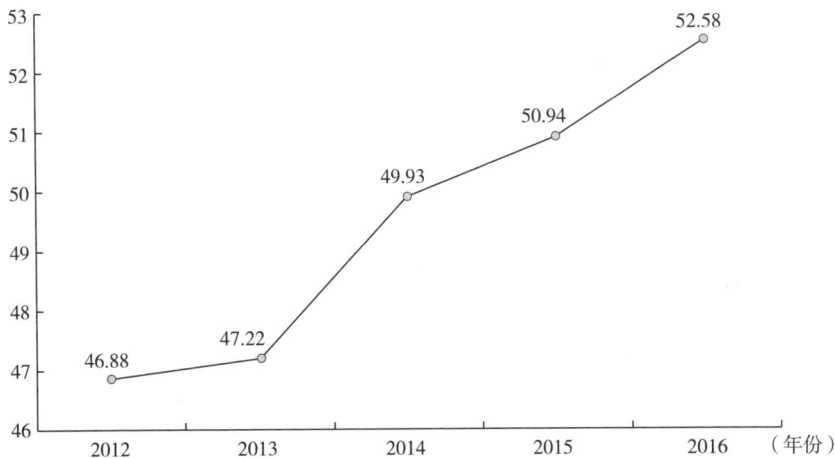

图 6-1　2012～2016 年湘南地区共享发展总水平指数

造成湘南地区共享发展总水平指数先慢后快再趋缓的逐年上升趋势的主要原因在于，湘南地区生态环境和谐度和人民生活幸福度两项权重较大且表现突出，其中生态环境和谐度在四大板块中的排名从 2012 年的末尾上升到 2016 年的首位，其增幅在 2013 年达到最高点而后出现增幅回落。

二　湘南地区共享发展分指数变化特征分析

基于 2012～2016 年统计数据对湘南地区进行共享发展分指数变化分析，一级指标结果如图 6-2 所示。

由图 6-2 可知，2012～2016 年，湘南地区经济发展普惠度得分由42.73 上升至 46.39，年均增长 1.66%，五年间该指标在四大板块中仅低于长株潭地区，位列第二；社会保障公平度得分由 41.37 上升至 55.18，年均增长 5.93%，该项指标表现略为逊色，其中 2013 年该指标排名最末，低于大湘西地区 0.08 分；生态环境和谐度增长较快，得分由 59.6 上升至 66.17，年均增长 2.32%，其中 2013 年增幅高达 13.23%，该指标排名也从 2012 年的末尾上升到 2016 年的首位；人民生活幸福度由 41.2 上升至 46.18，年均增幅为 2.31%，该指标 2016 年超越环洞庭湖地区，位居第二。可见，与经济发展普惠度、生态环境和谐度和人民生活幸福度相比，社会保障公平度明显偏低，对共享发展总指数的支撑作用明显不及其他两项一级指标，未来对总指数提升的贡献较大。

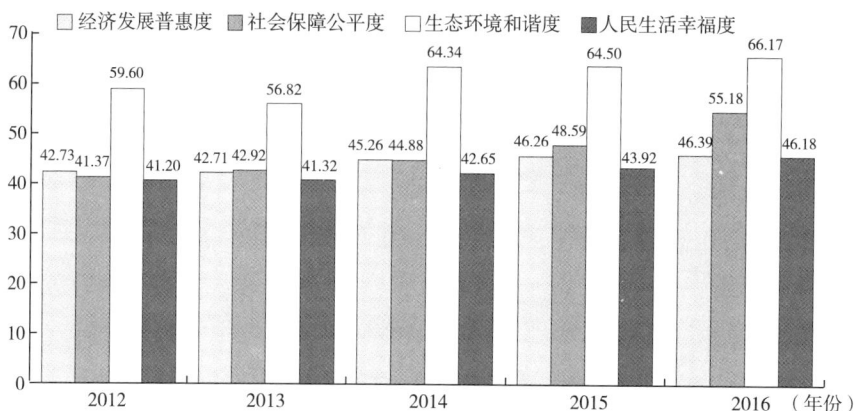

图 6-2　2012～2016 年湘南地区共享发展一级指数变化

　　为准确描述湘南地区共享发展水平，文中选取了 15 个二级指标进行统计，分别为收入水平指数、收入差异指数、经济活力指数、地区财力指数、就业指数、教育指数、医疗指数、住房指数、保障均等指数、能源节约指数、环境美好指数、生活便利指数、文化繁荣指数、科技共创指数、法治指数。这些指标在 2012～2016 年变化情况如表 6-1 所示。

表 6-1　2012～2016 年湘南地区共享发展二级指标变化

二级指标	2012 年	2013 年	2014 年	2015 年	2016 年
收入水平	42.57	39.89	42.80	45.38	45.58
收入差异	49.72	51.14	54.59	53.89	53.13
经济活力	35.72	37.01	38.50	40.02	41.08
地区财力	36.28	37.26	38.15	38.55	39.19

二级指标	2012 年	2013 年	2014 年	2015 年	2016 年
就业	36.16	39.80	42.99	50.16	56.72
教育	37.65	38.39	39.79	41.89	45.23
医疗	36.19	37.98	40.01	43.88	48.06
住房	—	48.52	56.01	64.29	69.04
保障均等	53.76	56.12	52.31	50.98	69.19
能源节约	59.49	50.47	63.56	67.20	60.04
环境美好	59.63	58.51	64.55	63.78	67.81
生活便利	53.93	53.07	55.15	54.58	57.31
文化繁荣	36.54	37.20	39.24	42.34	45.14
科技共创	—	37.58	36.90	37.22	38.37
法治	33.85	33.90	34.43	35.45	36.70

注：15 个二级指标变化中，由于历史数据缺失，表中已略去减贫脱贫指数及其他缺失数据。（下表同）

从表 6-1 中可以发现，从总体趋势来看，2012～2016 年湘南地区共享发展水平各项二级指标均有不同程度上升。其中，反映经济发展普惠度的四项二级指标指数变化较弱，仅经济活力指数增幅略高为 2.84%，其余三项二级指标指数均低于 2%。具体表现为：2012～2016 年收入水平指数由 42.57 上升至 45.58，年均增幅为 1.38%；收入差异指数由 49.72 上升至 53.13，年均增幅为 1.34%；经济活力指数由 35.72 上升至 41.08，年均增幅为 2.84%；地区财力指数由 36.28 上升至 39.19，年均增幅为 1.56%。

反映社会保障公平度的五项二级指标指数变化显著，仅教育指数增幅略低为 3.73%，其余四项二级指标指数均低于 5%。具体表现为：2012～2016 年就业指数由 36.16 上升至 56.72，年均增幅为 9.42%，增幅最为显著；教育指数由 37.65 上升至 45.23，年均增幅为 3.73%；医疗指数由 36.19 上升至 48.06，年均增幅为 5.84%；住房指数由 48.52 上升至 69.04，年均增幅为 7.31%；保障均等指数由 53.76 上升至 69.19，年均增幅为 5.18%。

反映生态环境和谐度的二级指标指数变化不均，能源节约指数由

59.49 上升至 60.04，年均增幅仅为 0.18%；环境美好指数由 59.63 上升至 67.81，年均增幅为 2.6%。

反映人民生活幸福度的四项二级指标指数变化较弱，仅文化繁荣指数增幅略高为 4.31%，其余三项二级指标指数均低于 2%。具体表现为：生活便利指数由 53.93 上升至 57.31，年均增幅为 1.22%；文化繁荣指数由 36.54 上升至 45.14，年均增幅为 4.31%；科技共创指数由 37.58 上升至 38.37，年均增幅仅为 0.68%；法治指数由 33.85 上升至 36.7，年均增幅为 1.63%。

另外，从波动情况来看，2012～2016 年，湘南地区经济活力指数、地区财力指数、就业指数、教育指数、医疗指数、住房指数以及文化繁荣指数、科技共创指数、法治指数等 9 个指数变化平稳，呈现逐年小幅上升趋势；收入水平指数、收入差异指数、保障均等指数、能源节约指数、环境美好指数、生活便利指数等 6 个指数波动较大。其中，收入水平指数先降后升，2013 年达最低得分 39.89 后升至 2016 年最高得分；收入差异指数先升后降，在 2014 年上升至最高得分 54.59 后，缓慢降至 2016 年的 53.13；保障均等指数先升后降至 2015 年最低点 50.98，再快速上升至 2016 年最高得分 69.19；能源节约指数先降后升至 2015 年最高得分 67.20，再缓慢下降；而生活便利指数与环境美好指数两项指标指数呈折线上升至 2016 年最高得分。

为准确清晰地描述二级指标指数，文中选用了城镇与农村居民人均可支配收入、居民收入与经济发展之间的增长速度比等 35 个三级指标进行细化解释。而造成二级指标指数波动变化情况的原因主要有以下四个方面。

一是就业指数、教育指数、医疗指数、住房指数、保障均等指数五项二级指标指数升幅显著，主要得益于七项三级指标的快速增长。2012～2016 年人均社会保障和就业公共财政支出、平均受教育年限、人均公共财政教育支出、万人拥有卫生机构床位数、万人拥有卫生医疗从业人员数、城镇居民家庭住房面积达标率、农村居民家庭住房面积达标率等七项三级指标年均增幅分别为 39.48%、12.83%、24%、19%、33.12%、28.97% 和 10.57%，明显高于其他指标的年均增幅。

二是九项变化平稳、逐年小幅上升的二级指标指数，其对应的三级指标的变化趋势也大致相同，也表现为逐年稳步上升。其中构成文化繁荣指数的三级指标文化、体育及娱乐业增加值占 GDP 比重先平稳后上升，年均增幅为 6.01%；仅构成科技共创指数的三级指标 R&D 经费内部支出中政府资金投入比重等振荡向下。

三是七项波动上升的二级指标指数，其对应的三级指标的变化趋势表现不一，强弱各异。其中，有七项三级指标年均增幅明显，超过10%；三项三级指标年均增幅微弱，不足 1%；而构成收入水平指数的居民收入与经济发展之间的增长速度比、构成收入差异指数的地区平均工资的差异系数、构成环境美好指数的空气质量达标率、构成生活便利指数的城镇用气普及率等四项三级指标年均增幅为负，分别为 –7.57%、–0.79%、–14.54% 与 –1.38%，未来有极大的提升空间。

第二节 湘南地区分市州共享发展评价

近年来，湘南三市共享发展水平逐年提升，但提升幅度高低不均。总体来说，郴州市、永州市增长强度高于衡阳市。以 2016 年为例，郴州市总评指数年均增幅最高、衡阳市最低；就分指数而言，郴州市经济发展普惠度与社会保障公平度年均增幅最高，永州市生态环境和谐度与人民生活幸福度年均增幅最高；三级指标中，郴州市建成区绿化覆盖率得分 100，居于全省榜首；湘南地区三市城乡居民收入比、城乡居民家庭住房面积达标率、地区人均基本公共服务支出差异系数、贫困发生率、单位 GDP 能耗变化率等五个单项指标得分均高于全省平均水平。

一 衡阳市共享发展评价

基于 2012～2016 年统计数据，衡阳市共享发展总水平指数结果如图 6-3 所示。从图中可以清晰看出，衡阳市共享发展总水平指数呈现逐年上升趋势，2012 年总指数得分为 46.42，至 2016 年上升为 51.45，五

年年均增长率为 2.08%，高于全省平均水平。而横向比较，衡阳市共享
发展总水平指数表现稍逊，虽 2012 年该指数年均增长率高于全省，但
绝对数值低于全省平均水平，也低于同处于湘南地区的郴州与永州，在
全省排名末五位；到 2016 年，该指数绝对数值仍低于同处于湘南地区
的郴州市与永州市，低于全省平均水平，但已超越张家界市、岳阳市两
市，在全省排名有所上升，排名第七位。2012～2016 年衡阳市所有一
级指标均实现小幅上升，是推动共享发展总水平指数共同上升的主要原
因。其中，社会保障公平度增幅最高，年均增幅达 5.56%。

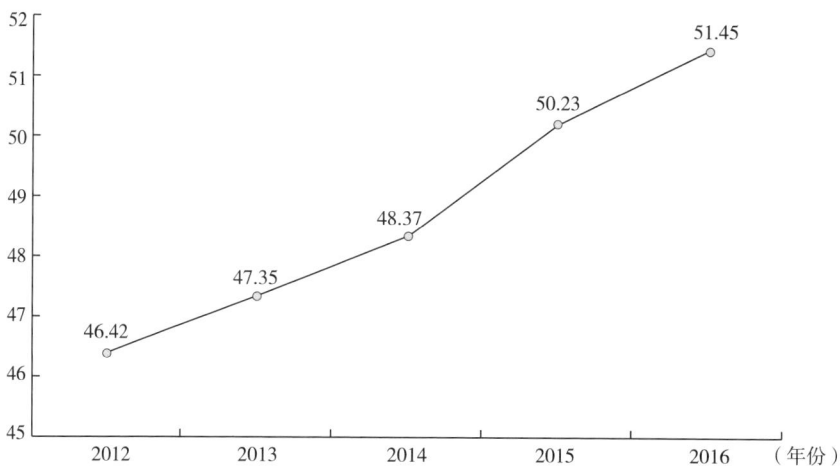

图 6-3　2012～2016 年衡阳市共享发展总水平指数

　　基于 2012～2016 年统计数据对衡阳市进行共享发展分指数分析，
一级指标结果如图 6-4 所示。从总体来看，五项一级指标均实现小幅上
升；从波动幅度来看，2012～2016 年，衡阳市经济发展普惠度由 43.57
直线上升至 48.02，年均增长 1.96%；社会保障公平度增幅明显，由
39.35 直线快速上升至 51.58，年均增长 5.56%；生态环境和谐度先降
后升再降，由 57.34 降至 2013 年最低点 52.74，而后上升至 2015 年的
63.44，再降为 2016 年的 63.23，年均增长 1.97%；人民生活幸福度先升
后降再上升，年均增长率为 1.79%。可见，衡阳经济发展普惠度、生态
环境和谐度和人民生活幸福度等年增长率较低，均低于全省平均水平，
对共享发展总指数的支撑作用较弱，未来可改进的空间很大。

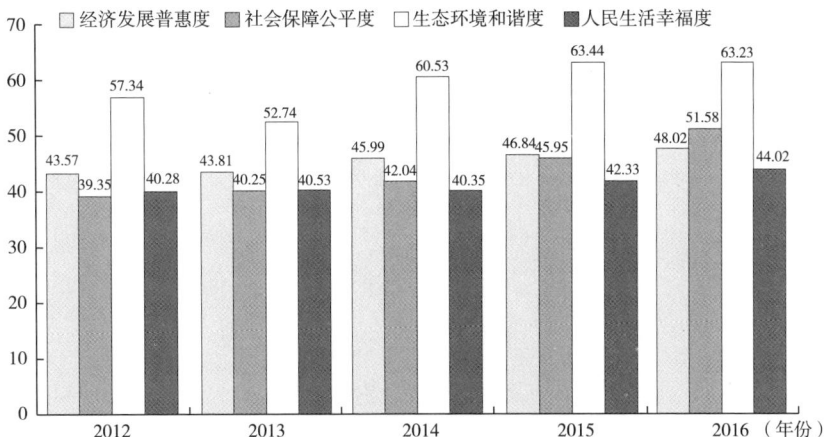

图 6-4　2012~2016 年衡阳市共享发展以及指标变化

构成衡阳市共享发展水平的 15 个二级指标变化情况如表 6-2 所示。从总体趋势来看，2012~2016 年湘南地区共享发展水平各项二级指标除能源节约指数下降外，其他二级指数变化显著，均有不同程度上升。其中，反映社会保障公平度的五项二级指标指数增幅显著，该类二级指标指数中年均增幅最低项的住房指数都高于其他类二级指标指数。具体表现为：2012~2016 年就业指数由 35.40 上升至 54.06，年均增幅为 8.84%，增幅最大；增幅位列第二的保障均等指数由 38.44 上升至 54.74，年均增幅为 7.32%；医疗指数由 35.81 上升至 46.97，年均增幅为 5.57%；教育指数由 35.90 上升至 44.18，年均增幅为 4.24%；住房指数由 55.82 上升至 66.91，年均增幅为 3.69%。

反映生态环境和谐度的二级指标指数变化不均，其中能源节约指数不升反降，由 60.79 下降为 54.82，年均增幅为 -2.05%；环境美好指数由 56.42 上升至 65.47，年均增幅为 3.02%。而反映经济发展普惠度的四项二级指标指数、反映人民生活幸福度的四项二级指标指数均变化较弱，年均增幅均低于 3%。

通过分析三级指标，可以进一步解释造成二级指标的变化情况。其原因主要是就业指数、教育指数、医疗指数、住房指数、保障均等指数五项二级指标指数升幅显著，主要得益于七项三级指标的快速增长。其中，2012~2016 年人均公共财政教育支出年均增幅高达 254.20%。

表 6-2 2012~2016 年衡阳市共享发展二级指标变化

二级指标	2012 年	2013 年	2014 年	2015 年	2016 年
收入水平	42.62	42.56	44.33	46.70	47.73
收入差异	52.43	52.17	55.81	54.75	56.41
经济活力	35.30	36.43	37.82	39.17	40.19
地区财力	36.40	37.26	37.91	38.82	39.36
就业	35.40	38.07	41.56	49.47	54.06
教育	35.90	36.87	38.15	40.84	44.18
医疗	35.81	37.17	38.47	43.40	46.97
住房	—	55.82	57.19	67.48	66.91
保障均等	38.44	37.69	39.92	34.53	54.74
能源节约	60.79	51.27	61.88	77.31	54.82
环境美好	56.42	53.13	60.17	59.74	65.47
生活便利	50.11	48.07	46.84	50.72	53.65
文化繁荣	37.46	39.28	39.68	41.12	42.40
科技共创	—	36.56	36.33	36.99	37.95
法治	33.76	33.76	34.14	35.71	37.07

二 永州市共享发展评价

基于 2012~2016 年统计数据对永州市进行共享发展总水平指数评价，结果如图 6-5 所示。就绝对值而言，永州市共享发展总水平指数呈现逐年上升趋势，2012 年总指数得分为 48.27，至 2016 年总指数已上升为 54.09，五年年均增长为 2.30%。就增速而言，永州市总指数增速呈现先快后变缓的趋势，2013 年共享发展总水平指数增速高达 3.33%，至 2014 年总水平指数增速达最高点 6.71% 后增长放缓，2015 年、2016 年增幅分别为 0.61% 与 1%。而横向比较，永州市共享发展总水平指数得分在湘南地区中表现较好，仅 2012 年与 2016 年得分位居第二，其余年份得分均排名第一，且每年得分高于全省平均水平。

　　造成永州市共享发展总水平指数先快后慢逐年上升趋势的主要原因在于，2012～2016 年构成永州市共享发展总水平指数的五项一级指标呈现波动上升趋势，特别是生态环境和谐度于 2014 年跃居最高值后缓慢下降，经济发展普惠度在 2014 年也近乎达到最高值后出现增幅回落所致。

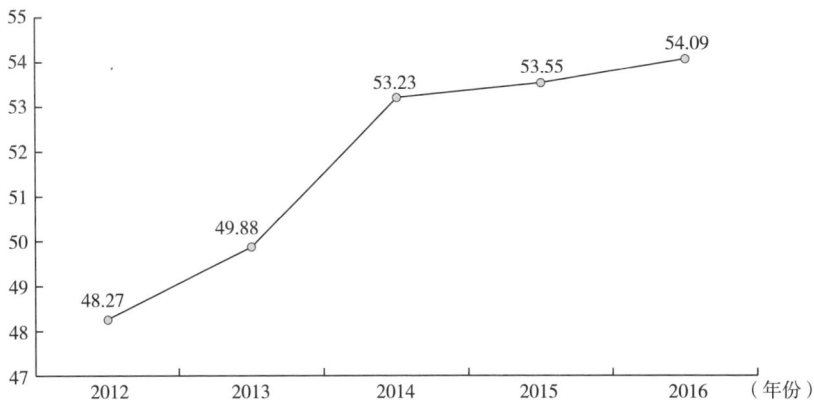

图 6-5　2012～2016 年永州市共享发展总水平指数

　　基于 2012～2016 年统计数据对永州市进行共享发展分指数变化分析，一级指标结果如图 6-6 所示。2012～2016 年，永州市社会保障公平度表现显著，得分由 45.41 直线上升至 58.75，年均增长率为 5.28%，增幅最高；人民生活幸福度由 40.73 波动上升至 49.40，年均增幅为

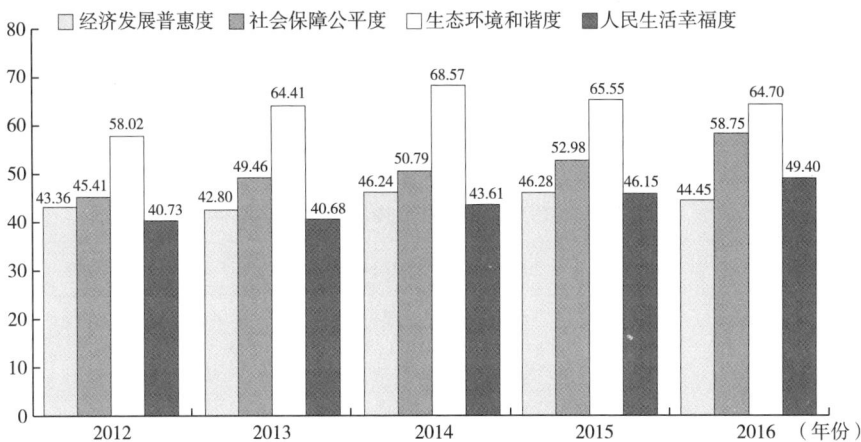

图 6-6　2012～2016 年永州市共享发展一级指数变化

3.93%，位居第二；生态环境和谐度得分由 58.02 波动上升至 64.70，年均增长 2.20%；经济发展普惠度表现较为逊色，得分由 43.36 波动上升至 44.45，年均增长 0.49%。从二级指标来看，就业指数与住房指数是推动社会保障公平度大幅上涨的主要原因，年均增长率分别为 9.02% 与 11.26%；而文化繁荣指数是推动人民生活幸福度递增的主要因素，其年均增长高达 8.02%，这些二级指标都明显高于其他指标。

2012～2016 年，永州市 15 个二级指标总体呈现增长态势，其中收入差异指数和保障均等指数出现小幅度下滑，能源节约指数与环境美好指数波动上涨，其余 11 项二级指标均呈现逐年直线上升趋势。具体而言，反映社会保障公平度的五项二级指标增幅显著，2012～2016 年住房指数增幅最显著，由 48.26 直线上升至 82.26，年均增长率为 11.26%；就业指数由 35.9 直线上升至 55.28，年均增长率为 9.02%，位居第二；仅保障均等指数由 81.98 波动上升至 2013 年最高点 100 后下降至 79.94，年均增长 –0.5%。

反映人民生活幸福度的四项二级指标变化较好，其中，文化繁荣指数增幅显著，由 34.95 波动上升至 51.39，年均增长率为 8.02%；而生活便利指数、科技共创指数、法治指数波动上升，增幅较弱，年均增幅均低于 2%；反映生态环境和谐度的两项二级指标变化大致相同，能源节约指数与环境美好指数均于 2014 年达到最高分后缓慢下降，年均增幅均为 2% 左右。

反映经济发展普惠度的四项二级指标变化较弱，其中收入差异指数不升反降，年均增幅为 –0.11%；而收入水平指数、经济活力指数、地区财力指数增幅较低，年均增幅分别为 0.11%、2.14% 和 1.18%。

表 6-3　2012～2016 年永州市共享发展二级指标变化

二级指标	2012 年	2013 年	2014 年	2015 年	2016 年
收入水平	42.94	36.05	41.29	43.06	43.19
收入差异	52.56	56.92	61.08	58.52	52.29
经济活力	34.73	35.73	36.87	37.94	38.61

二级指标	2012 年	2013 年	2014 年	2015 年	2016 年
地区财力	34.31	34.80	35.29	35.88	36.38
就业	35.90	40.34	43.83	49.79	55.28
教育	37.49	37.89	39.21	41.26	44.77
医疗	34.87	36.65	39.63	43.48	48.77
住房	—	48.26	58.46	67.67	82.26
保障均等	81.98	100.00	88.14	77.54	79.94
能源节约	51.09	51.27	62.54	61.17	56.78
环境美好	59.87	67.91	70.17	66.72	66.81
生活便利	56.28	56.72	59.37	60.88	61.20
文化繁荣	34.95	34.46	39.26	44.65	51.39
科技共创	—	34.74	35.92	35.46	37.17
法治	34.08	33.93	34.17	34.58	35.58

通过分析三级指标进一步解释造成二级指标变化的基本情况。一是减贫脱贫指标下降明显的原因主要是对应三级指标城镇最低工资与平均工资比五年间下降较快，年均降幅为 10.38%，在湘南三市降幅最大；二是反映社会保障公平度的五项二级指标升幅显著，其对应的七项三级指标的增长显著高于其他各项指标。其中，万人拥有卫生机构床位数、万人拥有卫生医疗从业人员数、人均社会保障和就业公共财政支出三项指标年均增幅高达 49.03%、46.69% 与 40.91%。

三 郴州市共享发展评价

郴州市 2012～2016 年共享发展总水平指数评价结果如图 6-7 所示。从图中可以清晰看出，就绝对值而言，郴州市共享发展总水平指数呈现先略有下降后快速上升的趋势，2012 年总指数得分为 49.02，至 2013 年总指数下调为 48.97，而后上升为 2016 年的 55.09，五年年均增长率为

2.32%。就增速而言，郴州市总指数增速呈现 W 形波动趋势，2013 年共享发展总水平指数增速为 –0.09%，至 2014 年总水平指数增速达最高点 5.94% 后，2015 年增长放缓为 0.54%，至 2016 年增幅又快速上升为5.61%。而横向比较，郴州市共享发展总水平指数得分在湘南地区中表现最佳，2012 年与 2016 年得分分别位居榜首，每年得分均高于全省平均水平。

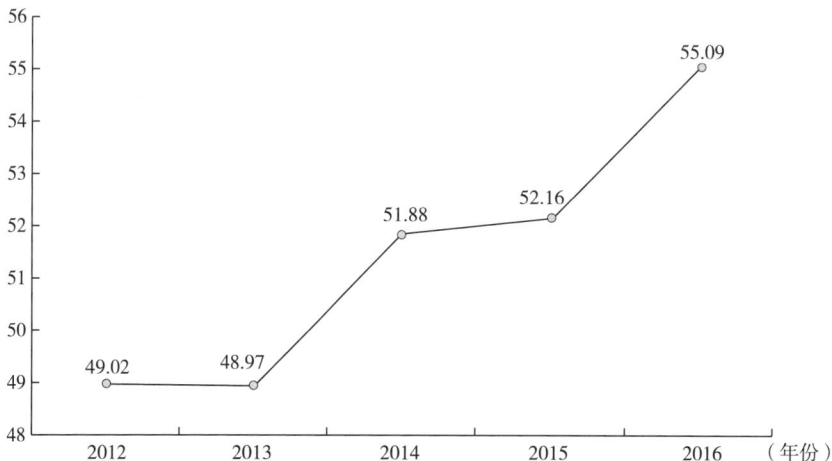

图 6-7　2012～2016 年郴州市共享发展总水平指数

造成郴州市共享发展总水平指数呈现 W 形波动上升趋势的主要原因在于，2013 年郴州生态环境和谐度较上年增幅为 –10.65%，严重拖累了郴州市共享发展总水平指数发展；2014 年生态环境和谐度和人民生活幸福度大幅增长，推动郴州市共享发展总水平指数实现最高值；2015年生态环境和谐度和人民生活幸福度两项指标同时下降，分别较上年增长 –2.52% 和 –4.50%；2016 年社会保障公平度与生态环境和谐度两项指标共同拉动郴州市共享发展总水平指数继续上升。

2012～2016 年郴州市共享发展分指数一级指标结果如图 6-8 所示。从图中可知，2012～2016 年，郴州市经济发展普惠度由 42.31 直线上升至 47.01，年均增长 2.31%；社会保障公平度增幅明显，亦由 44.23 直线快速上升至 59.75，年均增长 6.20%；生态环境和谐度呈 W 形增长趋势，由 68.60 波动上升至 74.21，年均增长 1.59%；人民生活幸福度先升后降

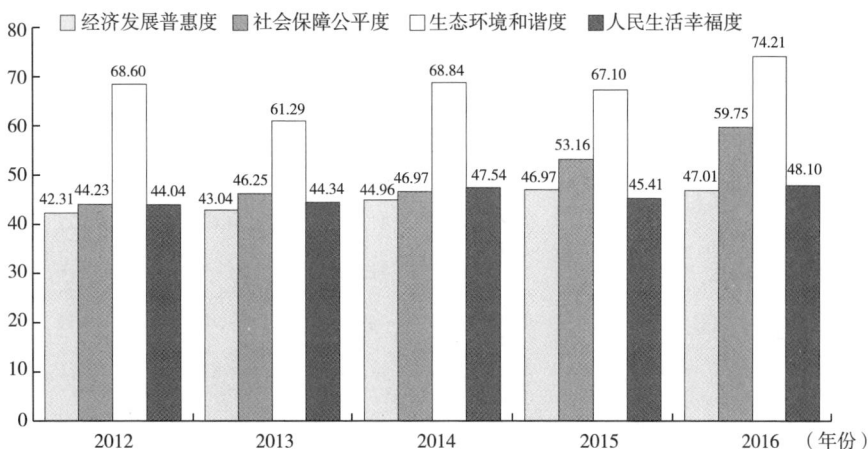

图 6-8 2012～2016 郴州共享发展一级指标变化

再上升，年均增长率为 1.78%。

从总体来看，同衡阳、永州相似，郴州市一级指标均实现小幅上升；其中，郴州经济发展普惠度与社会保障公平度年均增幅高于永州、衡阳，但生态环境和谐度与人民生活幸福度年均增幅处于湘南三市最低水平，因此，未来该三项指标有较大的提升空间。

文中选用 15 个二级指标描述郴州市共享发展水平，结果如表 6-4 所示。由表 6-4 可知，2012～2016 年郴州市共享发展水平各项二级指标除科技共创指数下降外，其他二级指标变化显著均有不同程度上升。其中，反映社会保障公平度的五项二级指标增幅显著，其中 2012～2016 年就业指数由 37.72 直线上升至 63.49，年均增幅最高，为 10.98%；增幅位列第二的住房指数由 40.53 上升至 60.72，年均增幅 8.42%。

反映经济发展普惠度的四项二级指标变化较好，其中 2012～2016 年经济活力指数由 37.63 直线上升至 46.22，年均增幅略高于该类二级指标，实现增幅为 4.20%。反映人民生活幸福度的四项二级指标增减不一，其中 2012～2016 年文化繁荣指数由 37.23 直线上升至 45.23，年均增幅为 3.97%；而科技共创指数不升反降，由 41.43 降为 40.18，年均增幅为 -0.23%。

反映生态环境和谐度的两项二级指标变化较弱，波动大致相同，能源节约指数于 2014 年达到最高分后缓慢下降，年均增幅均不足 2%。

表6-4　2012~2016年郴州市共享发展二级指标变化

二级指标	2012 年	2013 年	2014 年	2015 年	2016 年
收入水平	42.34	41.26	42.56	46.50	45.61
收入差异	46.64	47.91	50.24	50.91	50.33
经济活力	37.63	39.63	41.86	44.40	46.22
地区财力	38.59	40.53	42.50	41.65	42.76
就业	37.72	42.15	44.41	51.71	63.49
教育	40.42	42.33	44.26	44.88	48.14
医疗	38.50	41.12	43.24	45.28	49.28
住房	—	40.53	51.85	56.92	60.72
保障均等	69.70	70.76	53.14	77.87	92.19
能源节约	65.18	49.00	66.59	61.17	71.90
环境美好	69.51	64.57	69.43	68.68	74.83
生活便利	60.62	60.37	71.22	58.48	62.39
文化繁荣	37.23	37.65	38.51	42.40	45.23
科技共创	—	41.43	39.86	38.69	40.18
法治	33.76	34.14	35.20	36.10	37.53

对郴州市三级指标进行分析进而解释二级指标的变化情况。一是就业指数、教育指数等五项二级指标升幅显著，同样得益于七项三级指标的快速增长。其中，2012~2016年人均公共财政教育支出年均增幅达32.5%；二是造成科技共创指标不升反降的原因同样是对应三级指标 R&D 经费内部支出中政府资金投入比重先升后大幅下降，年均增幅为 –19.01%，该项最低得分接近最高得分的 1/3，严重拖累了对应二级指标的增长。

第三节　湘南地区共享发展问题与对策

共享发展是我国社会主义现代化建设的目标和归宿。湖南贯彻落实共享发展新理念要加快经济发展、强调共享共建、强调公平正义。这是因为只有加快经济发展、夯实共享基础，才能实现湖南更高质量的共享发展；强调共建共享、实现共同富裕，才能凝聚湖南社会发展动力，释放出经济社会发展活力；强调公平正义、强化民生改善，才能激发全省广大人民群众参与热情。近年来，湘南地区作为湖南省承接产业转移先行先试示范区的"南大门"，在共享发展方面取得了较好的成效，也存在一些不足之处。

一 整体特征描述

基于对湘南地区共享发展的评价结果，近年来，湘南地区积极推进区域共享发展水平，取得了较好的成效。总的来说，湘南区域共享发展水平总体表现良好。就四大板块间水平来看，2012 年湘南地区共享发展总水平指数为 46.88，低于长株潭地区和环洞庭湖地区，位居第三，仅高于大湘西地区；至 2016 年，湘南地区共享发展总水平指数已上升为 52.58，排名第二，仅低于长株潭地区。就城市共享发展水平来看，2012 年衡阳、永州、郴州三市共享发展水平总评指标排名分别为第十位、第六位与第五位；至 2016 年，永州、郴州两市排名相同，而衡阳共享发展水平已超越张家界、岳阳，位列第八。2017 年国务院又正式批准《衡阳市城市总体规划（2006～2020 年）》，将衡阳城市性质定位为"湘南地区中心城市"。作为湘南地区"领头雁"和核心城市，衡阳未来将迎来良好的发展机遇，推动衡阳有质量的共享发展水平。

表 6-5　2012 年与 2016 年湘南三市共享发展指标对比变化情况

项目		全省	衡阳		永州		郴州	
		数值	数值	排名	数值	排名	数值	排名
总评指数	2012 年	49.65	46.42	10	48.27	6	49.02	5
	2016 年	52.42	51.45	8	54.09	6	55.09	5
2012 年	经济发展普惠度	41.76	43.57	6	43.36	8	42.31	9
	社会保障公平度	41.67	39.35	14	45.41	7	44.23	8
	生态环境和谐度	64.67	57.34	13	58.02	12	68.60	1
	人民生活幸福度	43.80	40.28	10	40.73	9	44.04	5

项目		全省	衡阳		永州		郴州	
		数值	数值	排名	数值	排名	数值	排名
2016年	经济发展普惠度	45.91	48.02	5	44.45	10	47.01	6
	社会保障公平度	52.96	51.58	12	58.75	5	59.75	3
	生态环境和谐度	64.61	63.23	8	64.70	6	74.21	1
	人民生活幸福度	50.08	44.02	11	49.40	5	48.10	7

二 面临的主要问题

近年来，湘南地区共享发展提升速度快，潜力巨大，但由于起点低、基础弱，加之传统粗放型发展及宏观梯度支持政策，湘南地区共享发展方面面临一些问题和挑战。

1. 共享发展差距不断扩大

虽然近五年来，湘南地区共享发展水平总体呈现逐年增长趋势，但与湖南其他区域比较中，其差距正在不断扩大。就区域共享发展总水平指数绝对数值来看，2012年湘南地区共享发展总水平指数得分为46.88，对应长株潭地区总指数为53.54，两地区差距为6.66分，至2016年湘南与长株潭两个地区总指数差距扩大为10.03分。同时，湘南地区共享发展水平最显著的郴州，2012年共享发展总水平指数得分49.02，低于全省共享发展水平最高的长沙（9.88分），至2016年该指数得分差距进一步扩大为18.89分，城市间差距也在不断扩大。

2. 生态环境和谐度亟待提高

生态环境和谐与我们的生活息息相关，也是共享发展的核心追求和首要任务。只有实现天变蓝、水变清、地变绿，才能让广大群众真正听得到，感受得到。近年来，湘南地区作为湖南省承接产业转移的"桥头堡"，经济得到快速发展，但一些资源消耗型、低端要素消耗型等低端传统产业，通过"经济—环境"传递机制对湘南地区的生态环境产生负面影响，制约湘南地区的共享发展水平。2012～2016 年，湘南地区构成生态环境和谐度的三级指标空气质量达标率不增反降，从 95.30 波动下降为 43.44，年均增长率为 -14.54%。同时，湘南三市的郴州、永州、衡阳的空气质量达标率波动幅度大致相同，年均增长率为 -8.21%、-9.66% 与 -25.01%。

3. 人民生活幸福度任重道远

改革依靠人民，改革为了人民，只有让全体人民共享改革发展成果，让改革红利惠及全体人民，才能得到人民的广泛认同和支持。而共享发展的根本目标和行动准则同样是以人民为中心的发展理念，让广大人民在共享发展中有充分的幸福感和获得感。然而，近年来湘南地区人民生活幸福度增幅较弱。2012～2016 年，湘南地区人民生活幸福度由 41.20 上升为 46.18，年均增幅为 2.31%，而长株潭地区人民生活幸福度由 50.49 上升为 63.39，年均增幅为 4.66%。同时，湘南三市仅永州市人民生活幸福度年均增幅实现 3.93%，超过全省平均水平，郴州、衡阳仅为 1.78% 与 1.79%，明显低于全省平均水平，更是大大低于长沙市人民生活幸福度水平，长沙市该指标年均增幅高达 6.41%，差距明显。

三　对策建议

共享发展能否得到贯彻落实，社会成员能否有更多的幸福感和获得感，共享发展理念只是提供了可能性。要实现可能性向现实性转变，必须建立起相应的体制机制，使共享发展落地生根，产生应有的效果。

1. 加快融入"一带一路"建设，夯实湘南共享发展的经济基础

共享发展的经济基础是体现社会主义优越性和实现共享发展理念的基础和前提。作为湖南融入"一带一路"建设、发展开发型经济的"南大门"，衡阳、郴州、永州三市要巧打"湘南大开发"王牌，始终以经济建设为中心，夯实共享发展的物质基础，促进区域经济协调发展。

一是以支持承接产业转移为抓手，加快与粤港澳全方位对接融合。把握粤港澳产业转移的特点和趋势，明确湘南地区产业定位和产业规

划，主动融入粤港澳产业体系。大力引进科技含量高的出口加工企业，鼓励企业应用新技术、新设备和新工艺；依托综合成本低和自然资源丰富等优势，引进劳动密集型产业，引进资源精深加工项目；引进上下游配套、横向关联项目，加大服务业领域项目的引进开发力度，增强产业配套能力，发展产业集群。加强对园区产业的引导，促进园区按主导产业和发展方向做好产业有序承接，郴州重点承接电子信息、有色金属精深加工、机电一体化产业，永州重点承接毛纺、服装、建材、制鞋、玩具等产业，衡阳重点承接汽车零部件、机械制造、化工等产业。

二是以基础设施建设为重点，推动区域间生产要素合理流动和优化配置。加快推进湘南地区出省跨境公路建设，着力构建主体、高效、快捷的现代交通网络，打造湘南三市至珠三角各城市"四小时经济圈"；加快武广铁路客运专线、衡茶吉铁路、湘桂复线改造、衡临高速、厦蓉高速、二广高速、宜凤高速、道贺高速等重点工程建设。加快规划建设怀—邵—衡铁路；加快京珠高速复线湖南段建设；重点支持湘江土谷塘航电枢纽工程建设，提升航道等级，发挥水运潜能；加强湘江衡阳段航道、港口建设。完善城区基础设施，以道路、供水、供电、供气、通信、垃圾污水处理等基础设施建设为重点，加快湘南三市新型城市化建设。

三是以粤港澳市场需求为导向，大力发展特色产业。加大对湘南地区农业产业化的扶持力度，培育形成一批特色鲜明、具有规模的农产品生产加工基地和龙头企业；立足产业基础和区域优势，抓住国家加快供给侧结构性改革和支持双创产业发展的政策机遇，着力培育和打造管材加工制造、输变电装备制造、汽车及零配件制造、有色资源深加工、电子信息等具有核心竞争力的现代产业集群。科学编制湘南地区旅游产业发展规划，加强南岳国家 5A 级精品旅游区建设；支持东江湖建设国家 5A 级旅游区，舜帝陵建设国家 4A 级旅游区以及九嶷山和阳明山旅游景区的整体开发，支持郴州红色旅游、温泉旅游开发和莽山国家森林公园等旅游项目建设。

2. 坚持以人民为中心的发展理念，健全湘南共享发展的民生机制

共享发展的重点是改善民生，提高生活质量，而要实现这一目标，必须坚持以人民为中心的发展理念，切实提高人民生活获得感。

一是进一步完善精准扶贫制度。按照中央统筹、省级政府总负责、市县抓落实的总体安排，建立湘南地区扶贫机制。各级政府要承担起本地扶贫工作的主体责任，各部门有扶贫任务，各行业有扶贫项目，扶贫目标明确，扶贫责任清晰。要以精准扶贫为抓手，依据"五个一批"工程和当地的实际情况，充分利用湘南地区优质资源，要因人因地施策，提高扶贫实效，以美丽乡村建设、产业扶贫项目等带动桂东县、汝城县、新田县、江华县等湘南深度贫困县发展。要进一步完善扶贫责任制，确保扶贫资金有保障，扶贫项目有落实，扶贫任务能完成，2020 年贫困人口全部如期脱贫。

二是进一步完善收入分配制度。在初次分配领域，坚持按劳分配为主、其他生产要素按市场贡献参与分配的制度，积极推行企业工资集体协商制度，建立健全劳动者工资收入与经济发展同步提高、劳动报酬与劳动生产率同步增长的机制，确保劳动者收入水平稳步提高。建立最低工资标准合理调整机制，增加低收入劳动者收入，避免最低工资多年不调整或调整过快。进一步深化企业负责人薪酬制度改革，建立起高管人员工资收入与企业效益挂钩联动机制，调动高管人员的积极性，改变高管人员工资收入只升不降、收入过高的状况。

三是完善公共服务均等化供给机制。在增大公共服务供给的基础上，按照公共服务在城乡之间、区域之间、群体之间协调化发展、均等化布局的思路，增加农村地区公共服务供给，实现公共服务适度向弱势群体倾斜，努力提高所有社会成员共享公共服务的水平。坚持公共服务供给的公益性导向，确保公共服务的普惠性，健全公共服务供给机制，加大义务教育、就业服务、社会保障、医疗卫生、公共文化、环境保护等公共服务的供给，让广大群众从公共服务供给的增加中分享改革发展的成果，使广大群众从公共服务供给的改善中切实感受到生活质量的提高。

3. 充分发展两型社会建设优势，改善湘南共享发展的生态环境

建设资源节约型、环境友好型社会，是关系民生福祉、关系民族未来的大计，同样是共享发展的基本内涵。不断强化"发展好经济是政绩，保护好环境也是政绩"的导向认识，实施绿色工程、倡导绿色行动，努力创建青山绿水的"大美湘南"，为实现共享发展增添绿色动力。

一是推动节能减排和环境治理。抓住长株潭"两型建设"、湖南节能减排低碳发展等契机，实施三市流域内湘江保护与治理工程，严格水资源管理，强化水功能区限制纳污措施，全面推进"河长制"管理，细化污染治理方案，推进重点区域、流域环境整治；落实省政府节能减排"三年行动计划"，加快节能技术改造和淘汰落后产能项目建设，推动环境污染责任保险和环境服务业改革试点，创新生态补偿和排污权交易制度，国家节能减排财政政策综合试点等；在郴州、永州成功创建"国家森林城市"后，继续推进三市创建"国家园林城市"。

二是倡导绿色生态文化。大力倡导绿色生产生活方式和行为习惯，健全全民绿色消费的自觉规范，保护和弘扬绿色生态文化。积极倡导义务植树、爱鸟周、世界湿地保护日、三湘环保世纪行、保护湘江"绿色卫士"等绿色节庆活动，使公众更加懂得珍惜"绿色"、发展"绿色"和保护"绿色"，使绿色知识、绿色意识、绿色道德在实际的生活中落实到行动上，形成尊重自然、热爱自然、善待自然的社会风尚；开展以"两型"为主导的新生活活动，倡导穿生态服装、选绿色食品、住绿色建筑等绿色消费模式。

三是促进两型产业转型升级。以长株潭两型社会试验区建设为抓手，加快构建湘南两型产业体系。推进传统产业高新化发展，着力向研发、设计、品牌、服务等增值环节延伸，向高新化、集约化、清洁化和循环化方向发展；大力发展节约型农业、生态型农业、效益型农业和科技型农业；推进先进装备制造、新材料、文化创意、生物、新能源、信息、节能环保等战略性新兴产业规模化发展，突出发展壮大生产性服务业。在全国率先实施绿色GDP评价，率先推行"两型"政府采购，率先制定"两型"标准。

第七章
大湘西地区共享发展评价

大湘西地区包括邵阳、张家界、怀化、娄底和湘西自治州，是湖南省主要的欠发达地区、少数民族地区和生态脆弱地区，经济总量仅占全省的16.96%，共享发展的基础相对薄弱。但大湘西地区是承接东西部、连接长江和华南经济区的枢纽区，在"一带一路"建设深入推进，高铁、航空等设施不断完善的背景下，其区位条件将大幅改善，未来发展大有可为，共享发展潜力巨大。本章对大湘西地区共享发展总体情况、五个市州共享发展的具体情况进行评价分析，对共享发展特征进行深层次的挖掘，聚焦短板，提出推动大湘西地区共享发展的对策建议。

第一节   大湘西地区共享发展综合评价

2012～2016年，大湘西地区共享发展指数提升了2.87，较全省提升幅度高出0.1，表明大湘西地区在推进共享发展的道路上采取了积极有效的举措，取得了较为明显的成效；但总指数仍然比全省平均水平低5.16，表明大湘西地区共享发展水平有待提高，要达到全省平均水平必须进一步提升加速度，追求赶超式发展。

一   大湘西地区共享发展总指数变化特征分析

从共享发展指数来看，大湘西地区共享发展水平稳步提升，基于2012～

2016 年统计数据对大湘西地区共享发展情况进行测算分析，结果如图 7-1 所示。

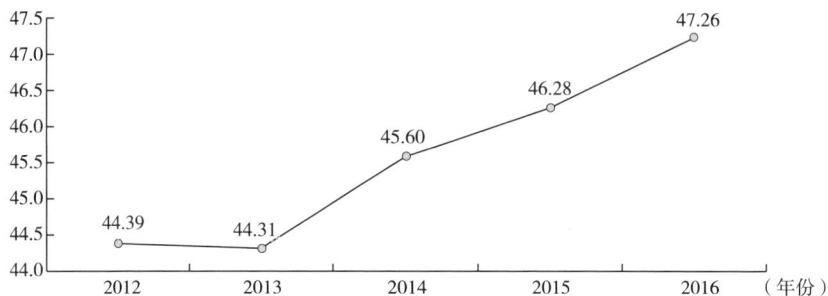

图 7-1　2012～2016 年大湘西地区共享发展总水平指数

从评价结果来看，2012 年，大湘西地区共享发展指数为 44.39，2013 年略有下降，之后保持快速上升的势头，到 2016 年达到 47.26，2012～2016 年年均增长 30.16%。进一步分析表明，2013 年之所以会出现下降，关键在于生态环境和谐度出现了较大幅度的下降。

二　大湘西地区共享发展分指数变化特征分析

生态环境是大湘西地区的优势，也是五个二级指标中唯一保持在 50 以上的指标，其他各项指标目前尚未突破 50 这一关卡。基于 2012～2016 年统计数据对大湘西地区进行评价分析，一级指标结果如图 7-2 所示。

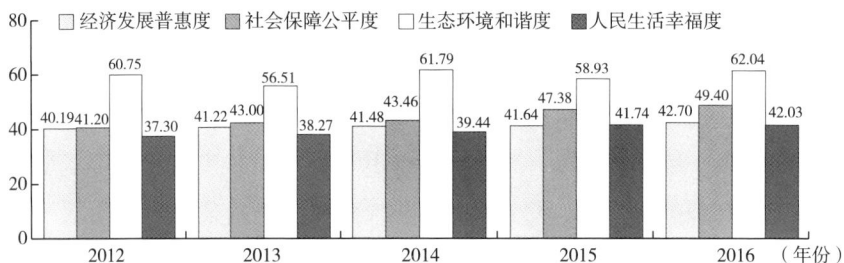

图 7-2　2012～2016 年大湘西地区共享发展一级指标变化

2012～2016 年，大湘西地区经济发展普惠度由 40.19 上升到 42.7，2013 年、2016 年分别突破 41、42 的整数关，年均增速达到 1.53%；社会保障公平度由 41.20 上升到 49.40，其间 2014～2015 年出现跨越式发展，四年年均增速达到 4.64%；生态环境和谐度由 60.75 上升到 62.04，整体来看，生态环境和谐度呈现波浪式上升势头，底部稳步上升，四年年均增速达到 0.53%；人民生活幸福度由 37.30 上升到 42.03，2015 年该项指标评分超过 40，四年年均增速达到 3.03%；从减贫脱贫实现程度来看，2012～2016 年，贫困发生率有所降低，贫困人口累计脱贫率略有上升，城镇最低工资与平均工资比则出现大幅度下降。

基于 2012～2016 年统计数据对大湘西地区进行评价分析，二级指标结果如表 7-1 所示。

表 7-1 2012～2016 年大湘西地区共享发展二级指标变化

二级指标	2012 年	2013 年	2014 年	2015 年	2016 年
收入水平	38.40	40.71	41.65	42.10	42.69
收入差异	47.95	47.99	47.22	46.56	48.65
经济活力	34.19	35.00	35.91	36.75	37.31
地区财力	34.32	34.85	34.89	35.30	35.63
就业	36.08	39.73	42.82	52.16	61.02
教育	36.99	37.29	38.17	40.88	43.41
医疗	36.14	37.38	39.28	41.06	45.28
住房	—	44.08	46.11	50.96	57.17
保障均等	58.57	64.13	57.62	60.46	47.46
能源节约	54.41	49.83	50.21	54.11	50.17
环境美好	62.44	58.29	64.87	60.22	65.20
生活便利	41.21	44.77	45.82	50.02	47.67
文化繁荣	36.45	36.14	37.37	39.77	41.57
科技共创	—	35.95	37.56	37.86	38.41
法治	34.08	34.05	34.61	35.42	36.43

整体来看，归一化处理结果显示，2012～2016 年，收入水平指数、收入差异指数、经济活力指数、地区财力指数、就业指数、教育指数、医疗指数、住房指数、环境美好指数、生活便利指数、文化繁荣指

数、科技共创指数、法治指数等指标均呈现总体上升的态势，年均增速分别为2.68%、0.36%、2.21%、0.94%、14.04%、4.08%、5.80%、9.05%、1.09%、3.71%、3.34%、2.23%、1.68%，但这些指标增速存在明显差异，指标极差（归一化结果极差，下文同）分别为4.29、2.09、3.12、1.31、24.94、6.42、9.14、13.09、6.91、8.81、5.43、2.46、2.38，极差超过两位数的有2个，极差最小的仅1.31，这种差异表明未来需要投入更多的资源在发展速度慢、整体水平不高的领域，这样才能补齐共享发展的短板。

从指标总体运行情况来看，收入差异指数、环境美好指数、生活便利指数、法治指数等指标呈现一定的波动性，特别是生活便利指数，2016年出现较大幅度的下降。从极差来看，超过10的有就业指数和住房指数，医疗指数的极差也达到9.14。从就业指数来看，大湘西地区人均社会保障和就业公共财政支出由2012年的674.63元提高到2016年的1206.59元。住房方面，城乡居民家庭住房面积达标率由2012年的55.2%上升到2016年的67.48%。医疗方面，万人拥有卫生机构床位数由2012年的41.28张上升到2016年的55.72张，万人拥有卫生医疗从业人员数由44.95人上升到70.05人。极差最小的为地区财力指数，这种极差小表明2012~2016年大湘西地区人均财政收入增速偏慢，实际上，财政收入仅由1136元增加到1615.69元，总量规模仍然偏小。

从个性指标来看，2016年，保障均等指数和能源节约指数总体水平要低于2012年，2012~2016年间，这两个指数的极差分别为16.67、4.58，其中保障均等指数在2013年达到最高值后出现波浪式下降，具体来看，地区人均基本公共服务支出差异系数由24.14上升到31.36，表明差异在扩大。从能源节约情况来看，湘西地区单位GDP能耗下降率由2012年的5.81%下调到2016年的4.9%，下降的速度减缓。

第二节　大湘西地区分市州共享发展评价

从区域比较来看，2012年，五个市州共享发展水平从高到低依次为张家界、怀化、邵阳、湘西州、娄底，张家界与娄底的共享发展指数相差 3，到 2016 年，这种排序调整为湘西州、怀化、娄底、张家界、邵阳，湘西州、娄底的排名明显提高，邵阳排名垫底，湘西州与邵阳之间的差异为 4.72，表明市州之间的整体差异在扩大。

一　邵阳市共享发展评价

邵阳市位于湘中偏西南，现辖 3 个市辖区、7 个县、1 个自治县，代管 1 个县级市。2016 年，全市地区生产总值 1520.86 亿元，财政总收入 141.25 亿元，总人口 830.08 万人，城镇化率达到 43.99%。基于 2012～2016 年统计数据对邵阳市进行共享发展评价，结果如图 7-3 所示。

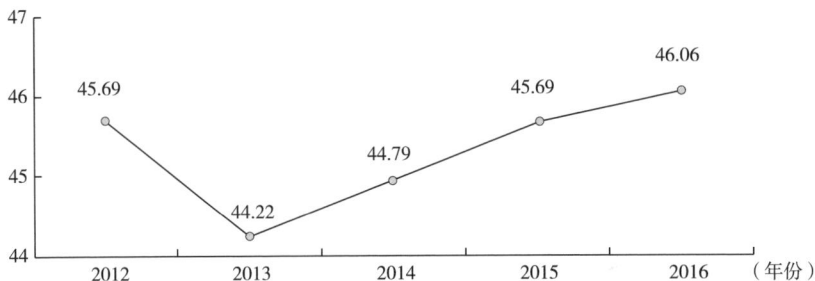

图 7-3　2012～2016 年邵阳市共享发展总水平指数

从邵阳市共享发展情况来看，2013 年，邵阳共享发展整体水平出现较大幅度下降，但之后逐步回升，到 2016 年，邵阳共享发展水平达到 46.06，比 2012 年高 0.37，2012～2016 年年均增长 0.20%，但 2013～2016 年年均增速达到 1.37%。

基于 2012～2016 年统计数据对邵阳市进行评价分析，一级指标结果如图 7-4 所示。

从一级指标来看，2012～2016 年表现出"三升一降"的发展特征，经济发展普惠度由 2012 年的 41.02 提升到 2016 年的 42.55，年均增长 0.92%，但 2014 年出现较大幅度的下降，2014 年比 2013 年降低了 1.76，进一步分析发现，2014 年，收入水平指数、收入差距指数都出现了下降；社会保障公平度由 39.71 提升到 46.69，年均增长 4.13%，但

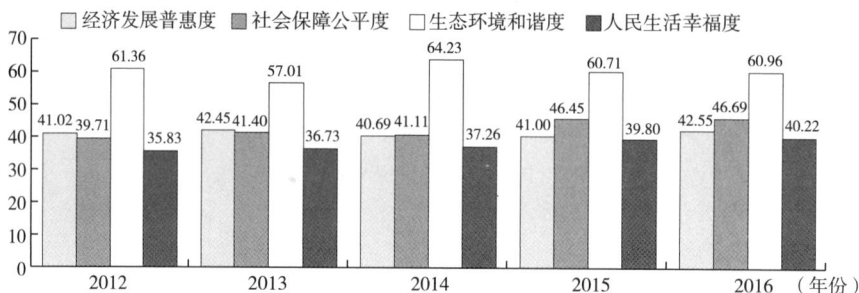

图 7-4 2012～2016 年邵阳市共享发展一级指标变化

2014 年出现小幅度的下滑；生态环境和谐度由 61.36 降低为 60.96，年均增长 -0.16%，其间 2013 年、2015 年均出现相比于上一年下降的情况，2013 年主要是环境美好指数出现下降，2015 年则出现了能源节约指数与环境美好指数共同下降的问题；人民生活幸福度由 35.83 提高到 40.22，年均增长 2.93%，该指数一直保持稳步增长的态势。从减贫脱贫实现程度来看，城镇最低工资与平均工资比这一指标呈现稳步缩小的态势，到 2016 年这一比值已经由 2012 年的 0.3459 缩小到 0.2362。

基于 2012～2016 年统计数据对邵阳市进行评价分析，二级指标结果如表 7-2 所示。

表 7-2 2012～2016 年邵阳市共享发展二级指标变化

二级指标	2012 年	2013 年	2014 年	2015 年	2016 年
收入水平	39.66	43.06	39.74	41.70	42.73
收入差异	49.75	49.99	47.05	45.30	48.50
经济活力	33.79	34.51	35.81	36.68	37.21
地区财力	33.33	33.83	34.24	34.66	34.85
就业	33.33	38.22	39.57	48.11	57.03
教育	35.78	36.13	37.03	39.93	41.46
医疗	33.52	35.17	36.66	37.81	40.72
住房	—	41.79	47.50	55.59	62.49
保障均等	60.11	63.05	50.33	60.21	39.01
能源节约	45.57	55.18	64.68	61.17	50.91

二级指标	2012 年	2013 年	2014 年	2015 年	2016 年
环境美好	65.57	57.50	64.11	60.59	63.63
生活便利	36.38	41.15	41.74	46.07	43.48
文化繁荣	36.94	35.66	36.28	39.07	41.11
科技共创	—	34.28	34.62	35.26	36.36
法治	34.11	34.02	34.43	35.17	36.03

从邵阳共享发展二级指标来看，经济活力指数、地区财力指数、就业指数、教育指数、医疗指数、住房指数、科技共创指数 7 个二级指标表现出稳步上升的态势，2012（个别指标 2012 年数据缺乏，以 2013 年数据为基础测算，下同）~2016 年年均增速分别为 2.44%、1.12%、14.37%、3.75%、4.98%、14.35%、1.98%，从增速来看，就业指数、住房指数两大指标增速均达到两位数，其中城乡居民家庭住房面积达标率从 2012 年的 52.25% 上升到 2016 年的 71%，人均社会保障和就业公共财政支出从 2012 年的 567.46 元增加到 2016 年的 1152.68 元；上述指标极差分别为 3.42、1.52、23.7、5.68、7.2、20.7、2.08，其中就业指数和住房指数极差均超过 20。

2012~2016 年，收入水平指数、能源节约指数、生活便利指数、文化繁荣指数、法治指数整体上升，但期间出现一定的波动，4 年年均增速分别为 1.88%、2.81%、4.56%、2.71%、1.38%；期间极差分别为 3.4、19.11、9.69、5.45、2.01，能源节约指数极差较大，主要是相比于 2012 年这个阶段性低点 2014 年能源节约水平较高，2012 年单位 GDP 能耗仅下降 3.72%，2014 年达到 7.52%。

收入差异指数、保障均等指数、环境美好指数三大指标均出现评价期末比期初低的情况，2016 年分别比 2012 年低 1.25、21.1、1.94，2012~2016 年间极差分别为 4.69、24.04、8.07。从收入差异指数来看，阶段性高点出现在 2013 年，阶段性低点出现在 2015 年，具体来看，2013 年，地区平均工资的差异系数、工资与居民收入比分别为 0.0804、

3.31，到 2015 年则分别调整为 0.1420、3.40，一定时期内两者均出现扩大的趋势；从保障均等指数来看，阶段性高点出现在 2013 年，阶段性低点出现在 2016 年，地区人均基本公共服务支出差异系数由 2013 年的 21.95 扩大到 2016 年的 39.6；从环境美好指数来看，阶段性高点出现在 2012 年，阶段性低点出现在 2013 年，2012 年，空气质量达标率、城镇污水处理率、城镇生活垃圾无害化处理率、人均公园绿地面积、建成区绿化覆盖率分别由 100.00%、78.06%、98.24%、9.34 平方米、30.11% 调整为 2013 年的 89.04%、76.83%、97.71%、8.77 平方米、32.87%，除建成区绿化覆盖率外所有指标均出现下降。

二 张家界市共享发展评价

张家界位于湖南西北部，是中国最重要的旅游城市之一，被授予"国家森林城市"、全国生态文明示范工程试点市、国家旅游综合改革试点城市等荣誉称号。张家界市现有 2 个市辖区、2 个县，2016 年，全市地区生产总值达到 497.6 亿元，一般公共预算收入达到 49.49 亿元，户籍总人口 170.87 万人，常住人口 152.91 万人，城镇化率达到 46.1%。基于 2012～2016 年统计数据对张家界市进行共享发展评价，结果如图7-5 所示。

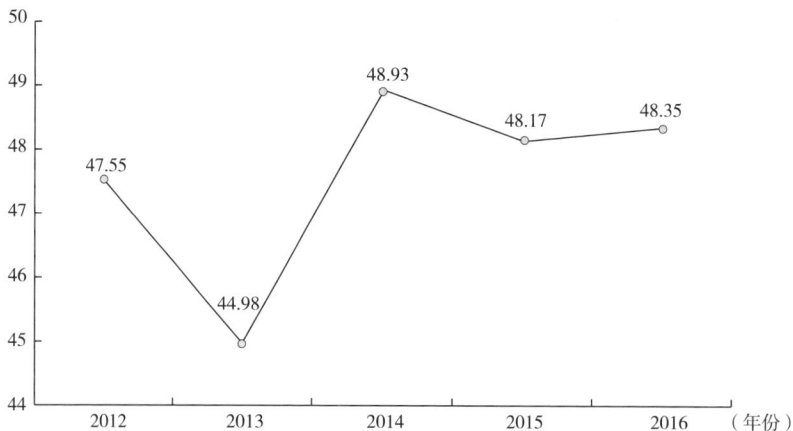

图 7-5　2012～2016 年张家界市共享发展总水平指数

总体评价，张家界市共享发展指数均未突破 50，2012～2016 年共享发展指数年均增速仅为 0.418%，变动非常小。具体来看，2014 年达到近年来共享发展阶段性高峰，2013 年、2015 年均比上一年有所回落，其中 2013 年表现尤为明显，这主要是由于经济发展普惠度和生态环境和谐度均出现了较大幅度的下降，分别下降了 8.07、8.09，降幅分别达到 16.08%、15.10%。

基于 2012～2016 年统计数据对张家界市进行评价分析，一级指标结果如图 7-6 所示。

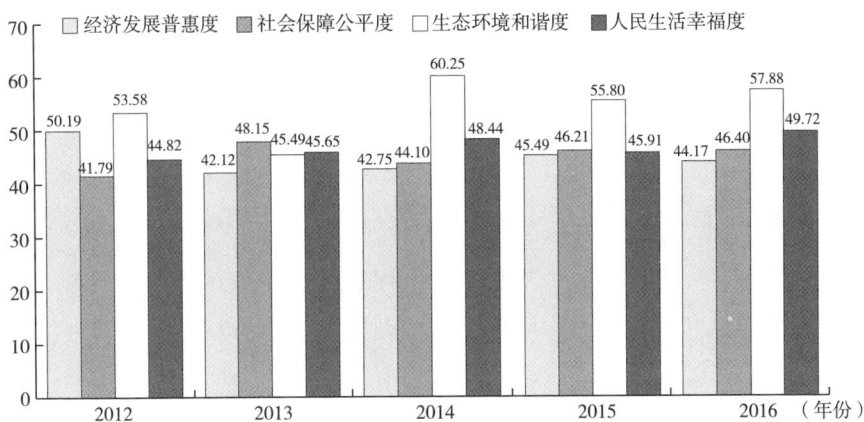

图 7-6　2012～2016 年张家界市共享发展一级指标变化

从一级指标来看，张家界市表现出"一降三升"的发展态势，一降是指经济发展普惠度出现下降，2012～2016 年，经济发展普惠度由 50.19 下降到 44.17，这种下降主要是由于与 2012 年相比 2013 年出现大幅度下降，之后回升的幅度尚未超过下降的幅度；社会保障公平度由 41.79 上升为 46.40，生态环境和谐度由 53.58 上升到 57.88，人民生活幸福度由 44.82 上升到 49.72，年均增速分别达到 2.65%、1.95%、4.23%。当然，上述指标均出现过一定的波动，如 2014 年社会保障公平度比 2013 年要低。从减贫脱贫实现度来看，2016 年，全市贫困发生率为 6.8%，城镇最低工资与平均工资比由 2012 年的 0.2926 下降到 0.2575，表明减贫脱贫实现度整体良好。

基于 2012～2016 年统计数据对张家界市进行评价分析，二级指标结果如表 7-3 所示。

表 7-3　2012～2016 年张家界市共享发展二级指标变化

二级指标	2012 年	2013 年	2014 年	2015 年	2016 年
收入水平	37.29	38.86	37.88	39.94	39.88
收入差异	78.56	52.24	54.26	59.67	55.45
经济活力	34.42	34.99	35.95	36.78	37.25
地区财力	35.32	35.84	36.39	36.97	37.07
就业	39.24	40.86	45.43	56.16	54.35
教育	38.99	38.32	39.41	42.01	44.94
医疗	37.08	39.37	40.18	42.23	45.21
住房	—	58.98	50.23	46.98	47.26
保障均等	39.04	75.97	51.27	49.22	42.10
能源节约	55.86	44.80	50.43	33.33	35.47
环境美好	52.97	45.67	62.87	61.78	63.86
生活便利	60.83	61.41	58.57	58.13	67.48
文化繁荣	39.79	41.06	41.10	43.07	44.34
科技共创	—	37.18	56.77	40.21	43.17
法治	37.60	38.25	35.35	36.39	37.14

从张家界市二级指标来看，经济活力指数、地区财力指数、医疗指数三大指标表现出持续稳定上升的势头，2012～2016 年指标值分别提高了 2.83、1.75、8.13，年均增速分别达到 2%、1.22%、5.08%，增长较快的为医疗指数。从医疗指标来看，万人拥有卫生机构床位数、万人拥有卫生医疗从业人员数分别由 2012 年的 42.68 张、48.70 人提高到 2016 年的 55.31 张、70.33 人，年均增速分别达到 6.69%、9.62%。

收入水平指数、就业指数、教育指数、保障均等指数、环境美好指数、生活便利指数、文化繁荣指数、科技共创指数等二级指标整体表现出上升的态势，2012～2016 年指标值分别提升了 2.59、15.11、5.95、3.06、10.89、6.65、4.55、5.99，年均增速分别达到 1.69%、8.48%、3.61%、

1.90%、4.79%、2.63%、2.74%、5.11%，但这些指标均出现了一定程度的波动。在上述指标中，增长较快的有就业指数和环境美好指数，就业方面，人均社会保障和就业公共财政支出由 2012 年的 779.56 元增加到 2016 年的 1112.05 元，年均增速达到 9.29%；环境美好方面，城镇污水处理率、城镇生活垃圾无害化处理率、人均公园绿地面积、建成区绿化覆盖率分别由 2012 年的 78.27%、9.87%、16.83 平方米、33.59% 提高到 2016 年的 87.12%、100%、9.22 平方米（该项指标是下降的）、39.98%，其中城镇生活垃圾无害化处理率提升幅度最大。

与 2012 年相比，2016 年收入差异指数、住房指数、能源节约指数、法治指数四个指标表现出下降的态势，分别下降 23.11、11.72、20.39、0.46，前三项指标下降的幅度均较大。从收入差异指数来看，地区平均工资的差异系数有所扩大，工资与居民收入比指标下滑导致收入差异指数下降；从能源节约指数来看，单位 GDP 能耗变化率由 2012 年的下降 6.09% 发展到 2016 年的下降 0.06%，下降的幅度明显减小。

三 怀化市共享发展评价

怀化，别称鹤城，辖 1 个市辖区、5 个县、5 个自治县，代管 1 个县级市，是湖南省面积最大的地级市，系全国性综合交通枢纽城市，武陵山经济协作区中心城市和节点城市，是湖南首个获批"国家级生态示范区"的地级市，全国第二批生态文明示范工程试点市，在生态等领域具有明显优势。2016 年，怀化地区生产总值达到 1396.15 亿元，一般公共预算收入达到 123.15 亿元，城镇化率达到 44.28%。基于 2012 ~ 2016 年统计数据对怀化市进行共享发展评价，结果如图 7-7 所示。

整体评价，怀化市共享发展总水平指数接近 50，预计在 2017 年有望突破 50 大关。从怀化市共享发展情况来看，2014 年达到近年来共享发展阶段性高峰，2015 年比 2014 年有所回落，但 2016 年回升到 49.09，2012 ~ 2016 年共享发展总水平指数提高了 2.72，年均增速为 1.44%。

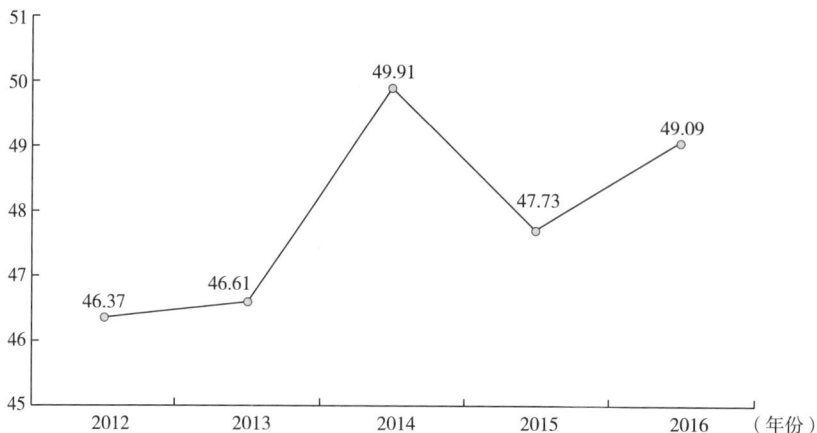

图 7-7　2012～2016 年怀化市共享发展总水平指数

基于 2012～2016 年统计数据对怀化市进行评价分析，一级指标结果如图 7-8 所示。

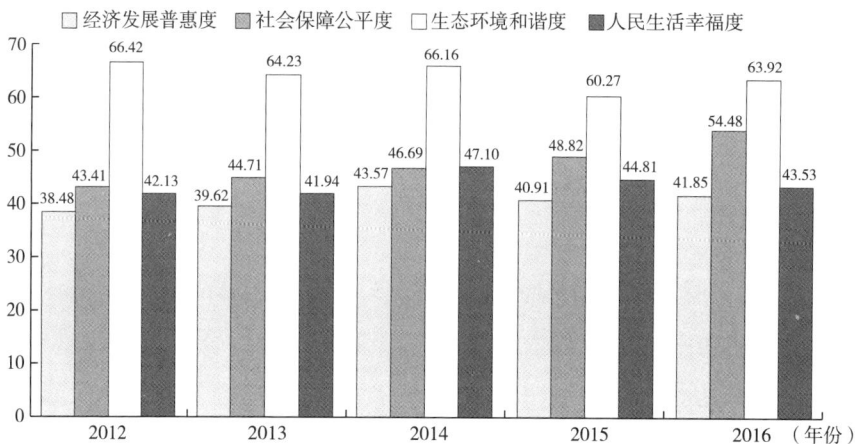

图 7-8　2012～2016 年怀化市共享发展一级指标变化

从一级指标来看，怀化市表现出"一降三升"的发展态势，一降是指生态环境和谐度出现下降，2012～2016 年，生态环境和谐度由 66.42 下降到 63.92，分年度来看，这种下降幅度并不是很明显，且 2016 年比 2015 年有所上升，从二级指标来看，能源节约指数和环境美好指数均出现了下降；经济发展普惠度由 38.48 上升到 41.85，年均增速达到 2.12%，该项指标的四个二级指标收入水平指数、收入差异指数、经济活力指数、地区财力指数整体上均处于上升的通道；社会保障公平度由 43.41

上升为 54.48，年均增速达到 5.84%，从二级指标来看，就业指数、教育指数、医疗指数、住房指数、保障均等指数均处于上升的阶段；人民生活幸福度由 42.13 上升到 43.53，年均增速达到 0.82%，从二级指标来看，生活便利指数和法治指数整体下降，而文化繁荣指数和科技共创指数整体上升。从减贫脱贫实现度来看，2016 年贫困发生率降到 6.21%，城镇最低工资与平均工资比由 2012 年的 0.2633 下降到 2016 年的 0.2473，表明脱贫工作取得积极进展。

基于 2012～2016 年统计数据对怀化市进行评价分析，二级指标结果如表 7-4 所示。

表 7-4　2012～2016 年怀化市共享发展二级指标变化

二级指标	2012 年	2013 年	2014 年	2015 年	2016 年
收入水平	36.56	39.74	50.16	42.56	42.16
收入差异	44.21	43.71	45.03	43.99	46.74
经济活力	34.40	35.33	35.82	36.60	37.17
地区财力	35.16	35.56	34.92	35.31	35.59
就业	37.54	41.57	49.02	58.17	70.76
教育	37.12	37.21	37.63	40.02	43.25
医疗	41.14	40.04	42.29	43.82	49.78
住房	—	40.47	41.25	44.67	52.74
保障均等	67.81	73.32	73.80	67.91	68.69
能源节约	59.98	46.84	50.96	50.61	51.63
环境美好	68.14	68.87	70.21	62.85	67.19
生活便利	46.08	44.29	47.21	47.48	45.23
文化繁荣	36.77	37.44	37.34	41.24	44.08
科技共创	—	52.84	74.51	54.39	44.75
法治	33.70	33.33	33.73	34.52	35.67

从二级指标来看，经济活力指数、就业指数、教育指数三大指标表现出持续稳定上升的势头，2012～2016 年指标值分别提高 2.77、33.22、6.13，年均增速分别达到 1.96%、17.17%、3.90%。从经济活力指数来

看，人均全社会消费品零售额、人均全社会固定资产投资分别由 2012 年的 6633 元、12585 元上升到 2016 年的 11421 元、21989 元，年均增速分别达到 14.55%、14.97%，均在两位数以上；从就业指数来看，人均社会保障和就业公共财政支出由 2012 年的 725.24 增加到 2016 年的 1312.50，年均增速达到 15.99%；从教育指数来看，人均公共财政教育支出由 2012 年的 1049.86 元增加到 2016 年的 1337.82 元，年均增速达到 6.24%。

2012～2016 年，收入水平指数、收入差异指数、地区财力指数、医疗指数、住房指数、保障均等指数、文化繁荣指数、法治指数等指标虽然整体表现出上升的态势，年均增速分别为 3.63%、1.40%、0.30%、4.88%、9.23%（数据为 2013～2016 年）、0.32%、4.64%、1.43%，但这些指标均出现一定的波动，或者阶段性高点并未出现在 2016 年，或者阶段性低点并未出现在 2012 年。在上述指标中，住房增长速度最快，表明城乡居民家庭住房面积得到大幅度的增加；地区财力指数、保障均等指数两个指标增速较慢，从地区财力指数来看，人均财政收入由 2012 年的 1446.55 元增加到 2016 年的 1603.83 元，年均增速仅为 2.61%。

能源节约指数、环境美好指数、生活便利指数、科技共创指数四个指标则表现出下降的趋势，2012～2016 年，四大指标分别下降 8.35、0.95、0.85、8.09，具体来看，能源节约指数在 2013 年出现急剧下降后开始回升，2012 年单位 GDP 能耗变化率下降 6.81%，到 2013 年则仅下降 4.07%，2016 年下降 5.23%，低于 2012 年的下降率；从科技共创指数来看，R&D 经费内部支出中政府资金投入比重出现大幅度波动的情形，且 2016 年占比仅为 22.20%。

四 娄底市共享发展评价

娄底市是湖南省最年轻的地级市，是环长株潭城市群的重要组成部分，1 个市辖区、2 个县，代管 2 个县（市），总面积 8117 平方公里。2016 年，全市地区生产总值达到 1400.14 亿元，人均地区生产总值为 36058 元，财政总收入 104.59 亿元，城镇化率为 45.29%。基于 2012～2016 年统计数据对娄底市进行共享发展评价，结果如图 7-9 所示。

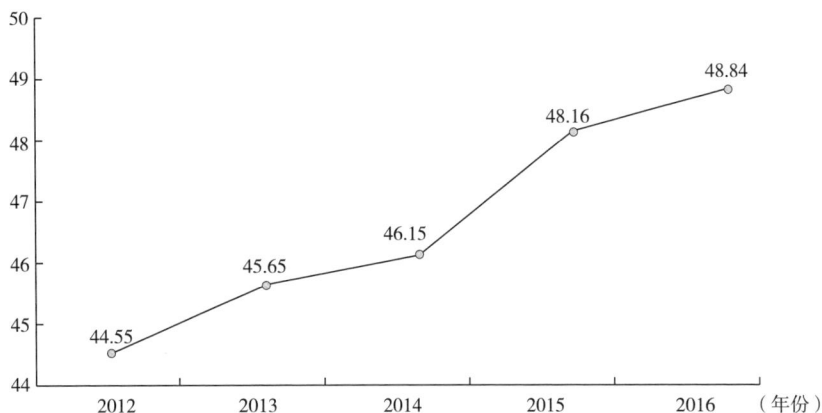

图 7-9　2012～2016 年娄底市共享发展总水平指数

从评价结果来看，娄底市共享发展指数稳步上升，2012～2016 年共上升 4.29，年均增速达到 2.33%，其间 2014～2015 年之间增长最快，2016 年，娄底市共享发展总水平指数达到 48.84，其中社会保障公平度和生态环境和谐度均超过 50，表明这两大指标对共享发展贡献较大，而人民生活幸福度相对较低，是下一步推进共享发展需要重点发力的指标。

基于 2012～2016 年统计数据对娄底市进行评价分析，一级指标结果如图 7-10 所示。

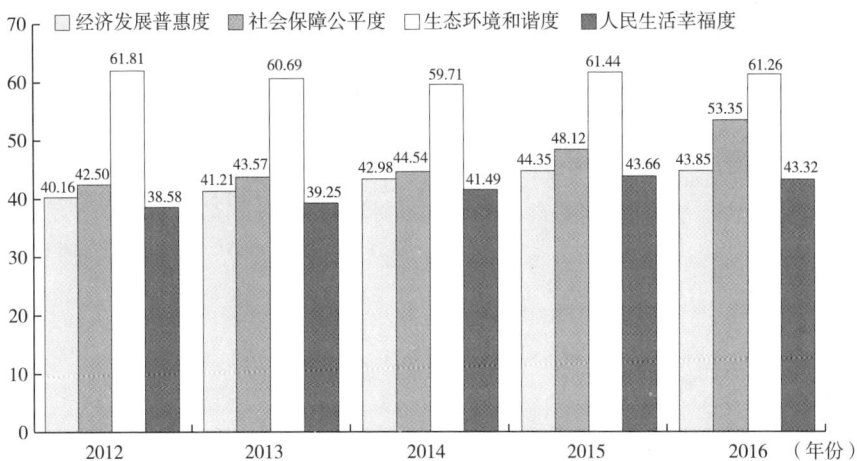

图 7-10　2012～2016 年娄底市共享发展一级指标变化

从一级指标来看，经济发展普惠度、社会保障公平度表现出稳定上升的态势，2012～2016年分别提升了3.69、10.85，年均增速分别达到2.8%、5.85%；人民生活幸福度整体表现为稳步上升，但在最后两年出现一定程度的波动，2012～2016年间提高了4.74，年均增速达到2.94%；生活环境和谐度则出现先降后升的发展态势，相比于2012年，2016年环境和谐度有所下降。从减贫脱贫实现度来看，2016年，全市贫困发生率为6.08%，城镇最低工资与平均工资比由2012年的0.2647下降到2016年的0.2547。

基于2012～2016年统计数据对娄底市进行评价分析，二级指标结果如表7-5所示。

表7-5　2012～2016年娄底市共享发展二级指标变化

二级指标	2012年	2013年	2014年	2015年	2016年
收入水平	38.52	35.98	41.97	44.51	43.61
收入差异	46.91	51.60	50.33	51.14	52.80
经济活力	35.10	36.24	37.27	38.38	39.19
地区财力	34.92	35.66	35.39	35.44	36.02
就业	35.22	36.72	38.41	47.63	54.91
教育	38.75	39.43	40.05	41.03	45.38
医疗	33.95	35.35	37.82	41.15	46.40
住房	—	66.21	65.52	73.57	79.50
保障均等	45.00	47.02	47.61	46.67	50.88
能源节约	58.66	53.66	43.63	61.17	52.60
环境美好	62.65	62.56	63.99	61.51	63.56
生活便利	49.58	51.50	51.01	57.05	53.06
文化繁荣	34.10	34.11	39.59	39.97	40.80
科技共创	—	35.76	35.47	36.40	37.53
法治	33.47	33.64	35.67	36.80	38.63

从二级指标来看，经济活力指数、就业指数、教育指数、医疗指

数、文化繁荣指数、法治指数六大指标表现出稳定上升的态势，2012～2016年分别提升4.09、19.69、6.63、12.45、6.7、5.16，年均增速分别为2.79%、11.74%、4.03%、8.12%、4.59%、3.65%。在上述指标中，增长最快的是就业指数，人均社会保障和就业公共财政支出从2012年的642.72元增加到2016年的1120.91元，年均增速达到14.92%；医疗指数的年均增速也相对较快，2012～2016年万人拥有卫生机构床位数、万人拥有卫生医疗从业人员数年均增速分别达到16.26%、13.11%；经济活力指数增速相对较慢，从三级指标来看，人均全社会消费品零售额、人均全社会固定资产投资分别由2012年的7811元、15265元增加到2016年的12462元、30814元，年均增速分别为12.39%、19.20%。

2012～2016年，收入水平指数、收入差异指数、地区财力指数、住房指数、保障均等指数、环境美好指数、生活便利指数、科技共创指数八大指标整体表现出上升的态势，但存在一定的波动性，整体来看，4年时间分别上升了5.09、5.89、1.1、13.29、5.88、0.91、3.48、1.77，年均增速分别为3.15%、3.00%、0.78%、6.29%、3.12%、0.36%、1.71%、1.62%。上述指标中，住房指数上升幅度最大，增长速度最快，环境美好指数提升幅度最小，增长速度最慢，城镇污水处理率、城镇生活垃圾无害化处理率、人均公园绿地面积、建成区绿化覆盖率分别由2012年的86.87%、94.16%、8.00平方米、31.77%调整到2016年的90.24%、98.82%、9.99平方米、37.22%。

能源节约指数整体出现下降，相比于2012年，能源节约指数下降了6.06，其中2014年、2016年相比于上一年度均有较大幅度的下降。具体来看，单位GDP能耗变化率由2012年的下降6.59%调整到2016年的仅下降5.44%，降幅有所减小。

五 湘西土家族苗族自治州共享发展评价

湘西土家族苗族自治州位于湖南省西北部，地处湘鄂渝黔四省市交界处，是"全国民族团结进步创建活动示范州"试点区域，现辖7县、

1市，总面积1.55万平方公里，总人口298万人，其中以土家族、苗族为主的少数民族占80%。2016年，全州生产总值为530.9亿元，人均地区生产总值为20145元，一般公共预算收入88.05亿元，城镇化率43.06%。基于2012～2016年统计数据对湘西土家族苗族自治州进行共享发展评价，结果如图7-11所示。

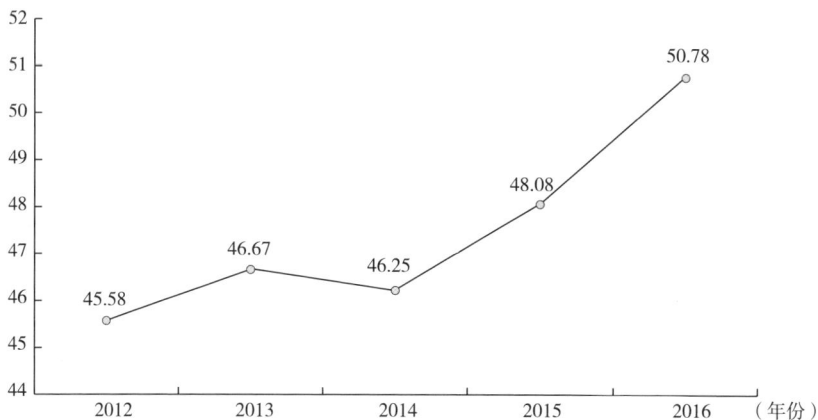

图7-11 2012～2016年湘西土家族苗族自治州共享发展总水平指数

整体评价，湘西土家族苗族自治州共享发展指数已经突破50，2016年达到50.78，表明共享发展已经达到一定的层次。具体来看，2012～2016年间，湘西土家族苗族自治州共享发展指数共上升5.2，年均增速达到2.74%。但这种上升呈现出波动性的特征，其中2014年比2013年下降0.42，表明未来要着力巩固共享发展成果，在巩固中实现发展水平的提升。

基于2012～2016年统计数据对湘西土家族苗族自治州进行评价分析，一级指标结果如图7-12所示。

从一级指标来看，2012～2016年各指标总体保持上升的态势，经济发展普惠度、社会保障公平度、生态环境和谐度、人民生活幸福度分别上升了2.72、4.09、9.29、10.6，年均增速分别为1.67%、2.06%、3.41%、6.54%，在这种上升中，经济发展普惠度、社会保障公平度、生态环境和谐度三大指标均呈现出波动性的特征。从上述四大指标来看，社会保障公平度和生态环境和谐度指标值均突破50，其中生态环境和

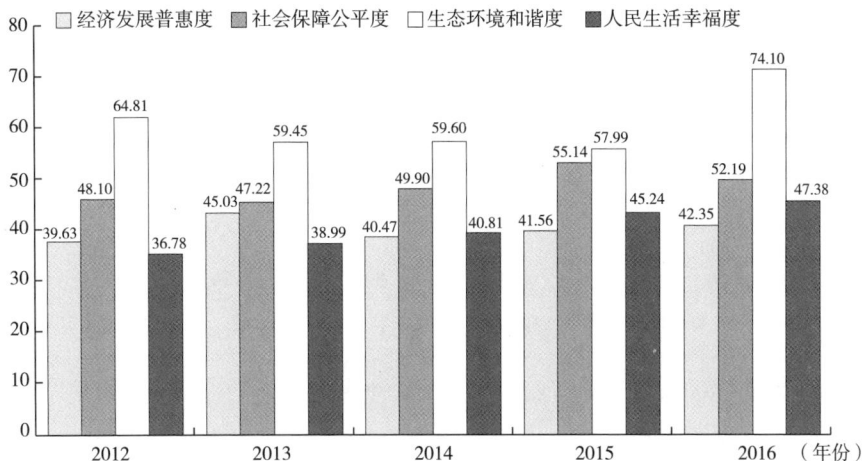

图 7-12 2012～2016 年湘西土家族苗族自治州共享发展一级指标变化

谐度提升幅度最大，但人民生活幸福度提升速度最快。生态环境和谐度方面，能源节约指数有一定幅度的提升，环境美好指数则实现了较大幅度的提升，2012～2016 年分别提升了 1.1、11.47。从减贫脱贫实现度来看，湘西土家族苗族自治州扶贫任务重，2016 年，全州贫困发生率仍然高达 10.55%，表明扶贫工作虽然取得了一定的进展，但未来的压力依然较大。

基于 2012～2016 年统计数据对湘西土家族苗族自治州进行评价分析，二级指标结果如表 7-6 所示。

表 7-6 2012～2016 年湘西土家族苗族自治州共享发展二级指标变化

二级指标	2012 年	2013 年	2014 年	2015 年	2016 年
收入水平	39.95	56.15	39.97	40.50	44.85
收入差异	45.20	44.70	46.70	48.83	46.39
经济活力	33.53	34.02	34.52	35.03	35.44
地区财力	34.22	34.70	35.14	36.01	36.56
就业	42.25	45.77	49.05	60.56	73.83
教育	38.24	38.72	41.02	47.20	49.84
医疗	39.42	41.87	44.13	45.74	50.88
住房	—	33.33	34.28	37.16	41.68

二级指标	2012 年	2013 年	2014 年	2015 年	2016 年
保障均等	100.00	86.70	91.81	96.11	47.53
能源节约	57.85	41.98	39.97	61.17	58.95
环境美好	66.67	64.10	64.84	57.14	78.14
生活便利	38.39	46.19	46.43	61.93	66.30
文化繁荣	37.55	37.36	37.73	38.84	40.33
科技共创	—	35.25	42.61	40.63	42.08
法治	33.67	33.85	34.95	35.29	35.58

从二级指标来看，经济活力指数、地区财力指数、就业指数、教育指数、医疗指数、住房指数、生活便利指数、法治指数等指标表现出持续上升的势头，2012~2016 年分别上升了 1.91、2.34、31.58、11.6、11.46、8.35、27.91、1.91，年均增速分别为 1.39%、1.67%、14.97%、6.85%、6.59%、7.73%、14.64%、1.39%。上述指标中，就业指数、生活便利指数两大指标增长速度最快，增幅最大，就业方面，人均社会保障和就业公共财政支出由 2012 年的 864.80 元增加到 2016 年的 1340.05 元，年均增速达到 11.57%；从生活便利指数来看，每万人拥有公共交通车辆、人均拥有道路面积、城镇用气普及率分别由 2012 年的 8.00 辆、13.50 平方米、51.61% 提高到 2016 年的 9.25 辆、34.91 平方米、77.57%，年均增速分别达到 3.69%、26.81%、10.72%。从增幅较小、增速较慢的指标来看，主要是经济活力指数和法治指数两个方面，从经济活力指数来看，人均全社会消费品零售额、人均全社会固定资产投资分别由 2012 年的 6145 元、7399 元提高到 2016 年的 9598 元、14548 元，年均增速分别为 11.79%、18.42%。

收入水平指数、收入差异指数、能源节约指数、环境美好指数、文化繁荣指数、科技共创指数等指标整体也呈现出上升的态势，2012~2016 年分别提升了 4.9、1.19、1.1、11.47、2.78、6.83，年均增速分别达到 2.93%、0.65%、0.47%、4.05%、1.80%、6.08%，但这些指标增长过程中呈现出一定的波动性。从上述指标来看，增长幅度最大、增长速度最快的是科技共创指数，其中R&D经费内部支出中政府资金投入比重由2013年的1.21%提高到2016年的13.01%，户用互联网覆盖率由2012年的27.83%提高到2016年的46.93%。

保障均等指数出现较大幅度的下降，主要是由于地区人均基本公共服务支出差异系数在不断拉大，因此均等化目标实现难度加大。

第三节　大湘西地区共享发展问题与对策

从经济社会发展的一般规律来看，共享发展是在经济社会发展达到一定水平后，努力引导发展成果惠及群众，缩小区域、人群之间的差异的新理念。大湘西地区整体发展滞后，是贫困地区，在这样一个区域推进共享发展，必然要克服更多的困难，采取创新举措，努力实现中高速增长与共享发展协调共进。

一　大湘西地区共享发展的基本特征

相比于长株潭地区、环洞庭湖地区、湘南地区，大湘西地区共享发展有自己的运行规律，表现在推进快共享发展态势好、潜力大共享发展空间足、支持政策好共享发展动力强等方面。

1. 进步快，大湘西地区共享发展推进有力

在所考察的指标中，2012～2016年，绝大多数指标均表现出良好的增长势头，表明大湘西地区共享发展整体状况较好。一是共享发展有提速势头，2012～2016年，大湘西地区共享发展总水平指数分别比上年提升−0.08、1.29、0.68、0.98，剔除2013年共享发展总水平指数下降导致带来的影响，2016年共享发展总水平指数要明显高于2015年，一定程度上表明共享发展有加速推进态势。二是大湘西部分领域增长速度快，如从居民收入与经济发展之间的增长速度比来看，2012～2016年，大湘

西地区由 1.2 上升为 1.34，是四大板块中上升速度最快的，分别比长株潭地区、环洞庭湖地区、湘南地区快 0.11、0.12、0.55；再如从创新方面来看，"2017 湖南发展研究报告"成果首次测算并公布的全省地州市综合创新能力"进步指数"排名显示，地处大湘西区域的张家界、怀化、邵阳三市获前三名，创新领域大湘西正努力加速"往前冲"。

2. 潜力足，大湘西地区共享发展提升空间大

大湘西地区共享发展水平相对较低，但从另一个层面来看其提升的空间也大，发展潜力足。一是生态环境优势明显，2017 年，湘西自治州、怀化、邵阳、张家界、娄底森林覆盖率分别达到 70.24%、70.97%、60.74%、70.98%、50.25%，除娄底外其他地区森林覆盖率均达到较高水平，生态优势极为明显。二是产业发展带动作用强，大湘西地区重点发展的文化旅游业是公认的富民产业，吸纳就业能力强，且大量的流动人口对于促进当地消费、商贸物流产业发展具有重要的推动作用；此外，大湘西地区大力发展的生态环保等产业也可以提供护林员等公益岗位，对于解决贫困人口就业问题，促进共享发展具有重要的推动作用。三是区域之间联动拓展了发展空间，张家界、湘西州、怀化三市州联手打造张吉怀旅游合作共同体，这种"资源互补、产品互推、客源互送、线路互动"的合作发展模式无疑对于共享具有重要的促进作用。

3. 政策好，大湘西地区推进共享发展有动力

政策红利是大湘西地区实现共享发展的重要动力，也是大湘西地区共享发展的重要特征。一是国家层面政策有支持，大湘西地区的湘西州等地比照享受国家西部开发政策，武陵山片区区域发展与扶贫攻坚更是囊括了大湘西多数地区，国家层面出台的《关于支持深度贫困地区脱贫攻坚的实施意见》等政策文件均将为大湘西地区加快脱贫步伐，谋划区域发展，完善基础设施提供支持，有利于加快共享发展的步伐。二是省级层面政策有支持，推动大湘西地区发展，省委省政府高度重视，制定出台了《关于深入实施西部大开发战略推进湘西土家族苗族自治州加快发展的若干意见》《大湘西地区全面建成小康社会推进工作三年行动计划》等政策性文件；出台了《湖南省武陵山片区区域发展与扶贫攻坚规

划》《大湘西生态文化旅游圈发展规划》等规划，采取了"1115"工程即支持湘西州的扶贫工程，建立财政转移支付递增机制，这些政策对于提高大湘西地区共享发展水平具有重要的支撑作用。

二 面临的主要问题

2016 年，大湘西地区共享发展指数分别比长株潭地区、环洞庭湖地区、大湘南地区低 15.35、5.24、5.32，比全省平均水平低 5.16，表明其共享发展水平还有待提升，共享发展任务仍然繁重。

1. 经济实力弱，共享发展面临"源泉不足"的压力

整体来看，大湘西地区主要经济指标均排名最后。一是从居民收入来看，2012～2016 年，城镇居民人均可支配收入由 16212 元增加到 22592 元，年均增速为 8.65%；与长株潭、洞庭湖、湘南地区相比，2012 年仅为其 57.93%、78.29%、80.71%，到 2016 年，上升为 56.96%、85.38%、83.27%；农村居民人均可支配收入由 5686 元增加到 8811 元，年均增速达到 11.57%，与长株潭地区、环洞庭湖地区、湘南地区相比，2012 年仅为其 40.72%、64.75%、62.18%，到 2016 年上升为 43.22%、67.41%、65.00%。二是从经济活力指数来看，2012～2016 年，人均全社会消费品零售额由 6374 元增加到 2016 年的 11493 元，年均增速达到 15.88%，与长株潭地区、环洞庭湖地区、湘南地区相比，2012 年仅为其 25.55%、59.29%、71.36%，到 2016 年上升为 29.56%、64.53%、76.51%；人均全社会固定资产投资由 11620 元增加到 22653 元，年均增速达到 18.16%，与长株潭地区、环洞庭湖地区、湘南地区比较，2012 年仅为其 26.79%、66.27%、66.97%，到 2016 年调整为 30.00%、64.09%、63.16%，表明环洞庭湖、湘南地区的增速要快于大湘西地区。三是从人均财政收入来看，2012～2016 年，由 1136 元上升到 1615.69 元，年均增速达到 9.19%，与长株潭地区、环洞庭湖地区、湘南地区相比，2012 年仅为其 22.17%、73.66%、61.72%，2016 年调整为 21.55%、68.34%、58.49%，表明大湘西地区不仅人均财力弱，而且增速也偏慢。

2. 发展差异大，共享面临统筹协调压力

共享就是要让群众均有机会享受发展的成果，要着力解决差异过大、低水平地区、人群难以享受发展成果的问题。总体来看，目前大湘西地区这种差异较大。一是城乡差异大，从城乡居民收入比来看，2012～2016年，大湘西地区由2.85下降为2.56，仍然保持在2.0以上，而长株潭地区已经"跌"回了2.0以下，5年的时间其他两个板块虽接近但均未能进入2.0以下区域，表明大湘西地区要实现缩小城乡居民收入差异的目标任务很重，还需要付出更大的努力。二是区域之间差异大，从地区平均工资的差异系数来看，大湘西地区由2012年的0.0841上升为0.0931，表现出差异扩大的现象，且这种地区平均工资是在工资收入不高、未来有可能经历一次快速上涨背景下的扩大，如果考虑到优者可能更优带来的差异，未来差距缩小的压力会更大，这从长株潭地区从2012年的0.1198上升到2016年的0.1656可见一斑。三是人群之间差异大，大湘西地区扶贫任务重，边远地区人口特别是贫困人口收入水平等方面要明显弱于城镇人口，人群之间的差异很大，2016年，大湘西地区贫困发生率仍然高达6.74%，远高于其他三个板块。

3. 公共服务缺，共享目标的实现任重道远

共享发展最终的落脚点在于民生社会事业的发展，在于让群众享受到更高质量、更加全面的公共服务，但大湘西地区部分领域民生改善任务重。一是卫生事业发展水平不高，万人拥有卫生机构床位数、万人拥有卫生医疗从业人员数由2012年的41.28张、44.95人增加到2016年的55.72张、70.05人，年均增速分别达到7.79%和11.73%，但与长株潭地区相比仍然有较大的差距，2012年分别仅为其68.94%、57.42%，到2016年也仅增长到71.10%、71.32%。二是公共服务设施发展相对滞后，从万人拥有公共交通车辆来看，2012年大湘西地区仅5.71辆，到2016年也仅增加到6.56辆，虽然略多于洞庭湖地区，但较长株潭地区、湘南地区相比其差距尚在拉大；从城镇用气普及率来看，由2012年的71.64%上升到2016年的80.56%，年均增速达到2.98%，但与长株潭地区、环洞庭湖地区超过90%的普及率相比仍有差距；从户用互联网覆盖

率来看，指标值由 2012 年的 23.87% 上升到 2016 年的 41.05%，年均增长速度达到 14.52%，但这一指标要显著低于长株潭地区，2012 年仅为该地区的 45.31%，到 2016 年也仅为 51.43%。三是从文化教育事业发展来看，大湘西地区平均受教育年限明显低于其他三大板块；从每万人拥有公共图书馆藏书量来看，2012 年仅为 1588.66 册，到 2016 年增加到 2911.72 册，年均增速仅 2.98%，在总量上与环洞庭湖地区、湘南地区差异不大，但明显低于长株潭地区。

三 对策建议

推进共享发展，解决共享水平不高的问题，要紧盯大湘西地区的发展短板，通过高质量的发展提升共享水平、强化统筹协调处理好差异过大的问题、注重民本发展实现群众共享。

1. 坚持高质量发展，进一步夯实共享发展基础

在全面建成小康社会的时间节点推进大湘西地区共享发展，既要解决共享的问题，更要解决发展的难题，只有发展了，才能在更高水平上推动共享。一是紧盯高质量发展，努力实现中高速增长。要大力推动现代产业体系建设，在深入推进供给侧结构性改革的基础上，积极引导新业态发展，重点培育文化旅游、商贸物流等现代服务业，农副产品精深加工、矿产资源精深加工、新能源新材料、绿色制造等新型工业，特色种养殖业等现代农业，在产业结构优化中实现发展速度的提升；要狠抓项目建设，紧紧围绕符合区域产业布局、符合市场准入要求的重点业态，全面优化发展环境，积极开展招商引资工作，通过引进一批大项目、大企业，有效托底发展速度，在发展新常态下实现中高速发展；要调动各地谋发展、促发展的积极性，在强化绿色发展、安全发展等考核指标的基础上，创新发展考核激励方式，鼓励党员干部用心谋发展，提升发展速度。二是围绕扩税源大力调整优化产业结构，大湘西地区财政实力不强，要着力培育财源产业，通过财税补贴、企业帮扶等方式引导矿产品精深加工等重点税源产业发展、推动商贸物流、金融保险等优质

税源产业发展；要积极培育一批国有企业，通过对接央属、省属国有企业，努力引进在当地设立缴税的国有企业，积极整合本地国有企业，通过兼并重组等方式培育一批具有市场竞争力的国有企业，拓展大湘西地区税源。三是围绕特色优势做文章，把握大湘西地区生态、文化、旅游等方面的优势，积极引导"生态＋旅游""文化＋旅游"融合发展，依托产业融合，培育一批有实力的中小企业，催生一批规模以上企业，培育若干上市公司，真正使大湘西地区的优势得到发挥。

2. 坚持协调发展，进一步调节发展差异

共享发展不是无差异的发展，但要努力缩小差异程度，尽可能地协调好各方利益，实现成果共享。一是要促进不同区域之间协调发展，要按照全省"一核三极四带"的总体布局，加快培育怀化这一极，依托高铁、区位等优势，明确怀化在商贸物流等领域的产业地位，加大投入建设一批有影响力的项目，真正做实怀化这一极，发挥其对整个大湘西地区的辐射带动作用；通过建设张吉怀精品生态文化旅游经济带，紧密大湘西地区之间的联系，促进张家界、凤凰等地游客资源共享，提升经济带发展活力。二是要促进不同领域之间协调发展，要统筹好经济发展、社会事业、扶贫攻坚、生态环保、人民生活等不同领域的发展，要协调好不同领域的共享重点，经济领域重点关注普惠度、社会保障重点关注公平度、减贫脱贫重点关注实现度、生态环境重点关注和谐度、人民生活重点关注幸福度，通过重点突出的统筹发展带动共享发展水平的提升。三是要促进不同人群之间协调发展，针对大湘西地区扶贫任务重、贫困人口多的问题，要进一步强化扶贫工作，综合利用异地搬迁扶贫、就地发展产业扶贫、针对特色人群政府"兜底"等扶贫模式，创新性地调动社会力量参与扶贫，形成鼓励群众自我脱贫与社会帮助脱贫的强大动力；要强化脱贫跟踪服务，通过加强培训等方式拓宽群众增收渠道，防止返贫现象发生，做到真脱贫、永久性脱贫。

3. 坚持民本发展，进一步让发展成果惠及群众

共享发展的目标最终要落实到让群众享受发展成果，要创新共享发展理念，树立落实群众为重、民生需求为重的理念，真正让群众享受实惠。一是要加大民生领域投资力度，要着力优化财政投资结构，强化财政预算管理，通过对财政投资效能的核算、民生需求的调查明确财政投资重点。要建立健全国家、省重大政策研究机制，通过分析研究国家、省的投资重点，积极谋划大湘西地区民生重点项目建设，争取上级资金投入，缓解本地财政实力不足带来的投入不足压力。二是要围绕满足民生需求做文章，要建立民生需求投资决策机制，重点建立文化教育、医疗卫生等领域投资稳步增长机制，确保这些短板领域投资增长幅度快于财政收入增长幅度。三是要顺应民生需求升级趋势做好共享文章，在即将迈入全面建成小康社会的时代，民生社会事业也达到一定的水准，这就要求更加注重文化娱乐消费等方面的民生供给，注重生态环境保护等优势的发挥，在更高层次上实现共享发展。

第八章
结论与建议

共享发展是坚持中国特色社会主义、最终实现共同富裕的集中体现，是推动我国新时代发展的核心理念，是建设美丽富饶幸福新湖南的根本保证。近年来，湖南共享发展加快推进，发展指数不断提升，四大区域板块和 14 个市州你追我赶，呈现良好的发展态势。但与此同时，作为发展国家典型的发展省份，湖南在共享发展中也依然存在着一些亟待解决的问题，未来必须加快经济增长、突出协调发展、强化脱贫攻坚、紧盯民生需求、建设生态文明，以共享促共建，以共建得共享，决胜全面建成小康社会，开启湖南全面建设社会主义现代化新征程。

第一节 湖南共享发展呈现的阶段特征

2012～2016 年，湖南共享发展指数不断变化，全省、四大区域板块和 14 个市州呈现如下特征。

一 过去 5 年，湖南共享发展总指数呈现 "V 字形" 走势

过去 5 年来，湖南共享发展总指数走出下行轨道，进入上行区间。2012～2016 年，湖南共享发展总指数呈现 "V 字形" 走势，在 2014 年触底反弹，上半程总指数走低的主要原因在于生态环境和谐度、社会保障公平度和人民生活幸福度有所波动和下降，此外经济发展普惠度的部

分指标表现欠佳。具体分析二级指标，2012～2014 年，收入差异指数有所下滑，城乡居民收入比逐步拉大，同时工资占居民收入的比重下降；环境美好指数波动较大，空气质量达标率在 2013 年有较大降幅；人民生活幸福度中生活便利指数下滑，主要是受到用气普及率下降的影响。2014～2016 年，多项二级指标都呈上升态势，特别是就业指数、医疗指数、生活便利指数、文化繁荣指数等指数增速明显提升，为共享发展总水平指数的提升奠定了基础。

二　过去 5 年，湖南四大区域共享发展指数排名相对稳定

过去 5 年来，湖南四大区域板块除生态环境和谐度外，其他 3 项一级指标的排名相对稳定。在共享发展总水平指数方面，2016 年，长株潭 > 湘南 > 环洞庭湖 > 大湘西；在 2012～2016 年，长株潭一直处于各区域首位，大湘西则一直相对落后，而湘南和环洞庭湖地区则交错领先，这两个地区总指数也较为接近。而进一步分析到各项一级指标，经济发展普惠度历年排名均为长株潭 > 湘南 > 环洞庭湖 > 大湘西，但长株潭的收入差异指数在四大板块中并不占优；社会保障公平度和人民生活幸福度大多数年份都维持了长株潭 > 环洞庭湖 > 湘南 > 大湘西的排位，但长株潭在住房和保障均等指数方面相对落后，而环洞庭湖和湘南则分别在这两项指数上领跑全省；生态环境和谐度的区域板块排名波动较大，受限于进一步提高资源利用效率和环境质量的空间日益减少，长株潭排名呈下降趋势，而湘南地区则呈上升态势，2016 年该指数排名为湘南 > 环洞庭湖 > 大湘西 > 长株潭。

三　过去 5 年，湖南市州共享发展指数排名有变化但梯队较稳定

过去 5 年，湖南 14 个市州共享发展指数虽然在具体排名上变动频繁，但在城市发展梯队上相对稳定，仅在第二、三梯队中少数城市发生了异动和替换。14 个市州中，共享发展方面处于第一梯队的是长沙市、

株洲市、湘潭市和常德市，其中长沙市除生态环境和谐度表现欠佳外，所有其他一级指标都处于全省领先位置，很多二级指标，如经济活力指数、地区财力指数、教育指数、医疗指数、文化繁荣指数和法治指数遥遥领先于其他市州，生态宜居将是长沙市未来实现更高水平共享发展的主要突破方向。2012 年郴州市、永州市、益阳市、张家界市和岳阳市处于第二梯队，衡阳市、怀化市、邵阳市、湘西州和娄底市处于第三梯队，而到 2016 年时，张家界市退居第三梯队，衡阳市上升至第二梯队，衡阳市在经济发展普惠度和生态环境和谐度排名的上升对其共享发展总水平的提升起到关键作用。从各市州所处梯队的变化上看，第二梯队主要是环洞庭湖和湘南城市，而第三梯队目前均为大湘西区域城市，这种固化态势变得更为明显，值得关注，同时大湘西部分城市，如湘西土家族苗族自治州在生态环境和谐度，张家界在人民生活幸福度上排名领先，在经济发展和民生硬件投入方面还待追赶的情况下，第三梯队城市也开始在共享发展其他领域展现亮点。

第二节　湖南共享发展存在的主要问题

近年来，湖南稳中求进促增长、多管齐下补短板，在共享发展上已经取得显著成效，经济实力日益提升、社会保障投入攀升、贫困人口大幅下降、生态环境明显改善、人民生活更加美好，但从省域整体来看，也依然存在着经济基础不强、平衡协调度不够、民生有效供给不足、脱贫攻坚目标不易、制度环境不优的问题。

一　支撑共享发展的经济基础不强

当前我国经济发展步入新常态，经济失速、失衡风险给湖南后发赶超带来更为严峻挑战，湖南在经济普惠上不仅存在"分好蛋糕"的问题，更存在"做大蛋糕"的挑战。一是经济增速的不断下降影响了社会财富的快速积累。2012 年以来，湖南经济年均增速由 11.3% 下降至 2016 年的 7.9%，工业增加值年均增速更是由 13.5% 下降至 6.6%，目前湖南经济增速已低于同属中部的江西、安徽、湖北、河南 4 省，仅高于山西省。二是以投资拉动为主的经济增长模式难以为继。从经济活力指数可以看出，2012～2016 年湖南人均全社会固定资产投资增速极快（年均增速超过 16%），明显高于人均全社会消费品零售额增速，投资依然是经济增长最重要的拉动力量，但 2016 年湖南固定资产投资拉动系数已下降至 0.083，较 2012 年下降了 46.5%，投资拉动作用日益下滑，而且以"铁公机"等基础设施建设带动经济增长的投资逐步减少，近年来湖南重点产业项目中新兴产业项目占比不足 1/4，产业转型亟待突破。三是账面财富向实际财力转化的能力欠佳。地区财力指数的测算结果显示，除长株潭地区外其他市州财力指数均未达到全省均值，同时除长沙市外，所有市州的人均财政收入指标整体偏低。2016 年湖南一般公共预算收入占GDP 比重（财政依存度）为 13.61%，与北京（20.41%）、上海（23.32%）等发达地区相比仍有较大差距，财力不足制约了政府通过转移支付实现共建共享共富的能力，GDP 含金量有待提高。

二 推进共享发展的平衡协调度不够

受社会经济发展路径锁定和自然资源禀赋影响，湖南区域、行业和城乡的发展不平衡问题仍待解决。一是在全省经济增长大环境下四大板块区域发展差距未明显改善。从共享发展总指数和一级指标的排名情况分析，四大板块的排名相对"固化"，且长株潭总指数年均增速接近4%，而其他三大板块均低于 3%，四大板块间的差距尚有进一步拉大趋势。2016 年长株潭城市群与环洞庭湖、湘南、大湘西地区生产总值占全省比重分别为 41.3%、22.7%、19.9% 和 16.1%，较 2013 年比例基本没有变化。二是行业部门内和部门间发展差距扩大影响了中小经济的活性和实体经济振兴。2016 年湖南国有经济在岗职工平均工资高出城镇集体经济 55.44%，同时各行业在岗职工年均工资超过 12 万元的最高的 4 个部门集中出现于资本市场服务、货币金融服务等金融业和烟草制品业等垄断部门，其平均工资是科技推广与应用服务业等除农林牧渔业外工资最低的 4 个部门的 4.99 倍。三是减小城乡收入差距任重道远。2012～2016年，全省收入差异指数由 45.55 波动下降至 44.90，年均增速 –0.36%，出现了负增长现象，说明全省收入差距（综合考虑城乡间、地区间和工资与其他报酬间的情况）有所扩大。2012～2016 年，得益于农村居民收入的提速，湖南城乡居民收入比从 2.87 下降至 2.62，但收入的绝对差距由 13879 元扩大到 19354 元（不计价格因素），同时工资性收入占比减小，城乡发展不平衡和劳动回报偏低已严重制约了经济均衡发展。

三 体现共享发展的民生有效供给不足

现阶段湖南补齐民生短板、实现基本公共服务均等化的任务仍然十分繁重。一是基础设施对基层和乡村的覆盖范围有待拓展。城乡水、电、气基础设施提质改造，村道、组道的"最后一公里"打通，公共交通体系向农村延伸覆盖，乡村环保基础设施缺失等问题都待加快解决。二是对关乎发展机会公平的公共资源投入力度有待加强。民生改善的目标就是要促进人与人之间发展机会的公平和发展成果的共享，教育公平、医疗公平和良好的生态环境都是其中的重点。尽管 2012～2016 年，湖南教育、医疗指数呈高速提升态势，环境美好指数也处于高位运行阶段，但相关投入力度与发达地区相比仍有较大差距。2016 年，按常住人口计算，湖南在医疗卫生、教育、节能环保三个项目上的人均公共财政支出分别为 746.39 元、1410.58 元、233.44 元，分别仅为发达省份广东省的73.18%、66.92% 和 86.32%。三是社会公共产品和服务的供给质量有待提升。目前湖南在生态环境和谐度和人民生活幸福度中部分关键指标仍未达到全国平均水平。2016 年，全省每万人拥有公共交通车辆 12 标台，人均公园绿地面积 10.6 平方米，人均拥有公共图书馆藏书量 0.42 册，每万人拥有公共图书馆建筑面积 63.10 平方米，分别仅为全国整体水平的 86.96%、77.37%、41.53% 和 61.26%。

四 达到共享发展的脱贫目标不易

湖南贫困人口存量大、贫困地区基础设施和产业发展底子薄，"十二五"期末，湖南贫困人口数量仍居全国第五位，脱贫攻坚形势尤为严峻。一是贫困人口基数大。2016 年，湖南农村贫困人口 356 万人，贫困发生率为 6.36%，虽然较 2010 年的 17% 已有大幅下降，但仍明显高于全国平均水平（4.5%），要实现在 2020 年以前贫困发生率低于 2% 的目标，任务相当艰巨。二是项目带动和能力建设等"造血"扶贫难度较大。一方面，贫困地区普遍财力不足、产业发展单一、市场培育滞后、招商引资和自身消化能力有限；另一方面，扶贫工作中更重视修路、建房、捐钱捐物等短期见效的工作，对受市场价格波动影响而风险较大的产业扶贫，存在少犯错的畏难情绪。三是经过近年脱贫攻坚的努力，剩下的贫困地区多属于难啃的硬骨头。湖南目前仍有 10 个深度贫困县和 435 个深度贫困村。这些地区多处于自然条件相对恶劣、交通不便、公共服务水平较低和信息闭塞的区域，贫困人口多为缺乏劳动能力或因病、因残致贫。在兜底脱贫对象中，因病、因残、无或丧失劳动能力的对象占比均超过 30%，自我发展能力欠缺对未来的脱贫攻坚目标的实现带来了极大挑战。

五 保障共享发展的制度环境不优

湖南在加紧追赶先发地区的同时，如何突破唯 GDP 论，提高人民群众获得感，迈入"共富时代"，亟须认识的升华和制度的落实。一是全社会认识亟须统一到"通过共同发展实现共同富裕"高度。共享发展不是"均贫富、等贵贱"，现阶段在补齐经济、民生短板，完成脱贫攻坚任务中依然存在"等靠要"的思想，需要使人民群众意识到共享发展的前提是必须充分发挥积极性、主动性、创造性，过程也将是从低级到高级、从不均衡到均衡。二是湖南缺乏支持共享发展的纲领性文件、配套政策体系和有效抓手。目前，中部 6 省中，安徽在 2017 年已出台《安徽省共享发展行动实施方案》，而湖南在省级层面上尚未提出推进共享发展的指导意见，部门也未出台专项政策文件，共享发展的理念分散体现于不同部门的具体工作中，缺乏总揽全局的实施方案或者重大项目支撑。三是湖南各级政府推动共享发展的自觉意识、倒逼机制和紧迫感不足。作为相对欠发达省份，经济增长依然是湖南各级政府最重要的考核指标，只有调整考核机制，将共享发展的实现程度纳入政府目标考核和责任追究体系中，才能迫使政府更多地关注并解决共享发展中存在的问题。

第三节　湖南共享发展对策建议

当前，湖南经济社会发展不平衡不充分的问题仍较为突出，让发展成果更多更公平惠及全体湖南人民，实现共同富裕任重道远。对此，必须从人民最关心最直接最现实的利益问题入手，精准施策，重点突破，全面推进。

192

一　加快经济发展，提高共享支撑力

共享发展不是低水平平均主义，当前湖南只有加快经济发展，夯实共享基础，才能实现更高质量的共享发展，达到共同富裕。一是打造现代产业体系。着力打造中国智能制造示范引领区，培育壮大战略性新兴产业，促进磁悬浮技术、北斗导航、人工智能等重点领域产业化发展，统筹抓好高端装备等新兴产业。大力发展现代服务业，建设全国现代服务业集聚区。大力发展精细农业发展。实施"互联网+"行动计划，推动互联网与实体经济深度融合。二是大力发展开放型经济。深入对接"一带一路"建设，积极参与沿线国家和地区基础产业开发、基础设施建设，引导优势产能开展国际产能合作。主动融入长江经济带建设，加快融入沿江产业发展链。积极推动"湘品出境"和"万商入湘"。三是构建共享经济发展体系。从共建共享的发展理念出发，大力发展分享经济，建

立促进分享经济发展的工作机制、分享经济发展引导机制、促进分享经济发展的信息平台，完善开放包容的监管机制，有效解决资源闲置、利用效率不高等问题，提高全要素生产率。

二 突出协调发展，提高经济分享度

湖南亟须通过共享发展解决发展过程中重大关系的失衡问题，缩小区域差距、部门差距、城乡差距，形成合理利益格局，提高人民群众获得感。一是加快"一核三极四带多点"区域产业平衡发展格局的形成。通过壮大长株潭智能制造、现代金融、文化创意等产业增长极，加快发展环洞庭湖生态经济区、湘南承接珠三角（大湾区）产业转移区、大湘西张吉怀生态文化旅游经济带，引导四大板块错位发展，优化全省生产力布局。二是缩小劳动回报、技术回报与资本回报之间的差距，突破收入分配固化现象，促进各行业部门均衡发展。积极加快分配调节机制改革，激发重点群体活力，提高技能人才、新型职业农民、科研人员、小微创业者、企业经营管理人员、基层干部队伍、事业单位人员、有劳动能力的困难群体的收入水平，通过提低、扩中、限高，调动各部门从业者的积极性。三是转变城乡二元经济结构，打破城乡要素自由流动的桎梏，促进城乡结合、优势互补。通过以工促农、以城带乡，加强补足农业现代化短板，提高农业基础设施、科技创新、生产经营、专业服务水平，实现农村居民收入增长高于城镇；在加快城镇化进程中，补足农业转移人口保障短板，深化户籍制度改革，实现城镇基本公共服务和社会保障常住人口全覆盖；打造城乡统一的土地、资本、劳动力等要素市场，清理阻碍要素自由流动的行政审批事项，建立生产要素价格市场化形成机制。

三 强化脱贫攻坚，提高全民共富度

党的十九大报告指出，要深入开展脱贫攻坚，保证全体人民在共建共享发展中有更多获得感。湖南属相对欠发达地区，经济发展不均衡，贫困现象依然较为严重，尤其在武陵山片区和罗霄山片区还有着大量的贫困人口。一是精准施力，切实做好兜底扶贫。精准识别兜底对象，通过转移支付的方式保障贫困人口的基本民生需求，尤其是让贫困人口的下一代拥有更健康的身体、掌握更丰富的知识，并且做好病残贫困户的基本保障工作，努力拓宽无劳动力贫困户的增收渠道。二是因地制宜，大力发展扶贫产业。贫困地区必须从自身的自然资源禀赋条件出发，积极发展特色旅游业和精品种养殖业，完善扶贫产业链条，提升产业扶贫绩效。三是创新发展，实现多元化增收。建立基于互联网的扶贫产业产品销售体系，完善配套的仓储物流设施，提高扶贫产业附加值，并且强化经济合作组织、行业协会的作用，创新利益分配和风险规避机制，推动有劳动能力的贫困户家家有产业、人人能就业，最大限度增加贫困户收益，努力实现脱真贫、真脱贫。

四 满足民生需求，提高社会公平度

"共享发展注重的是解决社会公平正义问题"，而民生改善的目标就是要促进人与人之间发展机会的公平。湖南需要把发展成果更多更公平地惠及与人民群众民生需求紧密契合的民生改善上，提高社会公共产品和服务的边际效益。一是完善基层和农村的基础设施建设。依托规划、强化管理、整合资源，重点加强饮水工程、垃圾处理、水利设施等建设，并优化路网结构，进一步改善居民的基本生活条件。二是优化教育、医疗等公共资源的投入。针对城乡教育水平和卫生医疗条件差距较大的现状，进一步提高教育和医疗在农村的投入，尤其需要加强农村教育和医疗的软件建设。针对城镇内部不同群体之间获得教育和医疗资源的不平等现状，扩大普通小学和中学提质建设的覆盖面，提高社区卫生中心的就医环境和医疗水平。三是改善社会公共产品和服务的供给。大力推广政府和社会资本合作模式，持续提升公共交通、公园绿化、公共文化等社会公共产品和服务的质量、效率，让人民拥有更具品质的生活。

五　建设生态文明，提高人民幸福感

加快生态文明建设，是湖南妥善解决保护与发展的矛盾、推进五个强省建设的基本要求。一是将供给侧结构性改革与生态治理相结合，在重点区域、重点领域、影响民生的重大问题方面形成调治并举新格局。将湘江保护"一号重点工程"向"一湖四水"治理全面延伸，通过产业置换、资源整合、技术提升，用好环境容量资源，使区域发展与环境保护的目标相统一；将工业固废循环利用、农业面源污染治理、城乡垃圾处置和重金属污染土壤修复作为未来生态治理的四大重点突破领域，实现天蓝、水清、地绿、土净，改善民众的身心健康和生活质量。二是合理使用市场化运行机制，充分调动生态建设中企业实施和公众参与的积极性。在加快产业园区化、集聚化发展的同时，引入专业环保机构，推广整体环境合同服务等第三方治理模式；在市政、餐厨垃圾处理和资源化处置方面，培养一批龙头企业，推广逆向物流模式、"回收网 + 清运网"两网融合模式；在土地修复领域，明确污染场地再开发利用要求，推广"土地修复 + 流转"PPP 模式。三是在财权、事权、责权相一致的基础上，形成统一领导、联防联治、共建共享的生态建设组织运行机制。严守资源环境红线，落实自然资源资产离任审计制度、生态环境损害责任追究制度；对"一湖四水"进一步完善以"河长制"为抓手的"流域管理 + 行政区域管理"相结合的管理体系；推动资源环境产权制度改革，完善区域、流域生态补偿机制，水权、林权、排污权交易制度。

附 录
共享发展若干重要问题研究

共享发展是中国特色社会主义政治经济学的基础性命题。如何正确理解和把握习近平共享发展理念；在正确理解和把握基础上，如何培育共享发展理念，就成为新时代条件下中国发展亟待破解的重大理论问题。学界从共享发展对人的自由全面发展的继承与创新、共享发展理念的理论溯源与演进、共享发展与共产党执政理念、共享发展范式等方面进行深入探讨。

篇一　共享发展的思想渊源与文化底蕴

共享发展是习近平总书记在党的十八届五中全会上提出的新发展理念之一，其核心要义为"坚持共享发展，必须坚持发展为了人民、发展依靠人民、发展成果由人民共享"。共享发展理念一经提出，就产生了广泛而深远的影响。追根溯源，任何一种思想都有其深刻的思想渊源和文化底蕴。其实，共享不仅是马克思主义的重要内容和科学社会主义的根本目标，而且是中华优秀传统文化所追求的理想和目标。

一　古人对共享的向往与追求

共享在中国传统文化当中有着深厚的土壤，春秋战国时期诸子百家思想当中就有着实现共享发展的价值追求，形成了形形色色的共享发展观点，对后世共享思想的发展产生了重要影响。中国古代农民在反抗封建压迫、追求平等的历史进程中多次发动农民起义，提出了"均贫富""等贵贱"等朴素的共享口号。

（一）先秦诸子百家

春秋战国时期，百家争鸣思想异常活跃。诸子百家中很多学派纷纷提出了与共享有关的思想、理论与学说。其中，老子在《道德经》第八十章中提出的"小国寡民"思想，隐约可见共享思想的雏形，老子主张："小国寡民。使有什伯之器而不用；使民重死而不远徙；虽有舟舆，无所乘之；虽有甲兵，无所陈之。使人复结绳而用之。至治之极。甘美食，美其服，安其居，乐其俗，邻国相望，鸡犬之声相闻，民至老死不相往来。"老子的上述政治理想是针对春秋战国时期群雄争霸乱象，提出的救世之方，即希望通过统治者自身力戒奢靡，以及民众之间朴素、平等的简单化生活状态来避免战争和争夺。尽管老子在这段文字当中没有明确提出共享的概念，然而老子主张执政者通过"损有余而补不足"方式来推动物质财富的均等化观点以及"小国寡民"政治图景，在一定程度上体现了老子和平共处、各安其所的思想境界，事实上包含了共享思想的萌芽。

在儒家典籍当中，对共享思想阐述得最为充分和详尽的是《礼记·礼运》中关于大同与小康社会状态的描述。关于大同与小康，《礼记》中是这样说的："大道之行也，天下为公，选贤与能，讲信修睦。故人不独亲其亲，不独子其子。使老有所终，壮有所用，幼有所长，鳏寡孤独废疾者皆有所养。男有分，女有归。货恶其弃于地也，不必藏于己；力恶其不出于身也，不必为己。是故谋闭而不兴，盗窃乱贼而不作。故外户而不闭。是谓大同。今大道既隐，天下为家，各亲其亲，各子其子，货力为己。大人世及以为礼，城郭沟池以为固，礼义以为纪，以正君臣，以笃父子，以睦兄弟，以和夫妇，以设制度，以立田里，以贤勇知，以功为己。故谋用是作，而兵由此起。禹、汤、文、武、成王、周公，由此其选也。此六君子者，未有不谨于礼者也。以著其义，以考其信，著有过，刑仁讲让，示民有常，如有不由此者，在势者去，众以为殂。是谓小康。"从上述文字对大同社会状态描述中，可以看出，在大同社会当中，人们将达到一个比较高的道德水准，不仅在政治上推行选贤举能，而且统治者会将仁爱播撒、扩散到民众当中，尽最大可能摒除私心，做到大公无私，这样做才可能实现大同社会的政治理想。之所以孔子有这种想法，与其认为贫富不均将导致社会不安的思想有关。孔子在《论语·季氏》中提出："闻有国有家者，不患寡而患不均，不患贫而患不安。盖均无贫，和无寡，安无倾。"在此，孔子将贫富不均看得异常严重，认为贫富不均、两极分化是比贫穷更严重的问题，这虽然是从巩固统治的角度出发来进行思考的，但其中却包含有缩小贫富差距才能达到社会稳定的意图。

春秋战国时期处于奴隶社会向封建社会大变动时代，社会财富向封建地主和传统奴隶主集中，奴隶和佃农、自耕农在社会财富方面与统治阶层之间存在着巨大的差距。除了孔子、孟子之外，一些有远见的思想家对于贫富分化的问题也提出了自己的看法和主张，如晏婴在《晏子春秋·内篇问上》中回答齐景公何为"古之盛君"时，提出："其取财也，权有无，均贫富，不以养嗜欲。"《管子》认为，"夫民富则不可以禄使也，贫则不可以罚威也。法令之不行，万民之不治，贫富之不齐也"，"甚富不可使，甚贫不知耻"，力图消除"甚富""甚贫"的现象，以求"贫富有度"，"贫富无度则失"。这些思想家都从一定程度上看到贫富不均、两极分化的危害，因而都主张贫富有度，力主防止社会出现两极分化。对于两极分化的危害认识最深刻的当数墨子，墨子作为墨家的代表人物，在春秋战国时期影响很大，在其思想当中有着深刻的平等互利思想，子墨子言曰："仁人之所以为事者，必兴天下之利，除去天下之害，以此为事者也。"然则天下之利何也？天下之害何也？墨子说："今若国之与国之相攻，家之与家之相篡，人之与人之相贼，君臣不惠忠，父子不慈孝，兄弟不和调，此则天下之害也。"墨子不仅深刻分析并指出了天下之害的种种表现，而且提出了解决这种危害的办法。子墨子言曰："以兼相爱、交相利之法易之。"然则兼相爱、交相利之法将奈何哉？墨子说："视人之国，若视其国；视人之家，若视其家；视人之身，若视其身。是故诸侯相爱，则不野战；家主相爱，则不相篡；人与人相爱，则不相贼；君臣相爱，则惠忠；父子相爱，则慈孝；兄弟相爱，则和调。天下之人皆相爱，强不执弱，众不劫寡，富不侮贫，贵不敖贱，诈不欺愚。凡天下祸篡怨恨，可使毋起者，以相爱生也。是以仁者誉之。"由此可见，墨子的意图是通过大公无私来化解仇怨，最终达到相亲相爱、社会平等的目的。难能可贵的是，墨子思想当中对于兼爱并非单纯从情感出发，而是包含交相利的办法，这样义利相互交融，让兼相爱、交相利得以相互促进，极大增强了兼爱、平等实现的现实可能性。但在弱肉强食、急功近利的时代，却难以实现。

除了思想家在平等、共享方面进行的深邃思考之外，一些政治家在治国理政过程中也深刻认识到贫富不均、两极分化的严重危害。商鞅认为："治国之举，贵令贫者富，富者贫。"西汉的桑弘羊提出："大富则骄，大贫则忧。忧则为盗，骄则为暴。"王莽为缓解西汉末年社会矛盾，主张"均众庶，抑并兼"。北宋王安石提出"摧抑兼并、均济贫乏"，他制定的青苗法本意就是通过政府信贷解决高利贷问题。然而在王朝的中晚期，因为利益既得阶层的阻碍，他们这种想通过自身政策调整的改革面临利益集团的强烈反对，因而很难实现，这也是历代王朝出现的改革最终归于失败的重要原因。

（二）农民起义领袖"均贫富"主张

除了古代思想家、政治家所倡导的均贫富之外，农民起义领袖们因为理论素养有限，通常以其朴素的财富观提出"均贫富"等口号并将其付诸实践。"疾贫富不均"的平均主义思想萌芽最早可追溯到东汉末年的张角、张鲁。他们痛斥贫富不均之弊，张角领导的黄巾农民起义要求建立"黄天太平"的理想社会，张鲁在自己割据的汉中曾经对"太平"的理想进行了初步尝试。唐末王仙芝起义，自称"天补平均大将军"，以代天补不足为号召，"均贫富"的思想已初见端倪，继其而起黄巢自号"冲天太保平均大将军"，要求实行赋役负担上的"平均"。在唐以前的农民起义当中，基本停留在要求平等承担赋税、徭役的阶段。

到宋代，农民起义领袖针对贫富不均导致的两极分化，鲜明地提出"均贫富"的思想。公元993年春，农民起义领袖王小波在四川青城发动农民起义，响亮地提出了"吾疾贫富不均，今为汝辈均之"的口号，这个口号得到农民的热烈拥护，他们纷纷参加起义军，"旬日之间，归之者数万人"。李顺领导义军后，"悉召乡里富人大姓，令具其家所有财，据其生齿足用之外，一切调发，大赈贫乏"。王小波等人领导的农民起义还是相对温和的，因为他们并没有剥夺地主的所有财产，而是留下一部分满足其家庭成员日常生活所需，是"均贫富"的生动实践。

公元1120年，方腊在浙东睦州青溪县（今浙江淳安）领导农民发动武装起义，他主张平等、平均、互助，提出了"是法平等，无有高下"的口号。1130年（建炎四年）钟相、杨么又领导农民在洞庭湖畔发动了武装起义。他们进一步发展了王小波、李顺的"均贫富"主张，钟相提出"法分贵贱贫富，非善法也，我如行法，当等贵贱、均贫富"，从而明确提出了"等贵贱、均贫富"的口号。他们在斗争中，也贯彻了这个口号。"谓国法（宋朝法令）为邪法，谓杀人（镇压官僚、恶霸地主）为行法，谓劫财（没收官僚、地主财产）为均平。"他们提倡的平等，不仅有经济上的平等，还要求政治上的平等。元代红巾军起义时的扶乩诗："天遣魔军杀不平，不平人杀不平人；不平人杀不平人者，杀尽不平方不平。"明末李自成领导的农民起义，更提出了"均田免粮"的战斗纲领，并且将之付诸行动。到清代太平天国的领袖洪秀全吸收基督教教义中的平等思想，在《天朝田亩制度》中更提出"有田同耕，有饭同食，有衣同穿，有钱同使，无处不均匀，无人不饱暖"的理想，描绘出平均主义的天国图景。

从历代农民起义的主张和实践当中，可以看出，农民起义领袖们提出"均贫富"口号是一种基于反对两极分化的平均主义思想，是一种对于不平等、不平均现实状况的强烈不满，因而他们力主废除不平均和不平等，实践的手段主要是通过剥夺地主阶级的财产，进行财富的重新分配，对于如何创造财富则缺乏相应的办法，对社会生产具有一定的破坏性，很难说是一种建设性的共享实践。

（三）宗教普度众生的平等思想

共享与平等之间有着深厚的理论渊源。如果人与人之间不能真正以平等相处，则所谓彼此之间的共享就会行之不远，只是沦为虚假的短暂的共享，平等是实现共享的内在前提和基础。考察中国古代社会，儒家思想为主导的统治秩序，在历史实践中，等级制度较为森严，三纲五常之秩序体系成为社会运行的基本制度。反过来，在儒家之外，中国某些古代宗教当中，却有人类平等之追求，彰显中国智慧的重要价值和意义，其中，尤以道教和佛教之平等思想为其典型。

道教是中国土生土长的宗教，理论渊源可追溯到先秦道家思想，它对人与人之间的平等追求展现了中国古人对于此类问题的独特智慧。在道家看来，人与人虽然形体有别，但人之为人，在精神上必须平等，所谓"天地与我并生，万物与我齐一"，在大道面前，人人都是平等的。比如庄子就认为人与人之间没有差别，即使有先天形体缺陷，也可以通过后天的精神修养加以弥补，反而言之，即使先天形体完美无缺，也可能因为不能彻悟宇宙人生之"道"而造成心灵残缺。平等思想是共享的重要基石，只有实现了社会地位的平等，共享才具备可能性。

道家以及道教相关主张在中国古代社会形成了一定的影响，是我国古代平等智慧的重要表现，但由于道家及道教在中国历史上并非长期居于主流地位，因此其关于平等的相关思想也并不流行于大众之中。佛教的平等思想在中国思想发展史上占有更加重要地位。根据宋代僧人清远之言："若论平等，无过佛法。唯佛法最平等。"由此可以看出，"平等"理念是佛教思想的重要组成部分，"众生平等"是佛教的重要追求。佛教所言的平等，是指宇宙间一切生命形式皆为平等，不仅限于人与人之间的平等，也包括人与其他生命形式的平等，甚至就人皆有成佛的可能而言，还强调人与佛的平等，一切众生悉有佛性，即每个人都平等地拥有成佛的条件和可能性。

佛教对于"平等"拥有一系列深入的看法，其中主张人若能了悟自我和其他众生一律平等，这就是所谓成就了"平等智"。如果以"平等智"去看待万事万物，就是成就了"平等观"。成就了"平等智"亦即形成了无差别心的"平等心"。《金光明最胜王经疏》卷二中有言："'直心以何为本？'答：'以于一切众生平等心为本。'"以平等心视众生，则可以泯灭远近亲疏的分别，一视同仁，众生平等，无疑是中国佛教表现出的一种极为高尚的精神追求和思想境界。由于佛教对中国社会的影响更加深远，因而佛教平等思想在广大民众中的影响力更大。

除了平等思想之外，慈悲思想也是共享思想另一重要来源。从佛教"慈悲"一词，更可以看出佛教对众生的关怀。"慈"是指与众生乐，"悲"是指拔众生苦。在《大智度论》卷二十七中提到："大慈与一切众生乐，大悲拔一切众生苦；大慈以喜乐因缘与众生，大悲以离苦因缘与众生。"要让众生离苦得乐，这种慈航普度、慈悲救世的精神，正是佛教立足社会，为大众所需要的根本原因之一。也正是慈悲思想的存在，让人们能够从对自身的物质观照当中解脱出来，转而赋予他人以关心，为物质与精神财富的共享创造了条件。

从佛教的平等与慈悲等核心概念当中，我们可以看出，宗教有着深厚的共享思想发展基础，只有平等，共享才会具有实现的可能性；只有慈悲，才可能将自身所有之物给予他人，从而实现人人享有。平等和慈悲为共享奠定了坚实的基础。

二 近代志士对共享思想的思考与探索

近代以来，康有为、孙中山等人在共享发展领域也进行了一定的探索。康有为在《大同书》中提出破除国、级、种、形、家、产、乱、类、苦九界，实现"天下为公，无有阶级，一切平等，既无专制之君主，亦无民选之总统"的"大同之世"。孙中山明确指出中国五大种族如能扩充自由、平等、博爱于全人类，则大同盛世则不难到来。与此同时，一些志士仁人也通过不同方式探索共享实现的途径和方式。他们的主张对近代中国社会产生了广泛而深远的影响。

（一）康有为的大同思想

作为早期资产阶级改良派，康有为对封建专制极端厌恶，他认为，封建君主专制制度是造成世间苦难的重要原因："君之专制其国，鱼肉其臣民，视若虫杀，恣其残暴"，"大抵压制之国，政权不许参与，赋税日益繁苛，摧抑民生，凌锄士气。"康有为认为这些违背了国家为天下人公有的平等之理。在戊戌变法失败后，康有为流亡海外，在印度他的思想得到进一步成熟，提出了大同社会的理想，他的《大同书》基本表述了他这一时期的思想，其中也包含着共享的元素和因子。

康有为在其《大同书》中对人类社会苦难的根源进行了深刻分析。他认为之所以人类社会出现了不平等，主要是因为在人与人之间，人与自然之间存在着界限和分野。这些界限造成人与人、人与自然的种种差别，只有下大力气破除这些界限，人类苦难的命运才有可能得到改写，他在《大同书》中将世界分为九界。

　　一曰国界，分疆土、部落也；二曰级界，分贵、贱、清、浊也；三曰种界，分黄、白、棕、黑也；四曰形界，分男、女也；五曰家界，私父子、夫妇、兄弟之亲也；六曰业界，私农、工、商之产也；七曰乱界，有不平、不通、不同、不公之法也；八曰类界，有人与鸟、兽、虫、鱼之别也；九曰苦界，以苦生苦，传种无穷无尽，不可思议。

　　甚矣人之不幸也！生兹九界，投其网罗，疾苦孔多。既现形于宇内，欲奋飞而无何，沈沈亿万年，渺渺无量生，如自茧之蚕，扑火之蛾，彼去此来，回轮织梭。俯视哀酸，感不去怀。何以救苦？知病即药，破除其界，解其缠缚。超然飞度，摩天戾渊，浩然自在，悠然至乐，太平大同，长生永觉。吾救苦之道，即在破除九界而已。

　　第一曰去国界，合大地也；第二曰去级界，平民族也；第三曰去种界，同人类也；第四曰去形界，保独立也；第五曰去家界，为

天民也；第六曰去产界，公生业也；第七曰去乱界，治太平也；第
八曰去类界，爱众生也；第九曰去苦界，至极乐也。

通过上文可以看出，康有为试图通过去除各种界限达到人与人之
间的平等，进而实现社会的和谐，达成大同之境。其中康有为认为达到
大同境界最重要的前提是实现财产公有，他说："今欲致大同，必去人
之私产而后可；凡农工商之业，必归之公。"具体而言，即是农业"举
天下之田地皆为公有，人无得私有而私卖之"；工业"使天下之公必尽
归于公，凡百工大小之制造厂、铁道、轮船皆归焉，不许有独人之私业
矣"；商业"大同世之商业，不得有私产之商，举全地之商业皆归公政
府商部统之"。在康有为的眼中，财产公有就没有了剥削者与被剥削者，
私有制是人类社会的苦难之源，只有去除这一罪恶源头，战争、贫困、
剥削就都不成其为可能，自然也就能够实现"人人皆公，人人皆平"的
大同理想了。

康有为的大同制度设计中还提出公养、公教、公恤等一系列完整社
会保障措施，是汲取了西方社会精华和东方传统伦理优秀传统的社会治
理理念。在康有为设想的社会当中，老有所终、壮有所用、幼有所长，
与儒家所期待的三代之治有着异曲同工之妙。与此同时，在提供比较公
平竞争的条件下，在社会保障兜底的前提下，康有为还设计了一套奖励
仁智、微惩懒惰的社会发展激励机制，让他设计的制度有着更强的实践
性。当然康有为的大同社会制度从总体上看是对未来社会发展的一种美
好构想，由于他缺乏丰富的政治活动实践和社会治理经验，很多都带有
强烈的理想主义色彩，不过他对大同社会的追求，对美好生活的向往和
期待，体现了人民平等享有社会物质财富和精神财富的价值取向，无疑
是共享发展理念的一个重要发展阶段。

（二）孙中山的天下为公

在近代以来共享思想发展的历史进程当中，孙中山天下为公的民生
思想也包含着丰富的共享思想元素。

孙中山对民生的重要性有着深刻认识："建设之首要在民生。故对

于全国人民之衣食住行四大需要，政府当与人民协力，共谋农业之发展，以足民食；共谋织造之发展，以裕民衣；建筑大计划之格式屋舍，以乐民居；修治道路、运河，以利民行。"可见，孙中山的建设方案当中对民生问题给予了足够的重视，包含着人们共享物质建设成果的美好设想。

除了试图实现国家的近代化之外，孙中山将追求中国人民的富裕当成是自己矢志不渝的目标，希望通过发展资本主义经济，改变中国贫穷落后的面貌，完成中国由贫弱到富强的转变。孙中山早年遍游欧美各国，对资本主义两极分化造成的弊端深有体会，因此他试图在克服资本主义固有矛盾的基础上，提出另外一套建设中国社会的方案和构想："将来倘能成立新国家，另有新组织，则必不似旧世界之痛苦。预料此次革命成功之后，将我祖宗数千年遗留之宝藏，次第开发，所有人民之衣食住行四大需要，国家皆有一定之经营，为公众谋幸福。至于此时，幼者有所教，壮者有所用，老者有所养，孔子之理想的大同世界，真能实现，造成庄严华丽之新中华民国，且将驾乎欧美而上之。"

不过孙中山缺乏从事政治和经济建设经验，他试图在不触动地主阶级权益基础上采取渐进改良的方式推进其改革，他提出的方案是，在平均地权的基础上，通过发展经济实现土地溢价来共享土地的增值效益："当改良社会经济组织，核定天下地价。其现有之地价仍归原主所有，其革命后社会改良进步之增价，则归于国家，为国民所共享。"在近代革命家当中，孙中山可谓是第一个提出"共享"概念的人。除此之外，孙中山还主张节制资本和发展国有经济，即将"不能委诸个人及有独占性质"的"大实业"（如铁路、电气和水利等）"皆归国有"，因为这既可"防资本家垄断之流弊"，又得以"合全国之资力"，也是对资本垄断发展的限制，同样体现了鲜明的共享发展理念。

（三）新村主义者对共享的探索

民国时期，在共享发展领域，除了中国共产党人在土地革命领域的探索，知识分子为了民族命运和国家前途在共享领域进行过相关探索，主要体现为新村主义。

新村主义运动是一种倡导无政府、无剥削、无强权、无体力和脑力劳动对立的理想社会运动，是无政府主义的一种。它幻想通过"和平的社会改造的办法"，实现"理想的社会——新村"。新村主义始于法国和日本。法国无政府党人亨利·孚岱曾于1903年在法国与比利时接壤处试办"鹰山共产村"。日本武者小路实笃则于1910年在《白桦》杂志上开始宣传新村主义，1918年他又组织创办了《新村》月刊，在日本九州日向一带建成了"第一新村"。武者小路实笃等人组织的新村，参加者有几十人，实行共同劳作、相互协作、平等分配的制度，过所谓的"人的生活"。实行各尽所能、各取所需，试图将国家变成一个理想的社会。

"五四"时期新村主义传播到中国。1919年3月周作人撰文，对当时武者小路实笃在日本发起的新村运动作了详细介绍；同年7月，他参观了日本"日向新村"，并写成《访日本新村记》，发表于《新潮》。1920年，李大钊先后撰文，介绍美国宗教新村的七种模式及欧文新村。

新村曾经是一代中国人的梦想。新村主义杂糅了泛劳动主义、工读主义和无政府主义等思想，很多知识分子参与其中，比较著名的有周作人、李大钊、毛泽东、恽代英、何孟雄、王光祈、沈定一、匡互生、王拱璧、庐隐等。周作人对新村运动情有独钟，"五四"时期他组织"新村北京支部"，他认为："新村运动，却进一步主张泛劳动，提倡协力的共同生活，一方面尽了对人类的义务；一方面也尽个人对于个人自己的义务。赞美协力，又赞成个性，发展共同的精神，又发展自由的精神，实在是一种切实可行的理想，中正普遍的人生的福产。"毛泽东、张昆弟制定了详细的新村建设计划书；刘师复、郑彼岸曾计划在九龙宋王台畔建立"红荔山庄"。他们所幻想的是无政府、无剥削、无强权，既读书又劳动的田园诗般的新生活。

一些知识分子还积极投身于新村建设实践。1919年底，王光祈经过一番奔走筹划，首先在北京创办了"工读互助团"，希望以工读互助这种方式来践行新村主义的理想。当然最接近"新村主义"的其实是1920年到1926年王拱璧在河南西华县孝武营建的"青年村"，其目的是建立一个人人有劳动，家家有地种，贫富有饭吃，男女有权柄的农村乐园。1920 年春，在江苏省昆山县，归国华侨余毅魂、陈视明等人购买了二十五亩地和一头耕牛，建立"知行新村"。

新村主义倡导的平等、互助、平均分配等理念，是与共享主张相通的，当然由于这种思想充满理想主义色彩，其现实可操作性并不强，不可能在军阀混战的年代存在和发展下去。

三 中国共产党人对实现共享目标的伟大实践

中国共产党是以全心全意为人民服务为宗旨的政党，所追求的共产主义社会理想就是物质财富和精神财富为全体人民共同享有的理想社会形态，因此，中国共产党的纲领和文献，充满着共享发展的理念和主张。

（一）实现公有制是实现共享的前提

马克思和恩格斯没有关于共享的直接论述，但是在他们关于人的自由全面发展的论述当中包含着共享发展的深刻意蕴。马克思恩格斯指出："无产阶级的运动是绝大多数人的、为绝大多数人谋利益的独立的运动。"这一论断充分表明，无产阶级革命是为大多数人谋福利的革命运动，其目的是为了"大多数"人的利益而非"少数人"的利益，确立了人民群众作为受益主体的地位，为实现利益共享奠定了发展基础。

马克思恩格斯还从人与劳动的关系出发，论述了共享发展的必要性和必然性。马克思恩格斯认为："在人人都必须劳动的条件下，人人也都将同等地、愈益丰富地得到生活资料、享受资料、发展和表现一切体力和智力所需的资料。"由此可见，基于人人必须劳动这一基础，每个人都会有同等的机会拥有自身发展所必需的各类生产和生活资料，当然这种需要为必然的需要，可见马克思恩格斯非常注重享有利益的机会的均等性。

马克思恩格斯认为，共产主义以前的各种社会形态因为财产为私人占有，因而不可能实现机会均等以及公平合理地使用社会资源。他们提出，"在无产者的占有制下，许多生产工具必定归属于每一个个人，而财产则归属于全体个人。现代的普遍交往，除了归属于全体个人，不可能归属于各个人"。他们认为只有生产资料归于无产者所有之后，推行"财产属于全体个人"，生产工具归个人使用的模式才能有效解决生产资料私有制的种种弊端，马克思恩格斯主张："单个人的利益是要占有一切，而群体的利益是要使每个人所占有的都相等。"而这一切都是为了实现人的全面自由发展："人的解放和自由而全面的发展是社会发展的终极目标，是衡量人类社会是否由必然王国进入自由王国的标准。"

马克思恩格斯从共产主义这一目标、生产资料公有、机会均等以及人的自由全面发展出发，论述了共享发展的必要性和实现途径，即通过生产资料的共有和个人使用，实现发展机会的均等和利益占有的均等化，最终达成人的自由全面发展目标。马克思恩格斯的系列相关论述，为共享发展奠定了坚实的理论基础，为共享发展的提出准备了理论条件，是共享发展理论发展过程中不可或缺的组成部分。

（二）平分土地与实现共享的探索

中国共产党成立之初，在如何实现生产资料共同所有方面进行了理论和实践探索，这些探索为共享发展理论的提出进行了理论和实践准备，是它发展和成熟过程中的重要阶段。

基于中国是传统的农业大国的现实，也因为晚清和民国初年土地的高度集中，兼并严重，中共早期理论家和革命家往往是从农业生产资料的均等化等方面来提出共享发展相关主张的。1925年，李大钊提出了"耕地农有"思想，认为"国民革命政府成立后，苟能按耕地农有的方针，建立一种新土地政策，使耕地尽归农民，使小农场渐相联结而为大农场，使经营方法渐由粗放转向集约，则耕地自敷而效率益增，历史上久久待决的农民问题，当能谋一解决"。李大钊提出这个问题的实质是在土地高度兼并的情况下，农民因为被多重剥削，成为佃农，其积极性是难以提高的，因而土地难以尽其地力。毛泽东对于土地高度集中的危害则有着更加深刻的认识，1927 年 4 月，他指出："土地问题不解决，经济落后的国家不能增加生产力，不能解决农民的生活痛苦，不能改良土地。"他们的终极目的是通过土地的合理分配，从而解决贫富悬殊的问题。

在中央苏区，毛泽东的设想得到实践。中共领导的苏区"打土豪、分田地"运动在没收地主土地后，在分田对象上实现了最大限度的平等：不分年龄、不分性别。在中央苏区，1928 年 5 月，井冈山根据地开展了土地革命，12 月，毛泽东主持制定了《井冈山土地法》。1931 年 2 月，毛泽东在《给江西省苏维埃政府的信》中，明确地提出了农民土地所有权问题。要求各级政府发一布告："说明过去分好了的田（实行抽多补少，抽肥补瘦了的），即算分定，得田的人，即由他管所分的田，这田归他私有，别人不得侵犯"，"租借买卖，由他自主，田中出产，除交土地税于政府外，均归农民所有。"

1931 年 12 月，《江西省苏维埃政府对于没收和分配土地的条例》甚至将授田对象扩充到医生，农村教师，失业半年以上者，以宗教为副、以耕田为主的和尚、尼姑、道士、斋公、算八字的、地理先生、基督教天主教牧师、神父等。1933 年 6 月，中华苏维埃共和国中央政府土地人民委员部发表布告，宣布土地归农民私有。苏区的"打土豪、分田地"运动改变了不合理的土地占有关系，使土地真正回到生产者手中，满足了农民的土地需求，解决了主要生产资料分配不平衡的问题，为共享土地成果奠定了坚实基础。

抗战时期，为了建立抗日民族统一战线。中共改变了相对较为激进的"打土豪、分田地"做法，代之以相对温和的减租减息，从本质上来说，这也是缩小财富两极分化的一种途径。1942 年 1 月 28 日，中共中央在详细研究了各抗日根据地减租减息经验的基础上，通过了《关于抗日根据地土地政策的决定》，制定了抗日时期土地政策的三项基本原则。除了重申"减轻地主的封建剥削，实行减租减息，借以改善农民的生活，提高农民抗日与生产的积极性"和"减租减息之后又须实行交租交息，借以联合地主一致抗日"两项基本原则之外，进一步提出了"奖励富农发展生产和联合富农"的原则。决定指出："承认富农的生产方式带有资本主义性质，富农是农村中的资产阶级，是抗日与生产的一个不可缺少的力量。富农不但有抗日要求，而且有民主要求，党的政策不是削弱富农阶级与富农生产，而是在适当地改善工人生活条件之下，同时奖励富农生产与联合富农。但富农也有一部分封建性质的剥削，对富农的租息也须照减。"以上三项基本原则阐述了减租减息政策的三个有机组成部分，即减租减息、交租交息和奖励富农发展生产。决定的附件规定了减租减息的具体政策和办法：①减租：不论任何租地、任何租佃形式均照抗战前租额减低 25%，在游击区及敌占点线附近，可少于二五减租，只减二成，一成五或一成。多年欠租应予免交。保障佃户的佃权。②减息：只对于抗战前成立的借贷关系，以一分半为计息标准，如付息超过原本一倍者停利还本，超过二倍者本利停付。抗战后的借贷息额，应依据当地社会经济关系听任民间自行处理。1945 年 3 月抗日战争胜利至 1946 年 5 月全面内战爆发以前，中国共产党在解放区继续实行减租减息政策。减租减息尽管相对温和，但对于缩小贫富差距，防止两极分化进一步扩大是很有好处的。

（三）平均主义不能实现真正的共享

中华人民共和国成立初期，延续了解放战争时期的土地改革方针，广大农民都分配到自己的土地，地主阶级作为一个阶级基本上被消灭。土地高度集中和兼并的现象得到根本性的解决。然而在土地平均分配之后，农民因为经营能力、劳动习惯、技术水平等各方面的差异，财富增长并不一样，而是迅速出现了贫富分化的苗头，有的农民甚至开始购买他人的土地。而有的农民因为种种原因出卖自己的土地，这与制度设计者的初衷南辕北辙。为此，在参考苏联集体农庄模式的基础上，开始了自身集体经济的探索，试图通过生产资料的共同所有来推进财富共同享有。1953 年，毛泽东提出了党在过渡时期的总路线，要求加快农业合作化的进程，并亲自领导主持了《中共中央关于发展农业生产合作社的决议》的起草。

其实毛泽东对私有化能够在短期内释放生产力也有清醒认识，但他认为资本主义提倡的私有化道路将会最终走向两极分化，难以实现共同富裕："走资本主义道路，也可增产，但时间要长，而且是痛苦的道路。我们不搞资本主义，这是定了的。"对于新中国成立初期农村出现的两极分化的苗头。毛泽东认为："这个问题，只有在新的基础之上才能获得解决。这就是在逐步地实现社会主义工业化和逐步地实现对于手工业、对于资本主义工商业的社会主义改造的同时，逐步地实现对于整个农业的社会主义的改造，即实行合作化，在农村中消灭富农经济制度和个体经济制度，使全体农村人民共同富裕起来。"毛泽东坚定地认为："我们实行这么一种制度，这么一种计划，是可以一年一年走向更富更强的，一年一年可以看到更富更强些。而这个富，是共同的富，这个强，是共同的强。"

1958 年，为了实现更高层次的生产资料公有，毛泽东极力推动人民公社化运动，在北戴河会议上他多次发言，总结并表扬人民公社的优点："一曰大，二曰公。我看，叫大公社。大，人多（几千户、一万户、几万户），地多，综合经营，工农商学兵，农林牧副渔三大，人多势众，办不到的事情就可以办到；大，好管，好纳入计划。公，就是比合作社更要社会主义，把资本主义残余（如自留地、自留牲口）都可以逐步搞掉。房屋鸡鸭，房前屋后的小树，目前还是自己的，将来也要公有，人民公社要兴办公共食堂、托儿所、缝纫组，全体劳动妇女都可以得到解放。"由此可见，毛泽东的策略是通过生产资料的公有来推动生产资料的共享，进而实现共同富裕。

毛泽东认为，人民公社是比合作社更高层次的社会主义，是向共产主义迈进的重要阶段。在人民公社化进程中，集体财产被全部公有，一些地方人们被允许保留的少许自留地、自留牲口、房前屋后的大树小树、院里的鸡鸭等也要充公。这样一来，人们没有自己的私有财产，当然也就完成了财富的均等化，不过这种均等化是一种向低水平富裕的平均，是让人民群众处于普遍的贫困状态，不但不能激发人们参与劳动的热情和积极性，反而会因为个别人的懒惰而打击人们的积极性，又加之缺乏精确的量化考核标准，所谓的工分制度也就无法有效调动人们积极性。实践证明，平均主义不仅不能调动积极性，反而制约了积极性的发挥。

历史发展现实表明，当时对社会主义初级阶段所可能实现的社会公平作了过高的、脱离实际的估计，试图让农民在一种单一的集体经济形式下摆脱贫穷，以通过不断提高公有化程度，来达到推动生产力发展的目的，其结果是"大锅饭"，平均主义，极大地挫伤了农民的生产积极性，最终不过是人们的普遍贫穷。

（四）通过"部分共富"走向共享共富

新中国成立三十年历史已经证明，通过平均主义和"大锅饭"的办法无法引领人们走向共同富裕。

通过对历史经验教训的总结，我们对于平均主义的思想进行了深刻反思，深刻地认识到：平均主义不能走向共同富裕，只能导致共同贫穷。1986 年 3 月 28 日，邓小平在会见新西兰总理朗伊时谈道："我们的政策是让一部分人、一部分地区先富起来，以带动和帮助落后的地区，先进地区帮助落后地区是一个义务。我们坚持走社会主义道路，根本目标是实现共同富裕，然而平均发展是不可能的。过去搞平均主义，吃'大锅饭'，实际上是共同落后，共同贫穷，我们就是吃了这个亏。改革首先要打破平均主义，打破'大锅饭'，现在看来这个路子是对的。"

因此，邓小平等第二代领导集体确定了"三步走"发展策略，试图努力消灭贫困，实现小康社会建设目标。1985 年 3 月 7 日，邓小平在全国科技工作会议上讲话指出："我们奋斗了几十年，就是为了消灭贫困。第一步，本世纪末，达到小康水平，就是不穷不富，日子比较好过的水平。第二步，再用三五十年的时间，在经济上接近发达国家的水平，使人民生活比较富裕。"

关于如何实现共同富裕，邓小平创造性地提出让一部分人、一部分地区先富起来的设想。1978 年 12 月 13 日，邓小平在中共中央工作会议闭幕会上发表了《解放思想，实事求是，团结一致向前看》的重要讲话，他在讲话中提出："要允许一部分地区、一部分企业、一部分工人农民，由于辛勤努力成绩大而收入先多一些，生活先好起来。"他明确指出：

"一部分人生活先好起来，就必然产生极大的示范力量，影响左邻右舍，带动其他地区、其他单位的人们向他们学习。这样，就会使整个国民经济不断地波浪式地向前发展，使全国各族人民都能比较快地富裕起来。"在邓小平的战略设想当中，通过先富起来群体和地区的带动，实现共富的波浪式良性循环，从而建立起共同富裕的良性社会生态，这无疑是一种具有很强可操作性的设想。

在这一构想中，他是要防止两极分化的。正如邓小平说："我们的目标，第一步是到 2000 年建立一个小康社会……所谓小康社会，就是虽不富裕，但日子好过。我们是社会主义国家，国民收入分配要使所有的人都得益，没有太富的人，也没有太穷的人，所以日子普遍好过。"邓小平在南方谈话中，明确将共同富裕作为社会主义的本质特征："社会主义的本质是，解放生产力，发展生产力，消灭剥削，消除两极分化，最终达到共同富裕。"

当然，即便是先富尚未实现，邓小平也对富起来可能产生的两极分化的后果保持足够警惕。1990 年 12 月 24 日，邓小平在与几位中央负责同志谈话时指出："如果搞两极分化，情况就不同了，民族矛盾、区域间矛盾、阶级矛盾都会发展，相应地中央和地方的矛盾也会发展，就可能出乱子。"1993 年 9 月 16 日，邓小平与弟弟邓垦谈话中指出："中国人能干，但是问题也会越来越多，越来越复杂，随时都会出现新问题。比如刚才讲的分配问题。少部分人获得了那么多财富，大多数人没有，这样发展下去总有一天会出问题。分配不公，会导致两极分化，到一定时候问题就会出来。"

1992 年 12 月 18 日，邓小平在阅读《参考消息》上的《中国将成为最大的经济国》和《马克思主义新挑战更加令人生畏》两篇文章后指出："中国发展到一定的程度后，一定要考虑分配问题。也就是说，要考虑落后地区和发达地区的差距问题。不同地区总会有一定的差距。这种差距太小不行，太大也不行。如果仅仅是少数人富有，那就会落到资本主义去了。要研究提出分配这个问题和它的意义。"

对于如何解决两极分化，实现共同富裕问题，邓小平不主张无限期拖延下去，反对那种不负责任的敷衍，而是提出了解决的时机和办法，给出了线路图和时间表："解决的办法之一，就是先富起来的地区多交点利税，支持贫困地区的发展。当然，太早这样办也不行，现在不能削弱发达地区的活力，也不能鼓励吃'大锅饭'。什么时候突出地提出和解决这个问题，在什么基础上提出和解决这个问题，要研究。可以设想，在本世纪末达到小康水平的时候，就要突出地提出和解决这个问题。到那个时候，发达地区要继续发展，并通过多交利税和技术转让等方式大力支持不发达地区。"

篇二　共享发展理念的理论溯源与演进历程

党的十八届五中全会提出的"创新、协调、绿色、开放、共享"五大发展理念是相互贯通、高度耦合、协同支撑的发展理念集合体，是中国特色社会主义理论体系的重要创新成果。其中，共享是这个理念集合体的出发点和落脚点，体现着以人民为中心的发展思想，彰显着中国特色社会主义的本质。在全面建成小康社会决胜阶段和开启中华民族伟大复兴新长征时期，探讨共享发展理念的理论基础和演进历程具有重要意义。

一　科学社会主义建构了共享发展理念的理论基础

马克思主义是我们立党立国的根本指导思想。科学社会主义是马克思主义的核心，是马克思恩格斯运用辩证唯物主义和历史唯物主义分析当时欧洲，特别是英国资本主义社会而创立的科学理论。马克思主义经典作家描绘的科学社会主义蕴含着丰富的共享思想，是形成共享发展理念的理论基础。

1. 生产力高度发达、社会财富极大丰富是共享发展的基本前提

马克思主义认为，物质生活的生产方式制约着整个社会生活、政治

生活和精神生活的过程①。在人类社会发展的历史长河中，除了原始社会处于低层次的共同占有、共同劳动、平均分配的共享状态之外，进入阶级社会以后，基于生产资料的私人占有，"几乎到处都可以看到社会完全划分为各个不同的等级，看到社会地位分成多种多样的层次"②，社会物质财富不仅短缺，而且极不均衡地集中在少数人手中。进入资本主义社会后，工业革命极大地解放了社会生产力，"以致在人类历史上破天荒第一次创造了这样的可能性：在所有的人实行明智分工的条件下，不仅生产的东西可以满足全体社会成员丰裕的消费和造成充足的储备，而且使每个人都有充分的闲暇时间去获得历史上遗留下来的文化——科学、艺术、社交方式等等——中一切真正有价值的东西；并且不仅是去获得，而且还要把这一切从统治阶级的独占品变成全社会的共同财富并加以进一步发展"③。第二次世界大战以来，依托既有的国际政治经济不平等秩序，发达资本主义国家通过掠夺不发达国家和地区的自然资源和劳动力，或者通过控制世界贸易体系的规则制定权，在造成南北差距逐步扩大的同时，一些资本主义国家较早走出了短缺经济时代，具备了共享发展的物质基础。但由于存在社会化大生产与资本主义私有制之间的固有矛盾，引导和保障共享发展的生产关系无法建立起来，因此共享发展是不可能在资本主义社会真正实现的。从新中国成立到改革开放前的近30年时期里，尽管受制于严峻的国际国内环境，遭受到各种困难和挫折，我国依然取得了举世瞩目的发展成就，经济上建立了独立的、比较完整的工业体系和国民经济体系，初步满足了占世界1/4人口的基本生活需要，彰显了社会主义制度的巨大优越性。但由于经济文化落后，人口多、底子薄，束缚社会生产力发展的因素较多，社会物质财富相对于数以亿计的人民需求而言一直处于匮乏状态，真正意义上的共享发展没有得到实现。

2. 建立生产资料公有制的社会主义制度是共享发展的根本保障

马克思主义认为，无论是奴隶社会、封建社会，还是资本主义社

---

① 参见《马克思恩格斯选集》第 2 卷，人民出版社，2012，第 2 页。

② 《马克思恩格斯选集》第 1 卷，人民出版社，2012，第 400~401 页。

③ 《马克思恩格斯选集》第 3 卷，人民出版社，2012，第 199 页。

会，其生产资料所有制本质上都是私有剥削制度。在以私有制为基础的社会里，占统治地位的少数人利益的满足总是以牺牲广大劳动人民的利益为代价的。恩格斯在《共产主义原理》中就指出，只有通过废除生产资料资本主义私人占有制，才能实现"由社会全体成员组成的共同联合体来共同地和有计划地利用生产力；把生产发展到能够满足所有人的需要的规模；结束牺牲一些人的利益来满足另一些人的需要的状况；彻底消灭阶级和阶级对立；通过消除旧的分工，通过产业教育、变换工种，所有人共同享受大家创造出来的福利，通过城乡的融合，使社会全体成员的才能得到全面发展"①。在《论住宅问题》中，恩格斯更明确指出，"当资本主义生产方式还存在的时候，企图单独解决住宅问题或其他任何同工人命运有关的社会问题都是愚蠢的。解决办法在于消灭资本主义生产方式，由工人阶级自己占有全部生活资料和劳动资料"②。列宁认为，相较于资本主义剥削制度，新的社会主义社会里"不应该有穷有富，大家都应该做工。共同劳动的成果不应该归一小撮富人享受，应该归全体劳动者享受。机器和其他技术改进应该用来减轻大家的劳动，不应该用来使少数人发财，让千百万人民受穷"③。从上述论述中可以看出，科学社会主义认为，资本主义私有制与共建共享的发展理念是根本不相容的，建立以生产资料公有制为核心的社会主义制度是实现共享发展的根本保障。

3. 实现全体社会成员的自由全面发展是共享发展的价值追求

马克思主义创始人认为，在未来共产主义的社会形态中，全体社会成员的自由全面发展是推进社会发展的价值追求，这种价值追求蕴含着高远的共享理念。首先，人的发展是自由的。《共产党宣言》中提出："代替那存在着阶级和阶级对立的资产阶级旧社会的，将是这样一个联合体，在那里，每个人的自由发展是一切人的自由发展的条件。"④在共

---

① 《马克思恩格斯选集》第1卷，人民出版社，2012，第308~309页。

② 《马克思恩格斯选集》第3卷，人民出版社，2012，第246页。

③ 《列宁专题文集（论社会主义）》，人民出版社，2009，第381页。

④ 《马克思恩格斯选集》第1卷，人民出版社，2012，第422页。

产主义社会，社会成员之间的发展是高度统一、相互依存和互不排斥的，呈现为一种高度的自由状态。其次，人的发展是全面的。共产主义社会的繁荣不仅是物质的繁荣，而且是包括精神文化等在内的全面繁荣。恩格斯在《反杜林论》中指出："通过社会化生产，不仅可能保证一切社会成员有富足的和一天比一天充裕的物质生活，而且还可能保证他们的体力和智力获得充分的自由的发展和运用。"① 在这样的社会形态下，个人的解放才是彻底的，才会真正成为自身的主宰。最后，人的发展是快乐的。在共产主义的生产关系中，"一方面，任何个人都不能把自己在生产劳动这个人类生存的必要条件中所应承担的部分推给别人；另一方面，生产劳动给每一个人提供全面发展和表现自己的全部能力即体能和智能的机会，这样，生产劳动就不再是奴役人的手段，而成了解放人的手段，因此，生产劳动就从一种负担变成一种快乐"②。在科学社会主义者眼中，人的自由、全面、快乐的发展是共产主义社会的发展形态，"各尽所能，按需分配"成为共享发展的最佳脚注，也是人类社会不懈追求的发展目标。

217

二 社会主义制度奠定了共享发展的制度基石

中国共产党人坚持以马克思主义为指导，将实现共产主义作为党始终不渝的最高理想，在28年的革命战争时期，不断推进马克思主义的中国化，为消灭剥削阶级、建立人民当家作主的新制度进行了不懈的努力。新中国成立后，我国建立了人民民主专政的国体和人民代表大会制度的政体，经过全面的社会主义改造，建立起了社会主义的制度体系，为确立共享发展理念奠定了制度基石。

1. 中国共产党的领导和人民当家作主政权性质的确立是形成共享发展的根本政治前提

将共享发展理念转化为制度和行动，只有在马克思主义政党的领

---

① 《马克思恩格斯选集》第3卷，人民出版社，2012，第670页。

② 《马克思恩格斯选集》第3卷，人民出版社，2012，第681页。

导下才可能实现。在新民主主义革命取得胜利后，对于建立一个什么样的新中国的问题，社会上存在着多种意见：有人主张建立资产阶级共和国，走独立发展的资本主义道路；也有人主张建立以工人阶级为领导的、以工农联盟为基础的人民共和国，经过新民主主义走向社会主义的道路①。在事关中华民族前途命运的关键问题上，中国共产党以巨大的政治勇气发挥了决定性作用，通过与各民主党派、人民团体和社会各界人士的广泛协商、深入沟通，将马克思主义国家学说、无产阶级专政理论与中国的具体实际相结合产生的人民民主专政理论运用于新中国的筹建中。通过中国人民政治协商会议的组织形式，以具有临时宪法性质的《中国人民政治协商会议共同纲领》规定了新中国的国家性质，即向全世界表明："中华人民共和国为新民主主义即人民民主主义的国家，实行工人阶级领导的、以工农联盟为基础的、团结各民主阶级和国内各民族的人民民主专政。"第一次全国人民代表大会制定的《宪法》规定，"中华人民共和国一切权力属于人民，人民行使权力的机关是全国人民代表大会和地方各级人民代表大会"，标志着以民主集中制为原则的人民代表大会制度在全国范围内的正式确立。人民代表大会制度是中国共产党领导中国人民独创的政治制度，是马克思主义国家学说与中国政治、社会、文化的实际情况相结合的产物，是中国人民翻身作主、掌握自己命运的伟大创造②。中国共产党以"实现共产主义"作为党的最高纲领，以"全心全意为人民服务"作为党的根本宗旨，符合以"共建、共享"为基本特征的社会主义社会的价值追求，其在新生的人民当家作主政权中领导权的确立成为形成共享发展理念的根本政治前提。

2. "一化三改"社会主义改造的完成奠定了共享发展的制度基础

在中国实现社会主义，是中国共产党自创立时就确定的奋斗目标。

---

① 参见《中国共产党的九十年（新民主主义革命时期）》，中共党史出版社、党建读物出版社，2016，第348页。

② 参见徐显明《坚持和发展人民当家作主的好制度——写在全国人民代表大会成立60周年之际》，《求是》2014年第19期。

新中国成立后，党领导全国人民艰苦创业，用短短的 3 年时间就根本扭转了旧中国留下的混乱局面，实现了政治、经济、社会的基本稳定，为向社会主义转变创造了条件。此后，中央决定从 1953 年起执行国民经济第一个五年计划，并提出了向社会主义过渡的总路线，即"从中华人民共和国成立，到社会主义改造基本完成，这是一个过渡时期。党在这个过渡时期的总路线和总任务，是要在一个相当长的时期内，逐步实现国家的社会主义工业化，并逐步实现国家对农业、对手工业和对资本主义工商业的社会主义改造"[①]。在"一化三改"的推进中，毛泽东指出，实行农业合作化将"使全体农村人民共同富裕起来"[②]，推动工商业社会主义改造"是可以一年一年走向更富更强的，一年一年可以看到更富更强些。而这个富，是共同的富，这个强，是共同的强，大家都有份"[③]，可见，共同富裕、共建共享的社会主义思想意识被贯穿到社会主义改造的全过程。到 1956 年，农业、手工业等个体所有制基本上转变为劳动群众集体所有的公有制，资本主义私有制基本转变为国家所有即全民所有制，加上新中国成立后有计划的经济建设的全面推进，全民所有制和劳动群众集体所有制这两种公有制经济在国民经济中的比重已经达到92.9%[④]，占据了主体地位，标志着公有制占绝对优势的社会主义经济制度在我国基本建立起来，从而在制度层面上为实现共享发展提供了基础性、长远性、战略性、全局性的社会主义本质要素。

3. 社会主义建设初期的积极探索为共享发展积累了宝贵的经验和教训

社会主义改造完成后，中国进入了全面的社会主义建设时期。在新中国成立的初期，面对国内"一穷二白"的局面和国外帝国主义的封锁，以毛泽东为核心的党中央坚持把马克思主义普遍真理和中国实际进行"第二次结合"，开始了艰辛的社会主义建设探索。在这段历史时期，既

---

① 《建国以来重要文献选编》第 4 册，中央文献出版社，2011，第 602 页。

② 《毛泽东文集》第 6 卷，人民出版社，1999，第 437 页。

③ 《毛泽东文集》第 6 卷，人民出版社，1999，第 495 页。

④ 参见《中国共产党的九十年（社会主义革命和建设时期）》，中共党史出版社、党建读物出版社，2016，第 460 页。

有为开创中国特色社会主义道路提供有益思想及实践借鉴的积极因素，又有直接或间接引发"大跃进"、人民公社化运动、"文化大革命"等一系列"左"的错误发生的消极因素，为共享发展累积了宝贵的历史经验和教训。它们包括：一是要在发展中坚持从实际出发，走社会主义道路。在社会主义建设初期，世界上第一个社会主义国家苏联的经济文化及其他各项重要的建设经验一度成为我们的榜样。苏联模式本身存在的缺陷和不足，特别是两国国情的差异，导致了在实践中出现许多问题，党中央及时认识到要走符合中国实际的建设道路。毛泽东明确提出，要"以苏为鉴"，把马克思主义普遍原理和中国实际进行"第二次结合"，独立探索一条适合中国情况的社会主义建设道路[①]。针对人民内部存在的关于推翻"三座大山"后"中国要向哪里去"的疑问，毛泽东说，"事实已经回答了这个问题：只有社会主义才能够救中国。社会主义制度促进了我国生产力的突飞猛进的发展，这一点，甚至连国外的敌人也不能不承认了"[②]，体现了我们党走社会主义道路的坚定性。二是要在发展中不断改善人民的物质文化生活。不断改善工人、农民等普通劳动群众的物质文化生活，既是党全心全意为人民服务宗旨的体现，又是党对苏联经济建设中损害农民利益严重错误的警醒。毛泽东指出，"工人的劳动生产率提高了，他们的劳动条件和集体福利就需要逐步有所改进"，"关于工资，最近决定增加一些，主要加在下面，加在工人方面，以便缩小上下两方面的距离"[③]，"除了遇到特大自然灾害以外，我们必须在增加农业生产的基础上，争取百分之九十的社员每年的收入比前一年有所增加，百分之十的社员的收入能够不增不减，如有减少，也要及早想办法加以解决"[④]，体现了党防止收入差距扩大，让全体人民共享社会主义建设成果的思想。三是要在发展中注重统筹好各方面的关系。中央认为，调动一切积极因素为社会主义建设服务，必须统筹、协调好各方面的关系。毛

---

① 参见《世界社会主义五百年》，学习出版社、党建读物出版社，2014，第147页。

② 《毛泽东文集》第7卷，人民出版社，1999，第214页。

③ 《毛泽东文集》第7卷，人民出版社，1999，第28页。

④ 《毛泽东文集》第7卷，人民出版社，1999，第30页。

泽东说，"国家和工厂，国家和工人，工厂和工人，国家和合作社，国家和农民，合作社和农民，都必须兼顾，不能只顾一头"①，"无论是粮食问题、灾荒问题、就业问题、教育问题、知识分子问题，各种爱国力量的统一战线问题，少数民族问题，以及其他各项问题，都要从对全体人民的统筹兼顾这个观点出发"②，体现了党要以全体人民的福祉为中心的思想。

三 中国特色社会主义实践提供了共享发展的现实条件

恩格斯曾在致奥托·冯·伯尼克的信中强调："所谓'社会主义社会'不是一种一成不变的东西，而应当和任何其他社会制度一样，把它看成是经常变化和改革的社会。"③经过对社会主义建设经验和教训两方面的总结，特别是对"大跃进""文化大革命"等错误的反思，以党的十一届三中全会召开为标志，我国步入了改革开放的新时期，开创了中国特色社会主义道路，既开拓了马克思主义中国化的新境界，又为共享发展提供了现实条件。

1. 改革开放不断夯实共同富裕物质基础

60多年的社会主义建设实践证明，没有社会生产力的大力发展做支撑，没有雄厚的物质财富做基础，是无法实现较高层次的共享发展的。改革开放以来，在"一个中心、两个基本点"基本路线的指引下，经过近40年的持续快速发展，我国社会生产力发展水平和社会物质财富的积累都已经达到较高的水平。数据显示④，我国国内生产总值从1978年的3679亿元增加到2016年的744127亿元，实际增长201倍。据世界银行测算，2016年中国经济对世界经济增长的贡献率为33.2%，是世界

---

① 《毛泽东文集》第7卷，人民出版社，1999，第30页。
② 《毛泽东文集》第7卷，人民出版社，1999，第228页。
③ 《马克思恩格斯选集》第4卷，人民出版社，2012，第601页。
④ 数据来源：除特别注释外，本段落的数据根据国家统计局历年《中国统计年鉴》和《统计公报》计算。

经济增长的主要动力①。中国经济总量在世界经济中的占比从改革开放初期的 1.8% 上升到 2015 年的 14.8%②。人民生活水平持续改善，从 1978 年到 2015 年，全国城镇居民人均可支配收入由 343 元增加到 31790 元，实际增长 92 倍，农民人均纯收入由 134 元增加到 10772 元，实际增长 79 倍，总体上实现了从低收入国家向上中等收入国家的跨越。贫困人口持续减少，在现行标准下，我国贫困人口数量从 1978 年的 7.7 亿人减少到 2016 年的 4335 万人，到 2020 年有望实现全部贫困人口脱贫的目标。总之，我国的综合国力、人民生活水平等已经实现了极大的提高，为实现共同富裕夯实了坚实的物质基础。

2. 共享发展理念的内涵不断深化

改革开放以来，历届中央领导集体坚持党的基本路线，不断开拓理论创新的新境界，不断深化科学发展的丰富内涵，不断推动共享发展理念内涵的丰富。邓小平理论对社会主义本质的回答，强化了发展对中国特色社会主义的根本意义。邓小平认为，加快发展是社会主义的题中之意，"贫穷不是社会主义，发展太慢也不是社会主义"③；"社会主义不是少数人富起来、大多数人穷，不是那个样子。社会主义最大的优越性就是共同富裕，这是体现社会主义本质的一个东西"④；"社会主义的本质，是解放生产力，发展生产力，消灭剥削，消除两极分化，最终达到共同富裕"⑤。"三个代表"重要思想进一步拓展了发展问题的评价维度。从党的十三届四中全会到党的十六大，以江泽民同志为核心的中央领导集体把发展问题同党的执政使命联系起来，明确提出发展是党执政兴国的第一要务，并从保护弱势群体角度，首次提出"共享社会物质文化的成果"。党的十五大提出"人民共享经济繁荣成果"，党的十六大报告把"不断提高人民生活水平，保

---

① 参见《2016 年统计公报》评读，http://www.stats.gov.cn/tjsj/sjjd/201702/t20170228_1467357.html，2017 年 3 月 1 日。

② 参见《历史的选择，人民的期待——党的十八大以来以习近平同志为核心的党中央治国理政评述》，http://news.xinhuanet.com/2017–01/02/c_1120230862_4.htm，2017 年 3 月 1 日。

③ 《邓小平文选》第 3 卷，人民出版社，1993，第 255 页。

④ 《邓小平文选》第 3 卷，人民出版社，1993，第 364 页。

⑤ 《邓小平文选》第 3 卷，人民出版社，1993，第 373 页。

证人民共享发展成果"作为党积累的"十分宝贵的经验"之一。科学发展观鲜明地提出"发展成果由人民共享"这个核心问题。党的十六大以来，以胡锦涛同志为总书记的党中央，突出了"坚持以人为本，做到权为民所用，情为民所系，利为民所谋"的执政要求，提出"更加注重社会公平，使全体人民共享改革发展成果"；党的十七大报告提出："走共同富裕道路，促进人的全面发展，做到发展为了人民、发展依靠人民、发展成果由人民共享。"党的十八大以来，以习近平同志为核心的党中央站在全面建成小康社会、实现中华民族伟大复兴中国梦的历史高度，不断深化收入分配制度的综合改革，着力构建保障"发展成果由人民共享"的长效机制，使共享发展理念更加明确、更加全面、更加具体。

3. 人民对公平正义的追求推动共享发展理念的不断完善

公平正义是社会主义的本质特征。坚持社会公平正义是中国特色社会主义的基本价值取向。经过近 40 年的改革开放，我国社会主义建设事业取得了举世瞩目的成就，但"社会财富分配不公平、贫富差距拉大，城乡之间、地区之间经济发展不平衡、不协调，人与自然的关系渐趋紧张"[1] 等问题依然突出。研究显示，我国基尼系数自 2003 年以来一直超过 0.4 的国际贫富差距警戒线，2015 年依然为 0.462；2015 年我国城乡收入差距为 2.73 倍；省、直辖市和自治区之间的收入差距，农村为 3.36 倍，城镇为 2.3 倍；2014 年最低收入行业与最高收入行业之间的差距为 3.86 倍[2]。北京大学发布的《中国民生发展报告 2015》显示，我国约 30% 的财产为顶端 1% 的家庭所占有，而下层 25% 的家庭的财产总量仅占全国财产的 1% 左右[3]。从社会公平感来看，中国社会科学院"中国社会状况综合调查"课题组的调查显示，认为财富和收入分配领域存在显著不公平现象的人占 51.7%，认为城乡之间的权利待遇领域存在着显著不公平的人占 50.5%，认为工作和就业机会领域存在显著不公平的人占

223

---

① 王淑荣、许力双：《共享发展理念的重大意义与实践指向》，《红旗文稿》2016 年第 4 期。

② 参见潘学良《中国现阶段公平正义问题的表现、成因及对策》，《探索》2016 年第 4 期。

③ 参见《中国民生发展报告称 1% 家庭占全国 1/3 财产》，http://news.163.com/16/0114/15/BDA5M5V200014N4Q.html〔2017-02-26〕。

40.7%，认为养老等社会保障待遇领域存在着显著不公平的人占34%。总体来说，近30%的受访者表示，我国社会不公平现象较为显著[1]。当然上述不公平问题大都属于社会转型期常出现的现象，但"这个问题不抓紧解决，不仅会影响人民群众对改革开放的信心，而且会影响社会和谐稳定"[2]，这是中央全面审视和科学分析我国经济社会发展现状和态势后做出的基本判断，体现了对社会公平正义问题的高度重视，将进一步推动共享发展理念的不断完善。

四 全面建成小康社会决胜期共享发展理念注入新内涵

党的十八大以来，以习近平同志为核心的党中央顺应经济社会发展的新形势，提出了"四个全面"的战略布局，不断开创中国特色社会主义的新局面，不断丰富"发展成果由人民共享"的重要思想，开辟了科学发展的新境界。党的十八届五中全会正式提出了"创新、协调、绿色、开放、共享"五大新发展理念，并做出了"坚持发展为了人民，发展依靠人民，发展成果由人民共享，做出更有效的制度安排，使全体人民在共建共享发展中有更多获得感，增强发展动力，增进人民团结，朝着共同富裕方向稳步前进"的完整论述，标志着中国特色社会主义共享发展理念注入了新内涵，其理论特质得到新跃升。

1. 共享发展理念新内涵的形成背景

习近平总书记说："发展理念是发展行动的先导，是管全局、管根本、管方向、管长远的东西。"共享发展理念新内涵的提出有着特殊的时代背景：一是"新常态"呼唤发展动力。经过30多年的持续快速发展，我国在社会生产力、经济实力、科技实力、综合国力、国际竞争力和国际影响力等方面迈上了新台阶的同时，经济发展已经进入增长速度放缓、结构调整紧迫、发展动力亟待转换的"新常态"。"新常态"下的

发展在需要努力破解由于市场化"马太效应"和资本优势导致的城乡、区域、阶层之间收入差距扩大问题的同时，更需要通过共享机制来调动广大人民群众的积极性，形成社会发展的新动力，维护经济平稳健康发展的大局。二是"新目标"检视发展成效。党的十八届五中全会提出了"经济保持中高速增长，在提高发展平衡性、包容性、可持续性的基础上，到 2020 年国内生产总值和城乡居民人均收入比 2010 年翻一番"的新的目标要求。"小康不小康、关键看老乡"，人民生活质量的普遍提高是全面小康建设成效的根本标志。截至 2015 年底，全国农村的贫困发生率为 5.7%，扶贫攻坚任务依然很重；由于城乡、区域、行业发展差距大，公共服务均等化水平不高，保障和改善民生、提高人民生活质量的压力还很大，补齐全面小康的"短板"亟待提高发展的共享水平。三是"新长征"追问发展伦理。经过近 40 年的发展，我国已陷入"发展成果创造、获取和分配等历时态问题的共时态解决"困境，中国发展已进入一个呼求发展伦理出场的时代[①]。在实现"两个一百年"奋斗目标、中华民族伟大复兴中国梦的"新长征"路上，必须在发展理念上进一步厘清"为了谁"和"依靠谁"这个发展伦理问题。四是"新使命"升华发展价值。推动中国特色社会主义制度更加成熟、更加定型是全党的"新使命"。共享发展理念的新内涵集中体现了中国特色社会主义制度以人民为中心的价值取向和现实旨归，与以生产资料私有制为基础的西方"福利共享"制度有着本质的区别，彰显了中国特色社会主义制度的根本价值所在。只有将共享发展理念融入系统化、科学化、规范化的制度建设中去，才能加快形成更加完备、更加稳定、更加管用的中国特色社会主义制度体系。

2. 共享发展理念的逻辑框架

共享是中国特色社会主义的本质要求。注入新内涵的共享发展理念贯穿着马克思主义的立场、观点和方法，蕴含着鲜明的理论特质和理论品格，初步形成了一个完整的逻辑框架。

---

① 参见张彦、洪佳智《论发展伦理在共享发展成果问题上的"出场"》，《哲学研究》2016 年第 4 期。

从根本立场来看，它坚持"以人民为中心的发展思想"这一马克思主义理论的根本立场，即"发展为了人民、发展依靠人民、发展成果由人民共享"。

从价值导向来看，它以化解当前日益严重的社会公平正义问题为基本出发点，着力创造公平正义的社会环境，确保发展全过程的公平正义。

从基本内涵来看，一是全民共享。共享发展覆盖全国不同地区、不同民族，"不让一个人掉队"，是全体人民的共享。二是全面共享。共享发展的内容包括国家在经济、政治、文化、社会、生态等各方面的建设成果。三是共建共享。要充分发扬民主，最大限度激发社会活力，扩大社会参与，广泛凝聚民智民力，让共享发展成为人人参与、人人尽力、人人都有获得感的共建过程。四是渐进共享。共享发展是一个从低级到高级、从不均衡到均衡的渐进过程，要立足国情、量力而行，既要有雄心壮志，又要脚踏实地，稳扎稳打。

从目标追求来看，它要实现人民生活质量的普遍提高，实现共同富裕的目标。

从制度安排来看，它强调围绕增加公共服务供给、实施脱贫攻坚工程、提高教育质量、促进就业创业、缩小收入差距、建立更加公平更可持续的社会保障制度、推进健康中国建设、促进人口均衡发展八个方面，深化改革、整体推进，将共享发展理念落到实处。

3. 共享发展理念新内涵提出的重大意义

以习近平同志为核心的党中央在全面建成小康社会决胜阶段和实现中华民族伟大复兴中国梦新的历史起点上，为共享发展理念注入了新的内涵，具有重大的现实意义和深远的历史意义。首先，它是丰富中国特色社会主义理论的重要成果。共享发展理念源于科学社会主义，与毛泽东思想和中国特色社会主义理论等马克思主义中国化成果中的共同富裕思想一脉相承，闪耀着理论的光芒。其次，它在新发展理念中发挥着"灵魂"作用。"创新、协调、绿色、开放、共享"五大发展理念相互贯通、相互促进，缺一不可，整体发力，但共享既是发展的立足点，又是发展的根本归属，贯彻于发展的全过程，在五大发展理念中发挥着"灵魂"

作用，体现了发展的中国特色社会主义本质。最后，共享发展理念是实现"两个一百年"奋斗目标、实现中华民族伟大复兴中国梦的行动指南。共享发展理念是"以人民为中心"发展思想的直接体现，在中国特色社会主义伟大实践中，既是确保不忘初心、保证正确方向的指路明灯，又是动员社会参与、培植发展动力的有力武器，还是构建公平正义环境、促进永续发展的重要保障，是实现"两个一百年"奋斗目标和中华民族伟大复兴中国梦的行动指南。

篇三 论共享发展对人的自由全面发展的继承与创新

党的十八届五中全会提出"创新、协调、绿色、开放、共享"五大发展理念，2016 年 1 月 18 日，习近平总书记在十八届五中全会精神专题研讨班上从"全民共享、全面共享、共建共享、渐进共享"四个维度阐释了共享发展内涵，进一步明确了共享发展的价值理念。共享发展理念是无产阶级共产党人在新的历史时期对马克思恩格斯"人的自由全面发展"理念的继承与创新，丰富了人的自由发展理念的阶段性与持续性内涵，具体了人的自由发展理念的实现路径与实践措施，进一步完善了人的自由发展理念的过程性与目的性的结合。

一 人的自由发展理念的价值旨趣

人的自由全面发展是马克思恩格斯以及其他马克思主义者一直坚守的理论旨趣与追求的远大目标。从理论与实践层面凸显了人的本质力量的回归，将人类一切最终事业定格于人的自身的全面解放与自由发展上，并把人的自由全面发展置于历史与阶段的不断铺展的进程之中，直接体现出马克思主义者关于人类的发展是历史与现实相互结合的观点与立场。

1. 人的自由全面发展在人的本质上表现为个体的自我解放与群体的全面实现

马克思明确表明了人在本质上是社会实践活动的产物，"我们首先应当确定一切人类生存的第一个前提，也就是一切历史的第一个前提，这个前提是：人们为了能够'创造历史'，必须能够生活。但是为了生活，首先就需要衣、食、住以及其他东西。因此第一个历史活动就是生产满足这些需要的资料，即生产物质生活本身"。[①] 在生产实践过程中，每一位共同体成员由于背景与资源的差异形成了不同的身份与角色，表现不同的价值诉求，马克思在《关于费尔巴哈的提纲》中进一步写道："人的本质不是单个人所固有的抽象物，在其现实上，它是一切社会关系的总和。"[②] 然而由于生产资料的不同占有导致了奴役与剥削，产生经济上的不平等与其他不平等现象，马克思主义者要求打破因资源私有而确立的阶级对立，要求实现每一个人对生产资料的公有制度，打破人与人的等级与不公，最终实现无产阶级的整体解放。对于个人来说，充分而有效地发展自己的能力既是对自我价值的认可，也是对无产阶级解放任务贡献力量，"任何人的职责、使命、任务就是全面地发展自己的一切能力。"[③] 唯有如此，才能实现"每个人的自由发展是一切人的自由发展的条件"。[④] 个体的自我解放与无产阶级整体的全面实现才能真正统一起来。

2. 人的自由全面发展在发展过程上表现出阶段性与渐进性

马克思在《1844 年经济学哲学手稿》中指出："一个种的全部特性、种的类特性就在于生命活动的性质，而人的类特性恰恰就是自由的有意识的活动。"[⑤] 人的自由自觉是区别于自然界其他生物的根本特征，劳动创造了人，也创造了人为的自然与人类社会自身，但人与自然完整的本质的统一并不是一蹴而就的事情，它是一种如列宁断言的"螺旋式上升"的过程，体现出马克思主义者对人类社会发展理念的辩证态度，既要保持

---

① 《马克思恩格斯选集》第一卷，人民出版社，2012，第 158 页。

② 《马克思恩格斯选集》第一卷，人民出版社，1995，第 60 页。

③ 《马克思恩格斯全集》第 2 卷，人民出版社，1956，第 330 页。

④ 《马克思恩格斯选集》第一卷，人民出版社，1995，第 294 页。

⑤ 《马克思恩格斯全集》第 42 卷，人民出版社，1979，第 96 页。

社会发展道路上的乐观态度，又要防止出现大跃进与一夜暴富的错误心理。在发展理念上要确立合适的发展规划，马克思在《1857～1858年经济学手稿》中指出人类社会发展的三大形态："人的依赖关系（起初完全是自然发生的），是最初的社会形式，在这种形式下，人的生产能力只是在狭小的范围内和孤立的地点上发展着。以物的依赖性为基础的人的独立性，是第二大形式，在这种形式下，才形成普遍的社会物质变换、全面的关系、多方面的需要以及全面的能力的体系。建立在个人全面发展和他们共同的、社会的生产能力成为从属于他们的社会财富这一基础上的自由个性，是第三个阶段。第二个阶段为第三个阶段创造条件。"[①]马克思对人类社会发展阶段的论述直接奠定了发展必须保持循序渐进的态度，否则人类的任何一次冒进行为都可能受到自然界或人类社会自身的报复。

3. 人的自由全面发展在发展主体上表现为所有的无产阶级共同体成员

马克思恩格斯坚持人类最终的格局是世界历史的形成，无产阶级取代资产阶级成为自身的主人，这一目标随着人类社会交往的不断扩大与整个无产阶级的不断融合而成为可能，而资本主义市场体系的逐渐形成为无产阶级创造物质生产建立了基础，恩格斯明确指出："共产主义革命将不是仅仅一个国家的革命，而是将在一切文明国家里，至少在英国、美国、法国、德国同时发生的革命，在这些国家的每一个国家中，共产主义革命发展得较快或较慢，要看这个国家是否有较快发达的工业，较多的财富和比较大量的生产力……它是世界性的革命，所以将有世界性的活动场所。"[②]在这样的一个全世界无产阶级自由联合体结构中，生产力将会迅速提高，社会财富会迅速丰富起来，贫困现象将不复存在，按需分配将成为可能，整个无产阶级将彻底打破长期存在的等级制度，消灭剥削，每个人都只会有职业上的分工，每一个人都成为自由自觉的主体，既乐于生产，又有充分的休闲时间，更重要的是每一位共同体成员都拥有实际意义上的社会与政治以及各种权利，保证个体与他人自由而全面的行为。

① 《马克思恩格斯全集》第30卷，人民出版社，1997，第107～108页。
② 《马克思恩格斯选集》第一卷，人民出版社，1995，第241页。

二 共享发展的价值内涵

"全民共享、全面共享、共建共享、渐进共享"构成了共享发展的内涵，这理念是中国共产党人在新时期提出来的新的理念，是人的自由全面发展思想的推进与完善，共享发展指出了人类文明应当共享的本质，包含了人与自我、人与社会以及人与自然关系的协调统一，共享发展还包含了发展的具体措施，直接指导中国新时期的制度创制与政策执行，进而推动中国特色社会主义建设事业的发展与进步。

1. 全民共享：体现出财富与资源的分配正义

从社会正义角度来说，社会资源与财富当以正义的方式分配给共同体成员，一个社会的制度应当是正义的，没有人可以出于非正义的方式获得他人的财富。"分配正义既涉及每个人的自我所有权，又涉及每个人可分享的社会公共资源，涉及他从国家和社会中获取的社会权利和经济利益。"[①] 它有效地保障了社会成员的权利，进而有效地调动社会共同体成员发展的积极性；分配正义并不意味着绝对同一而没有差别，它尊重差异并激励合理的竞争，从而保持社会发展的活力。全民共享契合了社会主义国家保证全体成员享受发展成果的发展理念。其一，全民共享明确了社会改革发展的成果当由全体人民共同享受，只要是共同体成员并在社会发展过程中付出了劳动，就应当享受到改革带来的红利。并且全民共享的范围与广度是衡量改革发展是否成功的重要标志。其二，全民共享不是无差别的平均共享。即使是公有制为基础的社会主义体制，也不存在平均主义与无差别，差异与和谐是事物发展的内在逻辑与规律，保持合理的差距有助于营造社会发展的激励机制，既保证积极分子的物质与精神回报，又刺激一部分懒惰者的生产积极性。其三，全民共享还体现了对弱势群体的关心。处于社会主义初级阶段的国情之下，社会改革与经济改革难以面面俱到，必将有一部分人先富起来，一部分处于社会的弱势或边缘地位，全民共享没有将这一部分人排除在共享的范

---

① 张国清：《分配正义与社会应得》，《中国社会科学》2015 年第 5 期。

围之外，而是在制度与人道方面给予了充分的考虑与倾斜，把贫富差距控制在合理的区间，坚守底线，使基本民生得到全面保障，保证了分配正义的实现。

2. 全面共享：体现了"五位一体"的整体价值观

共享发展在内容上是全方位的，包括了经济、政治、文化、社会与生态，五个方面缺一不可；"五位一体"集中体现了马克思主义的经济发展、社会发展、人的发展、生态发展的全面发展观。马克思主义认为，人是自然存在物、社会存在物以及意识存在物的统一，在生存与发展过程中需要获得多重资源的满足，在马克思主义者看来，生存需要是首要而基本的，"肉体的个人是我们的'人'的真正的基础，真正的出发点"。[①]除此之外，人还有发展与自我实现的需要，这些需要是个体的人在与自然、与他人进行交往的过程中发生并得以实现，不同发展阶段的社会对人的多重需要的满足并不一样，唯有生产力高度发达、物质财富极大丰富的共产主义社会才能真正实现。共享发展理念的提出表现了中国共产党人对马克思主义需要理论与发展理论的高度自信，相信在无产阶级自我专政的进程中能够实现更高层次的追求。新时期的社会主义社会实现了生产力和生产关系、经济基础和上层建筑的有机统一。马克思主义同时认为人作为自然界的成员之一，必须矫正资本对生态的破坏，实现人与自然的生态正义，人类的发展和自然生态的保护和环境的保护是统一的。社会主义不仅能够实现政治、经济、社会、文化等方面的发展，更能够让整个生态环境保持和谐的状态，让整个生态美丽起来，马克思说："动物只是按照它所属的那个种的尺度和需要来建造，而人却懂得按照任何一个种的尺度来进行生产，并且懂得怎样处处都把内在的尺度运用到对象上去；因此，人也按照美的规律来建造。"[②]

3. 共建共享：体现了发展动力的主体价值观

马克思主义者坚定不移地秉持着这一真理：人民群众是历史发展的根本动力。共享发展离不开最广大人民的积极参与出谋划策，习近平总

---

① 《马克思恩格斯全集》第 27 卷，人民出版社，1960，第 13 页。

② 马克思：《1844 年经济学哲学手稿》，人民出版社，1985，第 53 页。

书记在阐述共建共享时，直接表明了发展必须团结更多的力量，在广大农村要"给农村发展注入新的动力，让广大农民平等参与改革发展进程、共同享受改革发展成果"。整个社会的发展更需要所有劳动者的共同努力，一是要明确社会发展动力的群众立场。尊重人民群众主体地位、发挥人民群众主人翁精神、发扬民主、汇聚民智、激发民力，达至"人人参与、人人尽力、人人都有成就感"的生动局面，让每一个参与者体验到自我的主体价值，凸显人民群众的根本地位。二是要激励人民群众的创造力量。随着社会经济的发展，人们生活水平日益提高，有更多的时间与更好的面貌投入社会改革与发展的浪潮中去，特别在各种媒介的帮助下，信息更快、更新，能极大激发共同体成员的创造精神。因此，当代中国的社会主义建设一定要善于观察并推动人民群众的首创精神，通过自主创业、精准扶贫的方式推进社会改革与发展的步伐，最大限度释放人民群众的创造潜能。三是要形成执政者与人民群众的发展合力。能否获得人民群众的支持与认同是检验执政合法性的重要标准，社会主义建设在长达七十年的时间里取得了巨大成就，执政的合法性与基础已经确立，因此要更紧密地结合人民群众的力量，团结群众，相信群众，彰显人民群众的主体价值，更好更快地促进社会主义建设的步伐。

4. 渐进共享：体现了社会发展的阶段性与持续性

辩证唯物主义认为任何事物的发展都是量变与质变的统一、阶段性和持续性的统一、曲折性和上升性的统一，人类社会的发展概莫能外。共享发展是一个社会系统的发展，必须遵循发展的客观规律，一步步前进，习近平指出：一口吃不成胖子，共享发展必将有一个从低级到高级、从不均衡到均衡的过程，即使达到很高的水平也会有差别。我们要立足国情、立足经济社会发展水平来思考设计共享政策，既不裹足不前、铢施两较、该花的钱也不花，也不好高骛远、寅吃卯粮、口惠而实不至。因此，共享发展的工程必须是渐进的、不可急于求成。渐进共享要求我们的树立正确的发展心态：一是明确社会主义建设的目标之一就是实现共同富裕，做大做强社会财富这一蛋糕，打好人民群众分享改革发展成果的物质基础，因此要做好不同区域的统筹发展，继续推进资源先进地区的社会发展，同时加大对落后地区、低收入群体的帮扶工作，缩小贫富分化，提升人民的获得感。二是要正视社会发展进程中的各种困难，不能因一点点的成绩而得意忘形，社会的发展是一个长期、可持续的工程，要充分考虑各种客观条件以及可承受的能力，量力而行，日积跬步，方能生成合抱之木。三是要树立最终实现共享成果的信心，发展是趋势，虽有困难，但终将解决，通过恰当的途径引导社会公众，营造良好的舆论环境，既要让人民群众坚定共享发展的信心，又要让人民群众看到共享发展的复杂性和艰巨性，在多种力量的努力下最终实现社会主义建设的伟大目标。

三　共享发展对人的自由全面发展的继承与创新

共享发展是一种新的发展理念。它与经典马克思主义者关于人的自由全面发展的理念一脉相承，人的自由全面发展奠定了人类发展理论的基石，确定了人类社会发展的终极目标，尽管如此，人的自由全面发展仍需要不同历史时期的阶段性理论，以继承与完善这一理论，共享发展在以下几个方面完成了这项工作。

1. 继承了全面自由发展思想的基本精神

人的自由全面发展蕴含了早期马克思主义者对人的解放与未来人类发展蓝图的向往，表现出对个体的生存、发展与自我实现需要的关切，以及对整个无产阶级美好生活的关心，习近平共享发展理论全面继承了这一发展理念：首先，在发展的目的上，以人们的共同幸福为旨归。主张人民群众的利益是我们党一切工作的出发点与落脚点，"以人民忧乐为忧乐、以人民甘苦为甘苦，牢固树立以人民为中心的发展思想，始终怀着强烈的忧民、爱民、为民、惠民之心，察民情、接地气，倾听群众呼声，反映群众诉求。"[①]改善人们的生活质量与生存境况，改善居住环境，加大精准扶贫的力度，让所有人都能享受到改革发展带来的成果，

---

① 习近平：《牢固树立以人民为中心的发展思想》，《党建》2017 年第 2 期。

让人民群众有更多的获得感。其次，在发展的内容上，兼顾各种需要的满足。共享发展的内容之一是全面共享，主张人民共享社会发展在经济、政治、文化、社会与生态各方面取得的成果，每一个方面都不会缺位，充分契合了马克思关于人的生存、发展与自我实现理念的要求，共享发展成果不只是某一方面，也不只是某一层次，而是全方位的。除了共享成果之外，共享发展还蕴含了社会成员享有参加社会发展的权利与社会发展的机会，享有发展的主动性与主人翁地位，成为社会主义建设的主人。最后，在发展的动力上，突出人民群众的根本地位。人民群众是创造历史的根本动力这一论断在共享发展理念中同样得到体现，共建共享坚持发展依靠人民，充分发挥人民群众的积极性与创造性，尊重人民群众的劳动与贡献，认可每一位社会成员的共建与热情参与行为，通过有效的制度安排与政策措施，保障社会公平正义，使每一个成员积极投身到民族复兴的实践中去，加快社会主义建设的伟大步伐。

2. 实现了自由全面发展的历史性与现实性的统一

马克思认为人的自由全面发展是社会发展的最终目标，它建立在整个无产阶级对资产阶级全面胜利的基础之上，个体的人也只有在共产主义时期才能获得真正的解放，人的异化状态最终彻底得到消解，回归人的本质状态，马克思反对抽象与脱离实践的人学理论，认为每一个人都不是孤立存在的，个体必须在无产阶级的大家族中才能最终实现自由，无产阶级的全面解放又建立在整个阶级的自我觉醒与团结之上，马克思说："无产阶级只有在世界历史意义上才能存在。"[1] 如此，马克思对人的自由全面发展清晰地定位于整个无产阶级实现真正解放，并掌握权力、行使权力的历史阶段。我国当前已实现了人民当家作主、自我进行管理的阶段性目标，以习近平为代表的马克思主义者将人的自由全面发展理论具体化了，由共享发展理论实现了人的自由发展理论的历史性与现实性的统一。一方面，共享发展是在中国当前社会主义初级阶段提出的新发展理论，尽管新中国成立至今取得了飞速的发展，经济总量跃居世界

---

[1] 《马克思恩格斯选集》第一卷，人民出版社，1995，第87页。

第二，人民生活水平日益提高，但全国范围内仍存在许多需要解决的难题，贫富差距、社会保障、公共福利以及其他有违公平的现象，共享发展理念对应的正是处于上升阶段的社会主义发展时期，意味着我们要准确认识我们所处的环境，不能好高骛远，也不能停滞不前。另一方面，共享发展正确地布局了当前社会主义发展的理念与策略，把特定历史时期的发展使命通过具体的措施加以安排，包括增加公共服务供给、实施脱贫攻坚工程、提高教育质量、促进就业创业等，从社会保障制度的完善到社会公平正义的实现，共享发展确定了细致而全面的措施，充分体现了共享发展在当前历史环境下对人的自由全面发展的现实化。

3. 实现了自由全面发展的阶段性与连续性的统一

马克思认为人的发展是一个持续而阶段性分明的过程，原始社会到封建社会对应人的相互依赖阶段，资本主义社会对应依赖于物的人的独立性阶段，社会主义社会与共产主义社会对应人的自由个性阶段，人的发展在时空中呈现出上升与扩大的趋势，人的发展三形态的论述体现了马克思对人类社会发展的宏观把控，人的发展必然是逐渐展开、逐步上升的过程，但马克思对共产主义整个阶段的人的发展未有细致的论述，共享发展有机地完善了人的自由发展在社会主义初级阶段过渡到共产主义高级阶段的相关内容，是人的自由全面发展理论在社会主义建设阶段实现了阶段性与连续性的统一。一方面，共享发展对应于社会主义初级阶段的社会发展，是在清晰考察国内国际环境之后做出的正确论断。与成熟的西方资本主义国家相比，我们国家社会安定统一、人们安居乐业、执政党执政效率高、人们生活显著改善，完全有理由确立更加合理的发展理念，共享发展契合了阶段性理论的内在要求。另一方面，共享发展实现了不同层面的阶段性与连续性的统一。马克思关于人的发展理论揭示了从阶级社会向无阶级社会的过渡，习近平在共享发展理论中主张社会主义中国与西方资本主义国家应当构建人类命运共同体，充分体现了新时期马克思主义者运用新理论处理不同发展阶段的矛盾与问题，以共建共享逐步获取全球无产阶级的认同与支持，最终实现人类发展的共赢。在社会主义国家内部，共享发展突出渐进共享的重要性，意味着改革发展是长期的任务，人民的获得感也是一个逐步充实的过程，从逐步富裕到共同富裕、从共享发展到最终实现人的自由全面发展也必将是一个连续并有着若干阶段的过程。

篇四　基于新制度经济学视域的绿色共享发展范式研究

低碳集约的绿色发展体现了共享发展的本质和目标，实际构成绿色共享发展范式。习近平总书记把共享发展理念定义为"以人民为中心的发展思想"，坚持发展为了人民、发展依靠人民、发展成果由人民共享，才能使全体人民共享改革发展成果。这体现了我们党全心全意为人民服务的根本宗旨，也体现了人民是推动历史发展根本动力的唯物史观。目前，我国经济社会的发展不平衡，传统高碳产业占比较高，能耗和污染物排放大多高于发达国家的平均水平，有的甚至高于世界的平均水平。而且经济质量、生产效率和劳动效率都偏低。这说明，传统的粗放增长方式亟待向低碳集约发展转型，实现资源节约与环境友好的发展，提供绿色产品福利，以提高人民生活的质量和对发展的获得感与幸福感。这既是共享发展所要求的最大公平正义，也是社会主义市场经济的本质要求，是当前深化改革的重要目标。本文拟就这种绿色共享发展范式从现代经济学和制度安排层面进行探讨，试图阐明绿色共享发展的理论范式和改革方略。

一　绿色共享发展与我国经济新常态的内在逻辑

习近平总书记 2014 年 5 月在河南考察时指出："我国发展仍处于重要战略机遇期，要增强信心，从当前我国经济发展的阶段性特征出发，适应新常态，保持战略上的平常心态。"7 月 29 日，在中南海召开的党外人士座谈会上，习近平问计当前经济形势，再次提到"新常态"："要正确认识我国经济发展的阶段性特征，进一步增强信心，适应新常态，共同推动经济持续健康发展。"改革开放特别是进入 21 世纪以来，中国经济一直处于快速赶超发展期，具有以下几个鲜明的特征：第一，经济年增长率持续在 9% 以上；第二，高储蓄—高投资率；第三，农民工人口红利贡献巨大；第四，经济、金融和地方财政对房地产业依赖度较大；第五，国民收入分配结构重投资轻消费；第六，高信贷与高货币投放的货币供给机制。在这种情况下，中国经济总量虽然取得了持续增长的巨大成就，但储蓄—投资、国民收入分配中的结构性失衡却日益加剧，对房地产业的过度依赖抑制了创新型的增长，这些造成了对经济系统性伤害。可以说，这种经济旧常态是以 GDP 为中心、以投资为主导、对技术进步重视不足的粗放式增长。从经济发展的本源上看，这也是违背经济规律和资源环境约束的、不可持续的增长。在实现全面建设小康社会的历史转折时期，这种经济旧常态是难以为继的，自身就有着向新常态过渡的内在要求。

再从客观经济规律上分析，经济发展新常态是适应中国潜在经济增长率变化的结果。一般而言，决定潜在经济增长率的因素主要有技术与生产率、资源与资本增长率、人口结构与劳动供给以及自然生态环境的约束。中国潜在增长率下降，其核心问题是中国人口结构发生了明显变化，劳动年龄人口的增长速度逐年减慢，而人口抚养比则由下降转为提高。人口结构的变化，不可避免地导致中国国民储蓄率趋于下降，使得依靠投资主导的增长模式难以获得有效的资本供给。与此同时，技术进步又是一个周期较长的过程，技术创新供给不足。而且粗放式增长导致自然生态环境严重透支，自然再生产的增值能力大幅度下降，已经无法支撑低质高速的增长。这就意味着，新常态是经济发展变化所必然导致的供给面变化和政府政策取向主动适应潜在经济增长率变化的结果。历史经验表明，中国经济在其自身潜在供给能力上实现 7% ~ 8% 的增长，一般不会出现严重的就业压力和高通胀率，是一种符合经济周期运行规律的合理增长。所以经济新常态的基本特征：其一是中国经济总需求结构变化，最终消费对经济增长的贡献将上升，投资与净出口的贡献相对下降，增长速度要以环境容量和资源承载力为依归，从高速增长向中速或中高速增长换挡；其二是市场机制对资源配置起决定性作用，经济增长的力量将主要依靠环境友好前提下生产率提升的科技创新驱动，经济结构特别是产业产品结构优化升级，经济增长质量成为衡量经济绩效的导向性指标；其三是中国市场对内对外更加开放，放松对经济主体的市场准入限制，实行更加严格、公平、公开透明的经济产权与环境产权制度和各类市场参与者的司法保护制度；其四是实行"稳"的宏观政策与"活"的微观政策有机地结合，从总量宽松、粗放刺激转向总量稳定、结构优化的宏观政策，从广度和深度上配合市场机制推进结构调整和发展方式转变；其五是利率市场化进一步深化乃至最终基本实现市场化的总体水平，发挥市场供求在汇率决定中的主导性作用，更好地反映消费者的时间偏好率和企业的真实资本回报率及风险状况，整个货币政策的重心将定位于通过改革激发市场活力、调整经济结构而实现有质量的、平衡的、资源环境代价最小化的"好"的增长。

综上所述，经济新常态的本质就是全面推进以低碳集约为内核、资源节约与环境友好为目标的绿色发展，以对有限的经济和环境资源合理利用，最大最好地满足人的发展要求，并实现代际间的均衡与共享。在这里，绿色共享发展就是建立在生态环境容量和资源承载力的约束条件下，将环境保护作为实现可持续发展重要支柱的一种新型发展模式，最核心的问题是资源与生态的可持续性。[①] 我国"十三五"规划对绿色发展提出要求：生产方式和生活方式绿色、低碳水平上升，能源资源开发利用效率大幅提高，能源和水资源消耗、建设用地、碳排放总量得到有效控制，主要污染物排放总量大幅减少。到 2020 年非化石能源占能源消耗比例达到 15%，万元 GDP 用水量较 2015 年下降 23%，地级及以上城市空气质量优良天数比率达到 80% 以上等。可见，绿色发展就是提供最公平的公共福利产品和最普惠的民生福祉，是共享发展的一种"公权利"。而这种公共产品的提供，涉及地方、部门、企业的利益（"私权利"），

---

① 任理轩：《坚持共享发展——"五大发展理念"》，《人民日报》2015 年 12 月 24 日，第 7 版。

存在很大的利益冲突。因此，经济发展新常态的实质就是要解决好这种"公权利"的公共产品与"私权利"的私有产品（广义）矛盾冲突，在全社会广泛实现绿色共享发展。

　　经济学范式分析表明，低碳生产方式同资本生产方式的根本区别在于其约束条件不同。低碳生产方式的约束条件是自然生态环境友好，而资本生产方式的约束条件则是资本利得最大。在社会主义条件下，这二者并不是根本对立的，资本生产需要低碳的绿色发展，而低碳生产也需要资本推动。所以，要把这两种约束有机地结合起来，通过价格机制来规制经济利益主体的资源利用行为，防范牟取资本利得最大而破坏自然生态环境。由此可见，绿色的低碳生产方式是以社会"公权利"进入市场规制经济利益主体行为，促进人类社会共享发展，最能从本质上体现社会主义社会人的发展所要求的现代市场经济发展模式。马克思指出人的发展是指社会上每一个成员的体力、智力、个性和交往能力等方面的发展，既包括量上的规定又具有质上的内涵。在量的方面，是指社会全体成员都能得到发展。而质上的发展则是指人与自然、人与社会、人与人以及人自身的各方面发展处于公平一致、协同运行的共享发展，人作为主体摆脱了不合理的束缚，真正做到发挥自己独特的创造性，展现自己的本质力量的自由发展，以及作为主体的人的实践活动、社会关系、需要、能力、潜能素质等方面的全面发展。所以，绿色共享发展的经济社会目标，不只是一个简单的总量供需均衡问题，更重要的是共享发展的真实财富结构优化问题。主要包括物质财产与精神财富如康乐、幸福、关爱及和谐关系等，涉及人力资本、自然（绿色）资本、人造资本、金融资本和社会资本等五种异质资本综合，其核心的理论主张是幸福与财富等价，高度关注社会财富的功能性结构与质量的优化，创造财富应使社会所有的人更幸福，身心更健康，生活质量更高，社会福利持续改善，和谐社会全面发展。长期以来，建立在同质化总量均衡基础上单纯追求"私权利"的资本生产方式，已在许多方面误导了人类经济活动，如片面追求GDP、生态失衡、社会分化、经济危机等，导致人与人对立、人与自然对立、城与乡对立、国与国对立，进行残酷的斗争（竞争），造成了人类社会发展不均衡、不和谐、不可持续的诸多严重问题，人类还远未走出经济社会发展的必然王国。因此，建立低碳集约化绿色生产方式，全面达到既保持经济快速与可持续增长，实现经济与环境的和谐，同时又通过减少和消除机会不平等来促进社会公平与增长的共享性。这种绿色共享发展方式就是对人类发展行为目标的优化，也是我国新常态下经济社会发展的本质要求和最高目标。

二 绿色共享发展是经济学研究的重大前提

以上分析已说明，由高碳粗放发展向低碳集约发展转型，其实质就是正在全球兴起的绿色发展。所谓绿色发展是指建立在生态环境容量和资源承载力的约束条件下，将自然环境保护作为实现可持续发展重要支柱的一种新型发展模式，最核心的问题是保持资源与生态的可持续性以持续改进绿色福利。在现代经济学中，资源不仅是指社会经济活动中人力、物力、财力的总和，而且还包括了自然环境这个极其重要的资源，它们共同构成了人类社会经济发展的基本物质条件。从最一般的意义上说，经济学研究的重要前提就是人类需求的持续增长性、多元性与资源的稀缺性，其历史使命是如何在保护好自然生态环境的前提下，实现人类对珍稀的生态资源进行公平合理利用，达到资源节约与满足人类持续增长需求的最优均衡。这就是经济学意义上绿色发展的宗旨，也是共享发展的根本要求。

1. 自然生态环境要素具有商品社会属性

环境友好型社会的核心内涵是人类的生产和消费活动与自然生态系统协调可持续发展。一般来说，自然生态环境是各种天然的和经过人工改造的自然资产的总称，是重要的现代生产要素。在这里，环境、资源和生态三者之间具有非常密切的关系。从环境角度看，水、土地、森林、草原、动植物、矿产、空气等一切自然资源，都是构成环境的要素。从资源角度看，环境本身也是必不可少的一种自然资源。由于这种环境资源不仅表现为有形的物质性资源实体，而且又具有无形的舒适性生态功能，所以构成人类生存和发展的生态系统。然而，在对待自然生态环境这个问题上，传统经济学存在很大的认识误区。我们知道，政治经济学认为，商品的价值是商品的社会属性，是凝聚在商品中的社会必要劳动量。商品的交换是价值的交换，商品价值是通过交换价值来实现的。商品的交换过程是按价值规律由买卖双方在商品市场上进行的。这也就是说，没有劳动参与的东西没有价值，或者认为不能交易的东西没有价值。于是，人们把空气、水、矿藏、森林等环境资源看成是大自然赐予的，是取之不尽、用之不竭的。在其生产经营发展过程中，从周围环境中无偿索取资源换取丰厚的经济财富，同时又向环境中排放废气、废水、废渣等"三废"物质。而在计算生产成果时，却只计算生产产品的直接效果，不计算环境资源的耗竭以及有害产物对环境资源损害的消极效果。很显然，这种计算经济效果的方法是十分片面的。在现代社会，人类劳动的足迹已渗透到人类主观世界和客观自然世界的方方面面，无论社会生产过程，还是自然生产过程，都凝聚了人类的劳动，都在创造人类生存和发展所需要的社会物质财富。正是基于此，当代自然界物质运动和自然生产过程所产生的各种环境要素，以及它们有机结合所生产的生态效益都是具有使用价值和价值属性的社会财富。这也就是说，在市场经济中自然生态环境具有商品的社会属性，只不过有其特殊的表现形式而已。其特点是自然生态环境作为资源利用中的价值交换隐藏在与经济生产的物资交换之中，当自然生态环境处于平衡状态时，会源源不断地为人类生产新的物质财富（如清洁的空气、水和土地等）。而在自然生态环境受到破坏时，自然生产力创造的财富就会大幅度减少，环境质量下降，劳动生产率也下降，以至危害人类的生存和发展。这就是隐藏在经济生产与环境资源之间物质交换中的价值交换，实际上是在社会范围内所进行的环境资源利用中的社会价值交换的"隐形"市场。这种渗透在商品经济大市场中的"隐形"市场和"隐形"的价值交换，实际上就是人们利用自然生态环境资源应该付出的必要社会劳动（如环境治理、生态修复、生态效益等），直接影响社会经济效果。基于此，英国经济学家希克斯提出绿色GDP核算指标，即从现行统计的GDP中，扣除由于环境污染、自然资源退化、教育低下、人口数量失控、管理不善等因素引起的经济损失成本，以衡量扣除各种自然资产损失后新创造的真实国民财富总量。据有关研究，北京市 1997 年绿色 GDP 占 GDP 的 75.75%，广东 2007 年绿色 GDP 占 GDP 的 90.34%。全国综合起来看，这些年每年由生态和环境破坏带来的损失占 GDP 的比重约在 8% 以上。[①]总之，从生态平衡的客观规律要求来看，自然资产的损失只有在耗费了人类劳动进行修复后，才能保障人类的正常生存和发展。所以在工业化运动之后，人类所依存的自然环境大多是经过人工改造过的自然资产，凝结着人类的必要社会劳动，这就更直接地具有社会性商品的使用价值和市场交换价值。

2. 环境定价是达到低碳排放的产权规制

产权是通过法律界定的一种权利或规则，即一个社会所强制实施的选择一种经济品的使用权利，是在市场竞争过程中规范经济利益主体行为的规则。这里的关键是基于社会性生产经营过程中的负外部性所明确的权、责、利关系。美国福利经济学家庇古在《福利经济学》一书中提出个人和企业行为的"负外部性"，并认为当个人危害行为产生的时候，他需要为其行为负责，也就是支付由这种行为所造成的社会成本即庇古税，实现这种负外部性的内部化。科斯于 1937 年和 1960 年分别发表《企业的性质》和《社会成本问题》两篇论文，提出了交易成本理论，即经济主体运用市场机制的成本。他主张在一定社会条件下，合理使用第三方仲裁，"避免甲对乙的损害，将会使甲遭受损害，必须解决的真正问题是允许甲损害乙，还是允许乙制止损害，关键在于避免较严重的损害，并且应当从总体的和边际的角度来认识问题"。美国产权经济学家哈罗德·德姆塞茨认为，产权是一种社会工具，其重要性在于能够帮助一个人形成与其他人交易时的合理预期，规定其"受益或受损的权利"。[②]根据产权经济学的解释，确认自然生态环境社会交换价值，就是

---

① 潘岳：《绿色 GDP 核算正向我们走来》，《人民日报》2004 年 9 月 14 日，第 5 版。

② 〔美〕R. 科斯、A. 阿尔钦、D. 诺斯：《财产权利与制度变迁》，上海三联书店，1991，第 4~100 页。

给环境定价，赋予自然生态环境产权，全面实现环境外部性的内部化。这是因为环境领域也存在使自己或他人受益或受损的权利，存在产权界定、产权交易、产权保护等问题。因而，环境产权在理论上是完全成立的。其实，这些年在实践中，很多国家已尝试运用环境产权来应对环境挑战。一方面，由政府对环境污染等外部性问题进行干预，如我国正在推进的环境税费改革和生态环境补偿等，这是保护环境产权的重要制度安排。另一方面，一些国家还采取了直接市场交易方式，比如碳产权交易（排污权交易）制度，对自然生态环境的保护取得了显著的成效。总之，环境产权界定越明确，产权交易越充分，环境产权的价值就越大，低碳排放的环境友好水平就越高。这是在市场经济条件下全面实现绿色低碳发展的基本制度安排。

创建环境产权制度，需要以环境产权的界定、交易、保护制度为基本架构，并以环境产权界定制度为前提和基础。产权界定是对产权体系中的诸种权利归属做出明确的界定和制度安排，包括归属的主体、份额以及各种权利的分割或分配。要做到凡是为创造良好环境做出贡献的地区、企业或个人，应对其贡献做出界定，使其获得环境产权收益；凡是享受了环境外部经济效用的地区、企业或个人，应对其收益做出界定，使其向环境产权占有者支付相应的报酬；凡是对环境造成侵害的地区、企业或个人，应对其侵害做出界定，使其支付相应的经济赔偿；凡是遭受环境损害的地区、企业或个人，应对其受损做出界定，使其向环境产权侵害者索取相应补偿。总之，通过环境定价实现环境产权交易价值，就是要使对环境的贡献者获益，侵害者受损；无贡献而搭便车获益者应付费用，无侵害而无辜受损者应获补偿，以更有效地发挥产权市场机制的调节作用，高效率、高质量、高档次地建设环境友好社会。

3. 绿色发展是"公权利"对"私权利"的内化

国内外的实践证明，在工业化过程中环境质量下降甚至环境破坏，基本上都是人类的生产和生活行为严重失范所致。对于经济发展与环境的内在经济关系，1991 年，美国经济学家格罗斯曼和克鲁格收集全球

42 个国家面板数据，通过人均收入与环境污染指标之间的演变模拟分析，最早提出环境库兹涅茨曲线理论，解释经济增长与环境的关系，认为随着经济的增长可以自动改善环境质量。这个理论解释主要是围绕"经济规模效应与结构效应""环境服务的需求与收入关系""政府对环境污染的政策与规制"三个方面展开的。一般来说，在经济发展初期，人均收入水平较低，社会关注的重点是经济快速增长与加快摆脱贫困，再加之初期的环境污染程度较轻，人们对环境服务的需求较低，往往忽视对环境的保护。随着工业化发展的加快，经济规模扩大，越来越多的资源被开发利用，资源消耗速率开始超过资源的再生速率，产生的废弃物数量大幅增加，导致环境状况恶化，使环境的质量水平大幅度下降，环境治理和保护引起各界关注。正是由于经济的发展，国民收入的提高，人们的消费需求结构随之发生变化，环境服务成为正常品，人们对环境质量的需求增加了。同时，政府财力和管理能力也随着国民经济的发展而增强，一系列环境治理措施和环境治理法规出台实施（称之为消除环境污染效应）。在上述因素的综合作用下，产业结构转换升级，由重化工业向服务业和技术密集型产业转移，大幅度减少了环境污染，对环境保护产生了正效应。实际上，这些结构变化效应暗含着技术效应。因为产业结构的升级需要有技术的支持，而技术进步使得原先那些污染严重的技术为较清洁技术所替代，从而改善了环境质量。正是因为规模效应与结构效应和消除效应之间的权衡，才使得在产业结构升级时，环境污染减轻，环境与经济发展关系呈倒"U"形曲线。

由于环境库兹涅茨曲线理论运用新古典主义发展经济学来解释经济增长与环境的关系，因此认为经济发展是一个"经济生物学"的过程，可以随着经济的增长而自动改善环境质量。这实际上是在完全竞争基础上的假设和推论，同国内外经济发展的现实严重脱节，存在较大的内生性缺陷。因为环境因受污染而退化是由多种因素导致的，而且不同阶段的环境退化与经济增长又有着不同的关系。如发展中国家的环境退化与人口压力、自然资源的过度开发、非密集生产方式、低生产率等有关，而发达国家也依然存在环境退化，更多地与过度消费有关。新技术在提高生产率的同时可能降低旧污染物，但也会产生新的污染物，包括致癌化学物、二氧化碳等，原污染物排放减少的同时新污染物排放上升，总污染并未下降。此外，在经济市场化和全球化进程中各国及其企业以保持和提高竞争力为借口，放松环保规制，形成触底竞争，出现收入水平提高而污染排放保持不变，曲线趋于平坦的局面。而且发达国家与发展中国家间存在差异，发达国家污染密集型生产下降的同时，其污染密集型产品的进口消费并未同幅下降，污染密集型工业从环境标准高的发达国家向环境标准低的发展中国家转移，后者成为"污染避难所"。因此，世界范围的污染并非下降了，而只是转移了。以上这些问题说明，经济增长不可能自动地解决环境问题，并不必然最终带来环境改善。①

上述环境库兹涅茨曲线理论之所以存在这些内生缺陷，是因为它完全忽视了经济增长同环境改善之间存在的利益冲突问题。在市场经济条件下，经济增长是由资本推动的，其约束条件是直接进入企业生产过程的成本最小化，生产要素转化为资本利润的最大化，而在传统经济学和经济核算体制中，自然环境资源是不进入企业成本的。资源节约基本上是经济资源的节约，其直接目的是实现资本利润最大化。可见，这种资本生产方式对于其经济利益主体包括不同的国家、部门、企业和个人而言，都是一种商品生产的"私权利"。而环境保护或环境质量改善却是面向全社会、全人类提供公共产品，受益者是不分阶层、不分族群、不分国度的，由整个社会和整个世界共享，这是一种"公权利"，其本质是充分满足人类健康生存和发展的要求。由于"私权利"的膨胀严重直接冲击和损害"公权利"，而"公权利"的维护又会限制"私权利"的利益，因而这些年来无论是在全球或全国范围还是在区域性范围，二者之间都存在巨大的利益冲突和博弈，这样经济的增长便难以自动改善环境质量。总之，当自然环境的成本没有转化为企业成本时，是不可能达到低碳排放的环境友好的。那么，如何从根本上解决这个问题？其唯一

---

① 钟茂初、张学刚：《环境库兹涅茨曲线理论及研究的批评综论》，《中国人口·资源与环境》2010 年第 2 期。

的出路就是上面所提出的给环境定价，推动环境产权的市场交易，实现环境外部性的内部化（进入经济核算体系）。[①] 其本质是在市场经济制度的框架内，通过环境产权交易实现社会"公权利"对各类经济主体"私权利"进行组合内化，维护自然生态环境生命线，建立绿色生产方式，达到人类经济生产从自然界获取的物质要素不超过自然再生产的增值能力，构建社会经济再生产过程与自然生态再生产过程之间良性的物质交换和循环的机制。

三 我国实现绿色共享发展的体制机制创新

以上分析说明，绿色共享发展的要旨是将生态环境保护作为实现可持续发展的重要支柱，有效提供公共产品和民生福祉。这种公共产品的生产和提供，与地方、部门、企业的利益存在冲突和摩擦。因此，全面实现绿色共享发展，首先要建立绿色共享发展的评价指标及其管理体制，规范政府行为。[②] 同时明确界定自然资源和生态环境的产权关系，建立经济利益主体行为规范的机制，实现自然资源和环境外部性的内部化，促进绿色共享发展目标的全面实现。

1. 建立绿色共享发展评价指标及管理体制

绿色共享发展是以人为本的多元异质且又有着内在联系的一个系统性整体。所以，对绿色共享发展水平的评价不宜单项评价，应进行多元评价和多目标值的整合，建立包容性的综合评价体系，作为我国经济社会科学发展的衡量标准和政策依规。

首先，选定评价维度及其指标体系。根据包容性财富标准和低碳集约生产方式的内涵，我们设定从文明道路、创新驱动、区域协同、持续增长和社会安宁五个维度评价绿色共享发展水平。

（1）文明道路。绿色共享发展的目标就是要建立党的十八大提出的

---

① 〔美〕汤姆·泰坦伯格：《环境与自然资源经济学》，严旭阳等译，经济科学出版社，2003，第61~83页。

② 〔日〕宫本宪一：《环境经济学》，朴玉译，北京三联书店，2004，第162~233页。

文明发展道路，着力发展低碳产业、低碳企业、低碳市场，促进公平分配，倡导低碳消费，因此本维度就以"生产发展、生活富裕、生态文明"三个领域层指标来进行评价。

（2）创新驱动。就建立现代文明发展道路来说，这里最关键的是绿色低碳技术和体制创新，核心是客体同进行技术创新的人相结合，因此本维度采用"技术创新、人力资本"两个领域层指标进行评价。

（3）区域协同。绿色发展需要空间经济布局合理，实现协同发展。目前我国的主要矛盾是城乡差别和发达地区与发展中地区差别过大，因此本维度采用"城乡一体、区域协同"两个领域层指标进行评价。

（4）持续增长。从我国发展实际和包容性共享财富指数来看，以基础设施先行为主的生产资本准则和以生态资源保护为主的自然资本准则是真正达到可持续增长的关键，因此本维度主要采用"生产资本、自然资本"两个领域层指标进行评价。

（5）社会安宁。这个维度既是对以上维度发展结果的综合，又有关于社会和谐与安全的特定要求，因此采用"社会和谐、社会安全"两个领域层指标进行评价。

附表　绿色共享发展包容性评价指标及其权重

维度层指标		领域层指标		指标层	
指标	权重	指标	权重	指标	权重
文明道路 U_1	0.30	生产发展 U_{11}	0.10	地区生产总值 U_{111}	0.04
				人均地区生产总值 U_{112}	0.03
				产业结构高度化 U_{113}	0.03
		生活富裕 U_{12}	0.10	城乡居民就业率 U_{121}	0.04
				城乡居民收入 U_{122}	0.03
				城乡恩格尔系数 U_{123}	0.03
		生态文明 U_{13}	0.10	环境质量综合指数 U_{131}	0.04
				碳排放强度 U_{132}	0.03
				森林覆盖率 U_{133}	0.03

维度层指标		领域层指标		指标层	
指标	权重	指标	权重	指标	权重
创新驱动 U_2	0.20	技术创新 U_{21}	0.10	技术进步贡献率 U_{211}	0.04
				高新技术产业占比 U_{212}	0.03
				万人发明专利拥有量 U_{213}	0.03
		人力资本 U_{22}	0.10	财政性教育经费占比 U_{221}	0.04
				专业技术人员占比 U_{222}	0.03
				人群平均健康指数 U_{223}	0.03
区域协同 U_3	0.20	城乡一体 U_{31}	0.10	城乡公共服务覆盖率 U_{311}	0.04
				产业集聚的城镇化率 U_{312}	0.03
				农村居民集中居住率 U_{313}	0.03
		区域协同 U_{32}	0.10	区域公共服务协同率 U_{321}	0.04
				区域产业联系协同率 U_{322}	0.03
				区域基础设施协同率 U_{323}	0.03
持续增长 U_4	0.20	生产资本 U_{41}	0.10	固定资本价值形成率 U_{411}	0.06
				基础设施建设投资占比 U_{412}	0.04
		自然资本 U_{42}	0.10	自然资本价值保有率 U_{421}	0.06
				生态修复投资占比 U_{422}	0.04
社会安宁 U_5	0.10	社会和谐 U_{51}	0.06	社会和谐指数 U_{511}	0.06
		社会安全 U_{52}	0.04	公众安全感指数 U_{521}	0.04
总分	1.00		1.00		1.00

其次，对评价指标赋权值及标准化处理。绿色共享发展评价指标的权重设置采用专家咨询法，通过访问高校科研机构的专家，对包容性评价指标的权重进行打分，认为通过转型发展进而建立文明发展道路是绿色共享发展的前提和核心，因此在包容性评价指标五个维度的权重设置中，应该给予最高的权重，赋值0.30；而创新驱动、区域协同、持续增长是实现绿色共享发展并构建文明发展道路的重大举措，因此各赋值0.20；社会安宁是绿色共享发展的社会目标，也是以上四个维度的综

合结果，当然这其中也有自身特定的内容，故赋值 0.10。由于此指标体系中既有正向指标，又有逆向指标，还有区间指标，因而要进行标准化处理。

正向指标的标准化方法：

$$V_{y,j} = {X_{y,j}} \Big/ {Z_{y,j}} \times 100$$

式中，$V_{y,j}$ 为 j 指标第 y 年的标准化得分，$Z_{y,j}$ 为 j 指标第 y 年的目标值，$X_{y,j}$ 为 j 指标第 y 年的实际值。

逆向指标的标准化方法：

$$V_{y,j} - \left(\frac{\max_{y,j} - X_{y,j}}{Z_{y,j}} \right) \times 100$$

$V_{y,j}$ 为 j 指标第 y 年得分，$\max_{y,j}$ 为 j 指标最高值，$Z_{y,j}$、$X_{y,j}$ 含义同正向指标。

最后，明确单项指标得分范围及目标值。根据我国绿色共享发展要求和经济社会发展规划，并参照国际发展的水平，给定各具体指标的目标值。

将绿色共享发展包容性评价纳入政府的考核评价体系中，成为政府考核工作的一项重要指标，实行政府内部考核与公众评议、专家评价相结合的评估办法。这一指标体系并不是以传统的地区生产总值增长数量为考核目标，而是以保护环境和经济社会健康发展为支柱的绿色共享发展为评价目标，连同对新型工业化、新型城镇化和小康社会建设的评价一同进行考核，作为评价各级政府和领导干部工作业绩的重要内容，按奖优、治庸、罚劣的原则，把绿色共享发展的考核结果作为干部任免奖惩的重要依据，变成对干部从政行为约束的"硬杠杆"。与此同时，还应建立生态环境损害责任终身追究制，通过对一个地区的水资源、环境状况、林地、开发强度等进行综合评价，在领导干部离任时，对自然资源进行审计，若经济发展很快但生态环境损害很大，就要对领导干部进行责任追究。同时，运用绿色共享发展包容性评价体系评价和指导产业政策的制定和实施，以改造传统产业结构，实现产业结构的优化升级。总之，只有这样才能使绿色共享发展真正纳入政府的决策和规划，起到科学规范政府行为的目的。

2. 促进绿色共享发展的税收制度及政策创新

税收是保护环境和资源的一个重要工具。20 世纪 70 年代以来在西方发达国家中掀起了绿色税制改革的热潮。以保护环境、合理开发利用自然资源、推进绿色生产和消费为目的，建立开征以保护环境和资源的生态税收的"绿色"税制，从而比较有效地保持人类的可持续发展。我们知道，税收并不命令人们或企业如何做，它只产生刺激力或制约力。所以，这种以保护环境和资源为宗旨的"绿色"税收是对环境保护法的有力补充，它由以往的"事后惩罚"改变为经济刺激，调动了经济主体对环境和资源保护的积极性和主动性。[①]因此，创立"绿色"税收制度是实现低碳绿色经济发展的一项最基本的体制创新。以下提出几项探讨性的改革建议。

（1）加快推进环境税费改革，全面开征环境保护税。我国原有环境保护管理的收费制度，如排污收费、矿产资源补偿费和矿区使用费等，但这些收费制度存在各种不同的缺陷，其主要问题是管理刚性不足，征管成效不佳。排污收费作为一种行政事业性收费，相比其他执法部门的执法和征管力度，其具有刚性不强的特点，收费难度相当大，不能足额征收，效果不理想。而且管理界限模糊，收费范围偏窄。此外，外界干扰过多，特别是一些地方政府对环保收费管理的随意性大，甚至还有些地方政府基于对经济发展规模和快速度的追求对环保收费形成阻碍，大大增加了环保收费难度。基于此，最近全国人大已正式通过环境保护税的立法，将环境保护排污收费正式改为环境保护税，这是一个重大的改革和进步。从理论上分析，环境税是把环境污染和生态破坏的社会成本，内化到生产成本和市场价格中去，再通过市场机制来分配环境资源的一种经济手段。部分发达国家征收的环境税主要有二氧化硫税、水污染税、噪声税、固体废物税和垃圾税等 5 种。其实践已充分证明，环境税的开征取得了十分明显的倍加红利效果。具体表现为：一方面，通过环境保

---

① 〔英〕西蒙·詹姆斯等：《税收经济学》，罗晓林等译，中国财政经济出版社，1988，第 77~89 页。

护税的征收，促进企业增强环境保护意识，强化污染治理，淘汰高耗能、高污染、高排放产业和技术，提高了环境质量；另一方面，由征税获得的净经济效益，形成了更多的社会就业、个人财富、GDP 总值以及持续的 GDP 增长等，对生态环境、居民就业、税负再分配、经济行为和投资产生倍加增值的影响。这是一个极为重要的成功经验。我国在环境税的实施过程中，要高度重视发挥环境税本身固有的倍加红利作用。通过对原有税制扭曲效应的纠正，促进国民经济结构调整、保持有效的激励机制，发挥环境税刺激经济主体行为外部正效应的作用。特别是通过环境税率结构设计上的技术性处理，引导企业提高资源利用率，大幅度减少污染物排放对环境的破坏，最终达到优化产品质量和品种、增加社会福利、提高企业生产率和绿色竞争力的目的。

（2）创造条件开征碳税，减少温室气体的排放量。碳税是指针对二氧化碳排放所征收的税。其目的是通过对燃煤和石油下游的汽油、航空燃油、天然气等化石燃料产品，按其碳含量的比例征税来实现减少化石燃料消耗和二氧化碳排放，以减缓全球变暖，保护大气环境。可见，碳税也是环境污染排放税的一种，但二氧化碳等温室气体的排放对自然气候环境危害被列入了《京都议定书》和《联合国气候框架公约》等缔约方的重要议事，而且对二氧化碳排放制定了一定指标即碳排放指标，因此开征碳税具有巨大的国际影响力，可以提高我国"碳政治"的国际话语权，提升在国际"碳交易"市场的国际地位，因而可考虑从环境污染税中单列。碳税纳税对象主要有汽油、柴油、航空燃油、天然气、煤炭等石化能源，另外还有鞭炮烟花、卷烟等产品，这些产品使用时燃烧后都会释放二氧化碳。专家学者就碳税的开征模式存在比较大的争论，就中国而言，目前在讨论中提出的主要备选方案有三种：一是新开征环境保护税，碳税作为其中的一个税目引入；二是比照我国的燃油税改革，在消费税中引入碳税；三是将碳税纳入资源税中，按照含碳量不同设定不同的税率。我们认为，第一种方案比较适宜，其理由：一是碳税既有消费税的品目，又有资源税的内容，所以将碳税纳入环境税最为适合，体现了促进环境保护政策效应；二是碳税脱离环境税后，使得环境税体系比较松散，缺乏系统性，影响环境税制度的社会效应；三是碳税纳入消费税、资源税或单独开征，增加了我国税种的繁杂性，不利于我国税制改革。因此，把碳税纳入环境税体系更为妥当。从经济学意义分析，碳税的设立是从中性立场出发，引导资源配置优化，达到提高效率的目的。也就是说，建立碳税制度并以此来控制二氧化碳的排放量，可以使不同企业根据各自的控制成本来选择控制量。相比较而言，碳税较之其他控制手段，如排污收费、罚款，在同样的排污控制量的情况下，成本相对要低，所以征收碳税可以获得"双倍红利"，即用中性的碳税来替代如收入调节税等现有税收，在总税收水平不变的情况下，可达到减排温室气体的目标与调整现有税收制度对经济绩效扭曲程度的效果。而其税款又可用于各地生态造林或其他"碳捕捉"技术等低碳工程的政府补贴，遏制二氧化碳日益上涨的增量。总的来看，在推进绿色共享发展的过程中开征碳税势在必行。据财政部的研究课题，碳税政策正在酝酿之中，其税率初步设在每吨二氧化碳征收 10 元，此后再逐步提高。同时，积极开展"碳交易"试点，在交易机制、交易规则和核算体系等方面进行技术和机制的创新探索，最终建立统一的"碳交易"市场体系。特别要动员企业做碳综合，积极运用碳汇交易，促进植树造林以较低的成本吸收二氧化碳，保护大气环境。

（3）深化资源税改革，完善资源产品价格形成机制。资源税是以各种应税自然资源为课税对象、为了调节资源级差收入并体现自然资源有偿使用和节约使用而征收的一种税。资源税在理论上可区分为对绝对矿租课征的一般资源税和对级差矿租课征的级差资源税，体现在税收政策上就叫作"普遍征收，级差调节"。要求所有开采者开采的所有应税资源都应缴纳资源税。同时，开采中、优等资源的纳税人还要相应多缴纳一部分资源税。在这里，一般资源税就是指国家对国有资源，如我国宪法规定的城市土地、矿藏、水流、森林、山岭、草原、荒地、滩涂等，根据国家的需要特别是绿色共享发展的需要，对使用某种自然资源的单位和个人，为取得应税资源的使用权而征收的一种税。而级差资源税则是国家对开发和利用自然资源的单位和个人，由于资源条件的差别所取得的级差收入课征的一种税。目前我国的资源税征税范围较窄，仅选择了部分级差收入差异较大、资源较为普遍、易于征收管理的矿产品和盐列为征税范围。此外，包括煤炭、石油、天然气等在内的资源税费标准偏低，导致资源的使用成本相应较低，难以起到促进资源合理开发与节约利用的作用，也不利于形成合理的资源要素价格形成机制。例如稀土资源被誉为"21世纪的黄金"，是不可再生的战略资源，成为各国竞购的重要对象。我国是稀土资源大国。但稀土资源税率过低，没有发挥好资源保护的作用，也没有促进合理的价格形成机制，导致了严重的恶性竞争，国家资源被贱卖，矿区自然生态被破坏。这说明，随着我国经济的快速发展，对自然资源的合理利用和有效保护将越来越重要，因此，要积极推进资源税费改革，其基本思路是：要以建立矿业权有偿取得和资源勘察开发合理成本负担机制为核心，逐步使矿业企业合理负担资源成本，矿产品真正反映其价值。具体包括：进一步推动矿业权有偿取得；中央财政建立地勘基金，建立地勘投入和资源收益的良性滚动机制；建立矿区环境和生态恢复新机制，督促矿业企业承担资源开采的环境成本；合理调整资源税费政策，促进企业提高资源回采率和承担资源开采的安全成本；不断完善矿业权一级市场，加强资源开发和管理的宏观调控。目前深化改革的重点是扩大资源税的征税范围，将原油、天然气、煤炭和稀土资源税计征办法由从量征收改为从价征收，并根据资源保护与市场规制的要求合理提高其税负水平。同时要完善资源有偿使用制度，在全国范围内全面推行阶梯式水、电、气价制度，并建立有效调节工业用地和居住用地合理比价机制。

（4）建立生态补偿及修复机制，推行生态补偿费改税的改革。生态补偿与生态修复机制是以保护生态环境，促进人与自然和谐发展为目的，根据生态系统服务价值、生态修复成本、发展机会成本，运用政府和市场手段，调节生态保护利益相关者之间的利益关系的一项制度安排。我国的现行体制和做法是对开采矿产资源的行为征收生态补偿费和生态修复费等，其收费额度不大，对生态环境保护的力度很不够，与上述环境收费制度存在同样缺陷，因而实行费改税有其必要性。生态补偿及修复税的纳税主体是开发、利用土地、森林、草地、水、矿产、地热、海洋等自然资源的社会组织和个人。计税依据由自然资源的稀缺程度和开发利用的程度共同确定，对不可再生、本国稀缺的自然资源可以课以重税。生态补偿及修复税以行为作为课税对象也可设计为以物为课税对象，为避免生态补偿及修复税与现行资源税存在一定重复征收的嫌疑，应对其税目进行重新定义，可包括化学燃料税、水环境修复税、矿产环境修复税、森林修复税和草原环境修复税等。生态环境补偿税与资源税区别在于，前者对开采资源后遗留的环境破坏程度进行征税，后者是对其资源本身实行征税。森林、草地对于地球生态环境的作用和地位是其他资源无法替代的，森林是陆地生态系统的主体，它是二氧化碳的转换器和洪水的调节器，直接关系全球生态环境、人类生存和发展的问题，而森林和草地植被相对较为脆弱，被破坏后予以修复是相当困难的，且时间相当长，需要八年至十年甚至更长；草地的退化可导致土地沙漠化、荒漠化，人类生存环境将受到威胁，因而治理修复所需成本相当高，对其设置税率要相对高一点。这体现了"税负与损害程度相适应原则"，做到谁污染、谁负担，让污染制造者负担起应尽的环境责任。另外，人们开采地下水时对地下水系统造成一定程度的损害和破坏，人们生活和自然环境受到影响，如地面沉降等，因而需要对其开采行为征生态补偿及环境修复税。我们认为，生态补偿及修复税的税率确定可以借鉴资源税的税率机制按资源开采量从价计征，其税率幅度相当于资源税税率幅度的 50% 较为适宜，与拉弗曲线原理比较吻合。对所征收的税收必须完全用于生态补偿和环境修复，不得挪作他用。同时，要积极探索排污权交易、水权交易、生态产品服务标志等补偿方式，创建市场化补偿模式。

3. 企业行为规范的产权制度及政策创新

由于企业生产低碳绿色产品的本质是企业在与社会的交往中承担社会责任，创造节能降耗减排的社会效益（正外部性），所以，创建低碳企业以及发展低碳产业是绿色共享发展的重要基础。政府必须制定鼓励和规制企业低碳绿色生产行为的综合性产权政策，充分实现企业与社会间交易成本外部性的内部化。① 为此，中央和地方政府应采取下述调控措施。

（1）制定低碳绿色经济的法律法规和政策体系。针对低碳绿色产业发展的规律，各级政府应制定或完善节能降耗减排环保的法规和政府规章，建立执法责任制，加大节能环保的执法力度，严格规范企业使用能源和排放废弃物的行为，形成倒逼机制促使企业建立低碳绿色生产经营的机制；对低碳企业创建中符合条件的节能环保、清洁生产、资源综合利用等重大技术改造项目、科技创新项目要完善用地和财政政策，给予优先支持；在制定产业结构调整、进出口配额、政府采购等具体政策时，对低碳企业生产的低碳绿色产品予以优先考虑；对经国家认定的节能环保、自主创新等低碳企业产品，要完善税收优惠政策和收费价格政策，可合理提高产品的收费价格标准，并在政府采购活动中予以优先扶持和采购；要拓宽投融资渠道，建立和完善政府引导、企业为主、社会参与的多元化低碳企业产品投融资机制，切实提高低碳企业的融资能力和融资水平；加大财政支持力度，整合各类产业发展专项资金，创立低碳绿色产业发展基金，全面扶持低碳企业各类节能环保产品的培育。除了上述经济鼓励政策之外，各级政府还可运用税收和价格机制惩罚企业的高耗能高排放行为，加快淘汰落后产能，严控高耗能、高排放企业盲目扩张。

（2）引导和推动企业建立清洁生产机制。研究表明，清洁生产是低碳企业的标志，也是全面实现以低碳绿色产业为内涵的新型工业化快速发展的一个核心问题。因此，要有效运用财政和价格政策引导和推动企业从以下几个方面建立清洁生产机制：一是依据企业制成品的重量来征收生产废料垃圾处理费，引导企业建立轻型经济机制，促进产品的轻型化，从产品生产源头实现节能降耗减排。国际上从 20 世纪 60 年代开始到现在，产品的轻型化大行其道，大到轿车，小到铝制易拉罐和塑料袋，以及越来越轻便的电子数码类产品，由此节约了大量的生产材料、

255

---

① 陈郁编《企业制度与市场组织——交易费用经济学文选》，上海三联书店，1996，第 240 ~ 264 页。

运输成本和废物排放。二是对使用再生材料的厂家提供一定比例的补贴，同时为再生材料再造企业优惠提供贷款、技术、财税、场地方面的扶助，引导企业建立循环经济机制，实现资源的高效利用和循环利用。目前尽管利用再生材料在加工方面可以减少大量的温室气体排放，但是使用再生材料的厂家并没有从中得到看得见的实惠，而使用原生材料的厂家也没有为它们自己排放的温室气体埋单。基于此，建议采取对企业生产和使用再生材料的双补贴政策，以提高企业使用和生产再生材料的积极性，促使产品"垃圾链"扩展到再生产环节，并形成一种使用再生材料的社会示范效应。三是采取经济鼓励和行政约束的办法，明确规定制造商企业按一定比例回收和再利用该废弃设备的零部件，引导企业建立生产者延伸责任制，实现整个产品生命周期工业废弃排放极小化。生产者延伸责任起源于 20 世纪 90 年代的欧洲，针对产品尤其是各种含有有毒物质的产品的政策，代表了发达国家对废物管理模式的变革趋势。目前欧盟针对交通工具的"废弃设备"，明确规定制造商要回收那些在市场上不能再继续使用的设备，并且还更苛刻地要求企业再利用该废弃设备的 80% 以上的零部件。可见，这是低碳企业实现清洁生产的重要环节。

（3）创立和实施全国低碳企业认证制度。在企业资源节约与环境友好绩效评价体系基础上，建立低碳绿色企业认证制度。建议中央和省政府牵头各行业管理办或行业协会，邀请专家组成评审认证委员会，并制定严格和规范的考核机制，对企业低碳生产和经营的效能进行综合评价，定期评定出达标的低碳绿色企业。对连续三年达标的企业，由政府颁发"低碳绿色企业认证书"。拥有低碳绿色认证的企业可在市场准入、税额减免、经营费用等方面获得优惠。同时，"低碳绿色企业认证"也和"中国驰名商标""质量认证"等一样，为消费者和使用者购买产品提供信誉保障，最终形成产品的品牌价值。在这里，"低碳绿色企业认证"所形成的品牌规制就会转化为一种市场监督机制，最终把企业担负的资源节约和环境友好的社会责任内化为企业的市场活动，并持之以恒。

篇五　精准扶贫公共服务平台构建研究
——基于公共服务供给分析框架的视角

自 2014 年初出台的《关于创新机制扎实推进农村扶贫开发工作的意见》提出"各级政府要建立精准扶贫工作机制"以来，"精准扶贫"已奠定了其作为新时期我国农村扶贫开发指导思想的地位。然而，与"精准扶贫"这一用语在现实中被广泛应用形成鲜明对比的是，"精准扶贫"的理论研究和学术探讨还十分有限，将其作为独立主题展开探究的学术文献尚不多见。其中，李鹍等（2015）探讨了精准扶贫的理论基础及实践情势，将"精准扶贫"定义为"农村扶贫开发中实施精准识别、联动帮扶、分类管理、动态考核以及相关配套措施的减贫、治贫方式"，分析了当前精准扶贫实践中面临的五大困境，建议构建复合型扶贫治理体系。[①] 汪三贵等（2015）阐释了精准扶贫中"精准识别、精准扶持和精准考核"这三大难点，提出创新精准扶贫工作机制是保证精准扶贫工作实际成效的关键。[②] 左停等（2015）则从技术靶向、理论解析和现实挑战三个方面反思了"精准扶贫"理念，指出精准扶贫是对扶贫开发中瞄准目标偏离和"精英捕获"问题的纠正，而中央—地方关系、社会控制理论和"社会成本"理论是理解精准扶贫的重要视角。[③] 葛志军等（2015）同样解释了精准扶贫中"精准识别、精准帮扶、精准管理和精准考核"四个环节的基本内涵，并以宁夏银川两个村的调查为例，阐释了精准扶贫实践中面临的困境及其原因。[④] 郑瑞强等（2015）

257

[①] 李鹍、叶兴建：《农村精准扶贫：理论基础与实践情势探析》，《福建行政学院学报》2015 年第 2 期。

[②] 汪三贵、郭子豪：《论中国的精准扶贫》，《贵州社会科学》2015 年第 5 期。

[③] 左停、杨雨鑫、钟玲：《精准扶贫：技术靶向、理论解析和现实挑战》，《贵州社会科学》2015 年第 8 期。

[④] 葛志军、邢成举：《精准扶贫：内涵、实践困境及其原因阐释》，《贵州社会科学》2015 年第 5 期。

则基于"大数据"的时代背景，提出应运用大数据思维方式和大数据分析技术服务于精准扶贫，提升扶贫服务供需对接效率、整合各种扶贫资源和力量，促进普惠制扶贫向适当竞争式扶贫转变等论点。[①]不难发现，精准扶贫实践中面临的困境以及如何实施的问题成为学者们关注的焦点，事实上，这也是精准扶贫实践亟待解决的难点。贫困内涵的多维性、贫困成因的多样性、贫困群体的分散性、贫困帮扶需求的差异性等意味着精准扶贫工作相当复杂，单靠政府等有限的扶贫主体和扶贫资源难以满足。虽然整合社会扶贫力量，充分发挥"三位一体"的大扶贫工作机制以及市场机制在精准扶贫中的作用等越来越被人们所认同，但如何实现却没找到有效的路径和相应的技术与平台支撑。不过，若将精准扶贫看作一种公共服务，则基于互联网技术的区域性公共服务平台建设可为破解精准扶贫实施难题提供一种思路。因而，本文以世界银行（2004）提出的公共服务供给分析框架为借鉴，探索性地提出精准扶贫的政府主导复合型公共服务平台构建思路，并结合精准扶贫的内涵阐释精准扶贫公共服务平台应具备的功能板块及应采取的服务模式，以期为精准扶贫服务公共平台构建、加快推进精准扶贫实践等提供参考与启示。

一　精准扶贫公共服务参与各方及其责任关系

精准扶贫公共服务平台是为开展精准扶贫活动提供综合服务的开放性、应用性、准公益性和便利性公共载体，构建该平台的前提是明确精准扶贫公共服务中各参与主体及相互之间的责任关系。世界银行基于"责任"视角提出的具有较强解释力和较广应用性的公共服务供给分析框架（如图1所示）则有利于我们理解精准扶贫公共服务参与各方的责任关系。[②]该分析框架将公共服务供给的参与主体分为三类：

---

① 郑瑞强、曹国庆：《基于大数据思维的精准扶贫机制研究》，《贵州社会科学》2015年第8期。

② 世界银行：《2004年世界发展报告：让服务惠及穷人》，中国财政经济出版社，2004。

政治家（政策制定者）、公民（客户）以及服务提供者（机构、个人等），
然后通过"责任"关系将公共服务供给链中的上述参与主体连接起来。
如公民（客户）与政治家（政策制定者）之间的责任关系是"表达和
政治"，政治家（政策制定者）与服务提供者之间的责任关系是"契约"，
公民（客户）与服务提供者之间的责任关系则是"客户权利"。上述责
任关系又分为"短线责任"和"长线责任"，其中短线责任以服务交易
为基础，是公民（客户）向服务提供者的问责机制，长线责任则基于
表达权和契约，是公民（客户）向政治家（政策制定者）、政治家（政
策制定者）向服务提供者的问责机制。在该分析框架中，三大参与主
体在"表达权""契约""客户权利"等责任关系和控制机制的作用下
实现公共服务的供给。

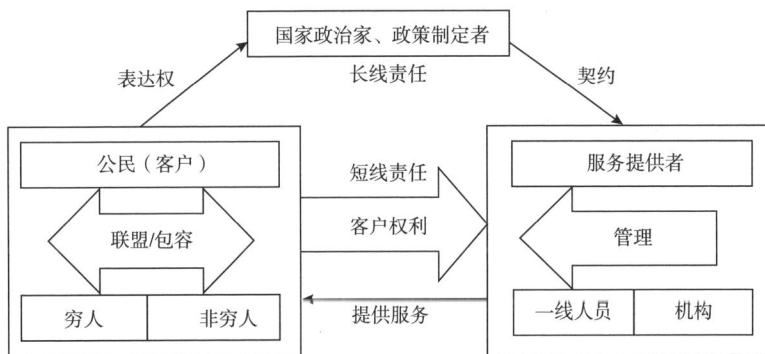

图1　世界银行（2004）公共服务供给分析框架①

　　借助这一分析框架，我们对精准扶贫公共服务的参与各方及其责任
关系进行分析。

　　（1）精准扶贫公共服务的参与方。精准扶贫公共服务中的三大参与
方分别为政府扶贫主体、非政府扶贫主体和帮扶对象。其中，政府扶贫
主体由以各级扶贫办为核心的相关政府机构和部门构成，该参与方是精
准扶贫公共服务政策、规划的制定者，"共性"和"公共性"扶贫服务
的供给者，财政扶贫资金等官方服务资源的提供者，长期以来是我国扶
贫工作的"中坚力量"，在有些地方甚至是唯一的力量，并将继续在精

---

① 世界银行：《2004年世界发展报告：让服务惠及穷人》，中国财政经济出版社，2004。

准扶贫公共服务中发挥组织者、领导者的核心作用；非政府扶贫主体则以非政府组织机构、民间团体、慈善组织、专业机构、企事业单位以及个人等社会力量构成，这些扶贫主体中有些提供"公益性"扶贫服务，有些则提供"有偿性"扶贫服务，由于这类主体数量庞大且分散，具有巨大的扶贫服务供给潜能，是精准扶贫公共服务中亟待挖掘和有效整合的扶贫服务供给者；帮扶对象则是精准扶贫公共服务的需求方，基于贫困识别和瞄准视角的差异可以分为个体贫困者、贫困户、贫困村、贫困乡以及贫困县等多种层级以及依据贫困维度差异而划分为不同类型贫困群体。

（2）精准扶贫公共服务中各参与方的责任关系。作为服务需求方的帮扶对象与作为服务供给方的政府扶贫主体、非政府扶贫主体之间的责任关系同样基于"表达权"、"契约"和"客户权利"实现。其中，帮扶对象与政府扶贫主体之间为"表达权"责任关系，即帮扶对象通过正式的政治机制和非正式机制向政府扶贫主体行使表达权提出扶贫服务需求；帮扶对象与非政府帮扶主体之间则为"客户权利"责任关系，帮扶对象通过与非政府扶贫主体一线专业人员的接触对其服务行使客户权利；政府扶贫主体与非政府扶贫主体之间则更多地表现为"契约"责任关系，即政府扶贫主体"委托"非政府扶贫主体提供专业化的扶贫服务，不过与合同关系不同，这种契约责任关系的载体既可以是正式契约也可以是非正式契约。在扶贫公共服务供给过程中，帮扶对象通过"短线责任"和"长线责任"两种问责机制使政府扶贫主体、非政府扶贫主体对其服务供给行为负责。短线责任（直接问责）方式下，帮扶对象直接向非政府扶贫主体表达自己的服务需求，监督（如通过反馈表达）非政府扶贫主体服务供给情况和表现，使非政府扶贫主体的所有收益都取决于它们是否满足帮扶对象的需求。长线责任（间接问责）方式下，帮扶对象通过"表达权"向政府扶贫主体提出扶贫服务需求，政府扶贫主体则以"契约"方式委托非政府扶贫主体提供相应的扶贫服务，同时非政府扶贫主体向政府扶贫主体提供明确的扶贫服务行为和结果信息。

二　精准扶贫公共服务平台构建思路：一个政府主导复合型服务框架

公共服务平台的价值在于更好地协调参与各方之间的"责任"关系，更好地实现公共服务供给，优化服务内容的供给方式和服务模式。在该平台中，公共服务的生产者、供给者和需求者在政府机制（行政机制）、市场机制、第三部门机制等三种供给机制及其复合作用下实现供需对接。依据主导供给机制的差异，公共服务平台的类型可以划分为政府主导复合型、市场主导复合型和第三部门（任意一种第三部门机制）主导复合型三种基本类型。不过，在特定的公共服务平台构建中究竟选择哪种类型则需要根据公共服务的性质及主导供给机制的胜任力来确定。一般地，供给机制的胜任力包括供给意愿、提供能力、生产效力和连接机制四个要件。①

在精准扶贫公共服务平台构建中，第三部门供给机制虽有良好的供给意愿，但往往因资源禀赋有限而服务供给能力不足，且缺乏足够的公共权威来组织和协调政府机制、市场机制，因而难以成为主导机制。市场供给机制虽具有充足的服务供给能力，可以满足帮扶对象多样化、差异化的扶贫服务需求，但由于其逐利的固有特性，往往会对帮扶对象进行筛选并排斥那些不能为其带来利润的对象，人为地导致服务供给不足，并且同样缺乏公共权威性，故也无法胜任主导机制的角色。可见，在精准扶贫公共服务供给平台中占主导地位的只能是政府供给机制。这不仅与我国现有的扶贫模式一脉相承，而且也是精准扶贫公共服务平台本身准公共组织属性以及服务内容的准公共产品属性所决定的。政府主导复合型模式一方面可以充分发挥政府机制的公共权威性，在平台建设以及精准扶贫公共服务的定位、规划、投入、政策等方面给予扶持、指导和供给；另一方面又能有效发挥市场供给机制、第三部门供给机制的

261

---

① 吕普生：《政府主导型复合供给：纯公共产品供给模式的可行性选择》，《南京社会科学》2013 年第 3 期。

积极效应，克服政府单一供给机制的缺陷。因而，政府主导复合型服务模式应成为精准扶贫公共服务平台构建的思路和选择。

具体地，我们提出如图2所示的政府主导复合型精准扶贫公共服务供给框架。在该框架中，帮扶对象的扶贫服务需求表达是精准扶贫公共服务平台的逻辑起点，需求得到直接或间接的满足则是该平台的逻辑终点。在扶贫服务的这一供需匹配过程中，政府机制主导，市场机制和第三部门机制共同参与，并通过"责任"关系彼此衔接和控制，进而实现精准扶贫公共服务参与各方的良性互动。

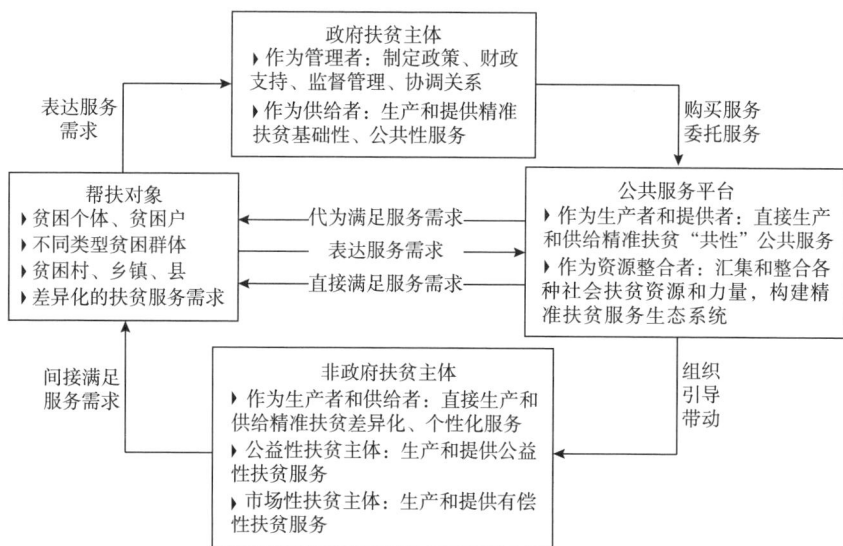

图2　政府主导复合型精准扶贫公共服务供给框架

帮扶对象（贫困主体）应用"表达权"分别向政府扶贫主体和公共服务平台（非政府扶贫主体）表达共性及个性化扶贫服务需求。政府扶贫主体一方面作为扶贫服务的供给者直接生产和供给部分精准扶贫基础性、公共性服务；另一方面作为管理者，实施精准扶贫的政策制定、财政支持、监督管理和协调关系等管理职能，并基于"契约"委托公共服务平台生产和供给一些"共性"的扶贫服务。公共服务平台作为帮扶对象、政府扶贫主体和非政府扶贫主体对接的载体，具有三个层面的功能，一是接受来自政府扶贫主体的"委托"，代其生产和供给部分"共性"扶贫服务，代为满足帮扶对象的扶贫服务需求；二是直接受理来自帮扶对象的需求表达，生产和供给相关扶贫服务，直接满足帮扶对象的扶贫服务需求；三是作为资源的整合者，汇集和整合各种社会扶贫资源和力量，构建精准扶贫服务生态系统，组织、引导和带动非政府扶贫主体生产和提供扶贫服务，间接地满足帮扶对象的扶贫服务需求。非政府扶贫主体则通过公共服务平台与帮扶对象进行间接对接，为帮扶对象生产和提供差异化和个性化的扶贫服务，这些服务大体分为两类，一类是公益性服务，另一类则为有偿性服务。

在上述精准扶贫公共服务供给链中，连接帮扶对象、政府扶贫主体、非政府扶贫主体以及公共服务平台的责任关系有三条，一条短线责任和两条长线责任。短线责任是帮扶对象向公共服务平台直接的服务需求表达，使得服务平台直接对帮扶对象扶贫服务需求的满足负责，该责任关系中的控制机制是帮扶对象主动的表达权，显然这意味着帮扶对象不再处于被动接受服务的地位，而成为公共服务平台服务生产和供给的重要监督者。两条长线责任则分别为以政府扶贫主体为中介的帮扶对象与服务平台的链接、以公共服务平台为载体的帮扶对象与非政府扶贫主体的链接。前者的控制机制是"表达权"和"契约"，即帮扶对象通过表达权向政府扶贫主体提出扶贫服务诉求，要求政府对满足其服务需求负责，同时，政府通过契约要求公共服务平台对代理满足扶贫服务需求负责；后者的控制机制则是"契约"，即服务平台通过与非政府扶贫主体之间某种长期关系的正式或非正式协议要求它们间接地满足帮扶对象的扶贫服务需求。实际上，短线责任和长线责任是帮扶对象两种不同的服务需求表达机制和传递机制，一方面帮扶对象可以据此选择合适的服务需求表达机制；另一方面也有助于促进不同扶贫主体通过分工合作、资源整合，进而满足差异化、个性化的扶贫服务需求，提高扶贫服务的效率和质量。

三　精准扶贫公共服务平台的功能模块与服务模式

作为一种特殊类型的公共服务，精准扶贫涉及"精准识别、精准帮扶、精准管理和精准考核"四个环节的内容。这四个环节的扶贫服务需求既密切相关但又各不相同，为了使精准扶贫服务更具针对性，精准扶贫公共服务平台可设立四个对应的功能模块，即贫困信息动态挖掘模块、扶贫服务供需交易模块、扶贫管理协调与合作模块和扶贫绩效综合考核应用模块。同时，依托上述四个功能子模块，通过直接服务、间接服务和代理服务三种服务模式实现精准扶贫四个方面的服务需求。具体如图3所示。

1. 精准扶贫公共服务平台的功能模块

（1）贫困信息动态挖掘平台。该功能模块主要服务于精准扶贫中的"精准识别"环节，即为识别贫困主体、贫困维度、贫困成因和扶贫需求等提供服务支持。虽然精准识别是实施精准扶贫的基础，但在实践中却不容易做到。贫困主体的多元性、贫困程度的差异性、贫困内容的多维性、贫困成因的复杂性以及贫困自身的动态性等使得精准识别需要大量的、全面的和及时更新的信息，并且在识别过程中还需要潜在贫困对象、基层社区组织、政府主管部门等多主体的参与。目前贫困户"建档立卡"中实施的"市县—乡镇—村—户"四级自上而下的"层级式"认定方式看似严密，实则难以达到精准识别的要求。贫困信息动态挖掘

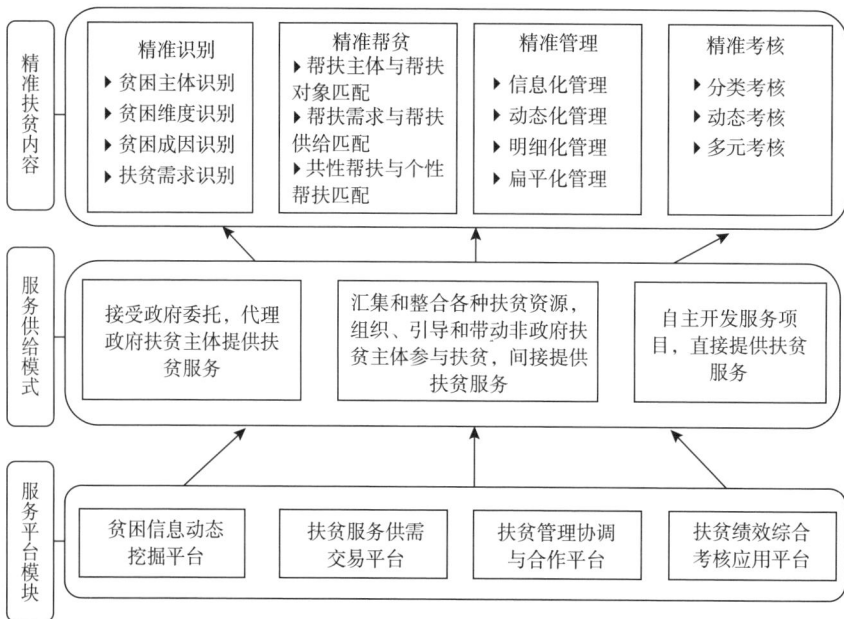

图3　精准扶贫公共服务平台功能模块及服务模式示意

平台则旨在为克服"层级式"纵向识别的弊端，创建纵向识别与横向识别相融合的"网络型"识别机制提供信息和技术支撑。一方面，汇集和整合包括潜在贫困对象在内的多层级、多部门主体的力量，尽可能全面地挖掘和数据库化贫困信息，并实施适时更新；另一方面，开发和应用网络型识别系统，并组织多元识别主体通过识别系统实现在线动态贫困识别。

（2）扶贫服务供需交易平台。该功能模块面向"精准帮扶"环节开发，旨在为实现扶贫服务需求和扶贫服务供给的"无缝对接"提供技术支持和平台支撑。由于贫困维度、贫困成因等方面的差异，贫困主体对贫困帮扶具有多样性和个性化需求。这种大量分散的、个性化的扶贫服务需求靠单一的政府扶贫主体根本不可能满足，组织、引导和带动公益性组织、企事业单位、个人等非政府扶贫主体参与扶贫就显得格外重要。同时，长期以来政府财政扶贫工作中资源配置机制的"路径依赖"和"政府失灵"也降低了扶贫效率，有效发挥市场机制对扶贫资源的调节作用变得十分必要。扶贫服务供需交易平台基于双边市场的网络外部性以及市场机制本身的灵活性，汇集和整合分散的社会扶贫资源可以满足个性化的扶贫服务需求，实现政府配置财政扶贫资源与市场配置社会扶贫资源的有机衔接，充分发挥政府和市场各自的优势，实现扶贫服务的多元供给、精准供给。

（3）扶贫管理协调与合作平台。精准扶贫需要精细化管理，而精细化管理涉及以下三个层面：一是精准扶贫服务参与各方相关数据的信息化和动态化管理，即应用扶贫信息管理系统对精准识别环节挖掘的贫困数据特别是"建档立卡"贫困户数据、社会扶贫主体数据等进行科学管理；二是对政府扶贫主体、非政府扶贫主体的扶贫服务进行分类跟踪、监测和管理，由于扶贫服务类型、性质等的差异性适宜由不同的管理部门采用不同的监管方式进行监督管理，即实施分类动态化管理；三是不同扶贫主体以及扶贫管理主体，如政府扶贫主体内部、非政府扶贫主体内部以及政府扶贫主体与非政府扶贫主体之间扶贫服务供给中的冲突协调，政府扶贫管理部门之间、上下层级之间以及与第三方非政府监管机构之间扶贫管理合作的管理等。扶贫管理协调与合作平台便是为满足上述三个层面精细化管理而服务的功能板块，通过该平台推进扶贫管理由政府包办的多层级纵向管理向政府主导和社会参与的扁平式网络型管理转变。

（4）扶贫绩效综合考核应用平台。随着扶贫服务社会参与程度、市场机制和第三部门机制作用程度的提升，扶贫绩效考核也必然由传统的自上而下的纵向政绩考核模式向分类型、动态化和多元主体的综合考核模式转变。一方面，扶贫服务供给参与主体之间的"责任"关系为扶贫绩效考核提供了重要途径，如帮扶对象基于"表达权"对政府扶贫主体扶贫绩效的考核、帮扶对象基于"客户权利"对非政府帮扶主体扶贫绩效的考核等；另一方面，扶贫服务的三种主要供给机制——政府机制、市场机制和第三部门机制也提供了政绩考核、市场绩效考核和第三方考核等多种考核形式。扶贫绩效综合考核应用平台则是满足上述多种考核形式、多元考核主体以及持续化考核过程的需要而开发的功能模块，该模块借助"互联网＋"技术和信息共享功能促进扶贫绩效考核更加透明化、多元化、综合化和动态化，并以"声誉机制"强化对扶贫主体的激励和约束。

2. 精准扶贫公共服务平台的服务模式

（1）代理服务模式。代理服务模式指精准扶贫公共服务平台接受政府扶贫主体的委托或购买服务，代其履行扶贫服务供给责任的形式。显然，该服务模式也是政府扶贫主体探索扶贫服务供给社会化和实施政府职能转变的一条重要途径。目前，政府扶贫主体有着双重身份，既是扶贫工作的管理者，又是扶贫服务的供给者，为了使政府扶贫主体更好地扮演好"管理者"的角色，政府扶贫主体有必要也完全可能从部分扶贫服务供给中"抽身"出来，让公共服务平台"接手"，以提高扶贫服务供给的效率和质量。一般地，这种代理服务模式的服务项目具有纯公共产品或准公共产品的属性，如贫困对象、贫困维度、贫困成因及扶贫需求的精准识别以及贫困信息数据库建设等。对于这些服务项目，政府扶贫主体向公共服务平台购买代理服务主要有以下方式：一是以财政补贴和专项拨款的方式支持服务平台提供公益性服务项目；二是通过政府采购直接购买服务平台自主研发的服务项目，如服务平台开发的网络型精准识别系统等；三是政府扶贫主体及相关部门以委托服务项目、外包服务项目的形式将扶贫服务交由服务平台代理；四是通过合同承包、特许经营等方式与服务平台建立紧密的合作伙伴关系；五是政府扶贫主体向服务平台购买服务消费券等发送给帮扶对象。与此同时，代理服务模式具有如下方面的优势[1]：一是有利于政府扶贫主体更好地履行"管理者"的职责，提高其行政效能；二是依托于政府信用和政府财政支持，有利于提升服务平台的信用和形象，进而扩大服务平台的影响力和更大程度地发挥其效用；三是有利于政府扶贫主体与服务平台之间的良性互动，提高扶贫服务的供给效率和质量。

（2）直接服务模式。直接服务模式指精准扶贫公共服务平台直接面向帮扶对象生产和供给扶贫服务的形式。精准扶贫公共服务平台通常由熟悉扶贫理论和业务且具有较大潜质的社会组织参与构建，如高等院校、研究机构以及公益组织等，其自身也具有直接生产和供给精准扶贫服务的能力。适用于这种服务模式的服务项目既可以是纯公共产品或准公共产品，也可以是私人产品。前者如服务平台通过自己的网站向所有的帮扶对象发布各级各类扶贫政策、优惠政策、公益社会组织的相关信息、成功扶贫案例的经验介绍和推广等，同时也包括服务平台自身开发的一系列方便帮扶对象向服务平台表达诉求、获取服务平台帮扶信息等互动的终端设备，免费或低价提供给帮扶对象等；后者则以接受特定帮扶对象（如贫困村、贫困乡镇）的专项委托和定制合约而提供量身定做的个性化和精细化服务等为主。通过自主开发服务项目进行直接服务，一方面，可以充分发挥自身的信息优势和技术优势，拓展和优化服务平台的功能结构，提高服务平台服务帮扶对象的效能；另一方面，可以适当地拓展服务平台的收入渠道、增加服务收入，增强服务平台的服务能力和可持续发展能力。不过，总体而言，直接服务模式并不是服务平台最主要的服务方式。

---

[1]　杨宝：《政府购买公共服务模式的比较及解释——一项制度转型研究》，《中国行政管理》2011 年第 3 期。

（3）间接服务模式。间接服务模式指精准扶贫服务平台通过扮演资源整合、需求汇集的角色，搭建各类平台，组织、引导和带动非政府扶贫主体向帮扶对象提供系统化、链条化、差异化和个性化服务，间接满足帮扶对象扶贫服务需求的服务形式。相对于代理服务模式、直接服务模式而言，间接服务模式是服务平台最核心的服务方式，也是公共服务平台的优势所在。[1]该服务模式同样适用于纯公共产品、准公共产品和私人产品，并且在多样化和个性化的私人产品服务供给中优势更为突出。非政府扶贫主体和扶贫市场机制、第三部门机制在精准扶贫中具有非常大的潜力可以挖掘，但由于信息不对称、扶贫治理机制不完善等方面的原因，社会扶贫的参与度还不高、社会扶贫资源的效能还远未得到有效发挥。精准服务平台的间接服务模式则可以有效地破解这一难题，全面激发社会扶贫资源的潜能。具体地，可以通过以下途径实现：一是将科研院所、企事业单位、公益组织、中介机构以及政府相关部门等衔接起来，围绕扶贫服务形成不同形态的服务供给联盟和协作网络，为帮扶对象提供灵活多样的服务组合；二是通过联通帮扶对象的异质化服务需求与各类非政府扶贫主体（社会扶贫主体）及资源的非规模化服务供给，充分发挥各类社会扶贫主体和资源在扶贫服务供给中的独特作用，使专业性、公益性和志愿性服务"各司其职"；三是借助服务平台的网络外部性和市场运行规则，通过竞争性扶贫服务促进扶贫服务需求的集中表达和扶贫供给主体之间的竞争，提升扶贫服务的供给效率，同时撬动更多的扶贫服务资源，放大服务平台的扶贫服务供给能力。

四 结束语

精准扶贫是当前扶贫实践的重要指导思想，事关我国"十三五"时期全面脱贫目标能否实现。尽管精准扶贫理念和政策已深入扶贫实践的最基层，但究竟如何推进精准扶贫仍存在许多困惑。本文在回顾为数不

---

[1] 肖卫东、李埝：《农村中小企业公共服务平台的服务模式：一个政府主导型复合服务模型》，《中国行政管理》2014年第12期。

多的精准扶贫研究文献的基础上，针对精准扶贫实践面临的核心难题提出构建精准扶贫公共服务平台的设想。借鉴世界银行 2004 年报告提出的公共服务供给分析框架，文章首先探讨了精准扶贫公共服务的参与各方及其责任关系，指出精准扶贫公共服务平台建设应选择政府主导复合型模式，然后结合精准扶贫中"精准识别、精准帮扶、精准管理和精准考核"四个环节的内容阐释了政府主导复合型精准扶贫公共服务平台的功能模块与服务模式，其中，功能模块包括贫困信息动态挖掘、扶贫服务供需交易、扶贫管理协调与合作、扶贫绩效综合考核应用等四个子平台，服务模式则涉及代理服务模式、直接服务模式和间接服务模式三大类型。文章认为精准扶贫实践要充分挖掘非政府扶贫主体、社会扶贫资源的潜能，同时要积极发挥市场机制、第三部门机制在扶贫资源配置中的作用，实现政府机制、市场机制、第三部门机制之间的良性互动、优势互补，从而形成政府主导下的复合扶贫治理模式，而建立在"互联网 +"和大数据基础上的扶贫公共服务平台则是这一治理模式的重要载体。值得一提的是，虽然本文首次探讨了精准扶贫公共服务平台构建的总体框架、功能模块及其服务模式，但这仍然只是理论上的一种构想，现实中暂未找到扶贫公共服务平台构建实例。因而，以特定贫困地区为例推进精准扶贫公共服务平台构建实践，并对构建及实际运行中遇到的问题进行实证分析将是下一步的研究方向。

篇六　共享发展的时空结构、影响因子与精准扶贫

共享发展有着特殊的时空结构，空间上由紧密相关的全民共享、全面共享、共建共享、渐进共享四个方面有机组合而成；时间上看，可分为最低级次的生存型共享，中间级次的小康和殷实型共享以及最高级次的富裕型共享。影响共享发展的因素很多，主要有限制因子、稳定因子、活力因子和折扣因子四大因子，但这些因子的影响程度在不同的共享发展阶段是不一样的，早期阶段受限制因子的影响作用大，后期受活力因

子和折扣因子的影响作用大。在目前所处的阶段，限制因子对共享发展的影响作用是最大的。因此，当前推进我国共享发展的关键，是推进精准扶贫，打赢脱贫攻坚这场硬仗。为此必须立足"精准扶贫"，围绕"提供能力与机会、促进贫者自立"的要求，构筑起互利共生或一体化共生的"利益联接机制"、"权益保障机制"和"风险防控机制"，抓好产业扶贫，实现最低水平的共享。

一　共享发展的时空结构特征

共享发展作为五大发展理念之一，有其特殊的时空结构，这种结构特征体现在紧密相关的全民共享、全面共享、共建共享、渐进共享四个方面。全民共享是目标，全面共享是内容，共建共享是基础，渐进共享是途径，贯穿的核心是以人民为中心的发展思想，体现的价值是共同富裕和公平正义[①]。

1. 共享主体：全民共享

从空间结构分析，共享主体即共享覆盖的人群而言，共享是全民共享。全民共享，首先是就国内而言，让全体人民都能从改革发展中受益。要使各阶层、各民族、各地区的人民都能享受到改革发展的成果，不让一个人掉队。但是，全民共享绝不意味着没有差别，要做到每个公民付出与回报成适当比例，根据付出各得其所，要让付出更多劳动、更多努力，拥有更多知识、更多资本，创造更多价值，做出更多贡献的人得到应有的份额，但同时要求人民享有的差距不能过大，要把贫富差距控制在合理的区间。其次，全民共享还体现在国际范围。例如，随着"一带一路"国际合作高峰论坛的圆满召开，习近平主席的倡议变成全球共识与全球行动，"一带一路"建设将成为引领世界第三次全球化的行动纲领与战略指针，以"和平合作、开放包容、互学互鉴、互利共赢"为核心的丝路精神和"政策沟通、设施联通、贸易畅通、资金融通、民心相

---

① 马占魁、孙存良：《准确理解和把握共享发展理念的深刻内涵》，《光明日报》2016 年 6 月 19 日。

通"的"五通"践行里，我国的共享发展的主体将从国内惠及国外，走向"一带一路"沿线诸国百姓，共享发展的主体空间将显著放大，惠及的时间也愈来愈长。

2. 共享客体：全面共享

从共享的客体即人民享受的内容而言，共享是全面共享。从发展的全面性和人的需求全面性，决定了人民共享的全面性。从领域来说，全面共享包括经济、政治、文化、社会、生态等各方面的共享，任何一个方面都不能缺位。其中，经济共享是最重要、最基础的共享，随着社会的发展进步和人民生活水平的提高，人民对政治权利、精神文化、社会保障、生态环境等方面共享的需求更加强烈。从环节来说，全面共享包括发展权利、发展机会和发展成果的共享。发展权利共享是共享的逻辑起点和先决条件，发展机会共享是共享发展成果的主要内容和关键所在，发展成果共享是共享的重要体现和必然结果。由于复杂的社会历史原因，当前我国不仅存在发展成果共享的不平等，还存在发展权利、发展机会的不平等。比如，人们所处地区不同、家庭出身不同、体制编制不同，在享受教育、就业、社保等方面还存在不少差异。

271

3. 共享行为：共生共享

从共享行为即实现途径而言，共享是共建共享、共生共享。共建、共生是共享的基础和前提，人人共享需要人人共建和共生。共建：人民群众蕴藏着巨大的力量和无穷的智慧，只有尊重人民主体地位，发挥人民主人翁精神和首创精神，充分发扬民主，广泛汇聚民智，极大激发民力，形成人人参与、人人尽力、人人都有成就感的生动局面，才能有效克服各种困难和挑战，推动经济社会又好又快发展。尊重劳动、尊重知识、尊重人才、尊重创造，要解放思想、鼓励创新，宽容失败、允许试错，通过大众创业、万众创新，最大限度释放人民的创造潜能，让一切创造社会财富的源泉充分涌流。共生：独立的组织之间以同类资源共享或异类资源互补为目的会形成共生体，这种共生体的形成所导致的组织内部或外部的直接或间接的资源配置效率的改进。共生可分为互补共享型和互补竞争型[1]，还可分为"偏利共生"和"互利共生"，"互利共生"又有对称性和非对称性两种[2]。互补共享型共生是合作各方各自的经营资源形成一种"优势互补"，对原资源形成一种放大的互补效应，共生共荣。互补共享型共生是共生最常见的形式，其"互补效应"取决于合作各方互补方式和互补强度。互补方式是指互补共生体的结构形态，互补强度取决于各方相互依赖的程度，依赖程度越高，强度越大，共生效益越好。反之越差。互补竞争型共生是指合作各方整体上是一种竞争关系，但在合作领域不构成竞争关系或暂时不构成竞争关系。互补竞争型共生体往往处于一种不均衡结构形态，合作各方资源梯度相差较大，互补强度大，因互补效应比较明显，其稳定性也必然较差。"偏利共生"是一方给予一方接受，例如救济式或"输血"式扶贫就是典型的"偏利共生"；"互利共生"双方都参与，双方都获利，例如产业扶贫或设施扶贫。

4. 共享过程：渐进共享

从时间维度看，共享发展是渐进共享。共享发展是我国社会主义建设的价值追求和既定目标，实现这一目标有一个从低级到高级、从不均衡到均衡的渐进过程。如图 1 所示，从经济发展视角看，可分成生存型（贫困家庭年人均纯收入 2300 元，2000 年不变价，下同）、小康型（城镇居民年人均可支配收入 GDP 18000 元，农村居民人均纯收入 8000 元）、殷实型（人均年 GDP 1.2 万美元以上，跨越"中等收入陷阱"）和富裕型（人均国民生产总值进入发达国家高档水平之列）共享四个阶段，是水平不断递进的四个共享层级的渐进达成，其中最高级次的共享是富裕型共享，最低级次的共享是生存型共享，中间级次还有小康型和殷实型共享。尽管脱贫的标准明显低于全面建成小康社会的要求，但由于完成扶贫攻坚任务和全面建成小康社会的时间要求是同步的，而且扶贫攻坚本身就是全面建成小康社会的"短板"，所以，两者的命运是融为一体的。从某种意义上说，适应最低级次的生存型共享发展需要，必

---

① 袁纯清：《共生理论及其对小型经济的应用研究》（下），《改革》1998 年第 3 期。

② 任迎伟、胡国平：《产业链稳定机制研究——基于共生理论中并联耦合的视角》，《经济社会体制比较》2008 年第 2 期。

须推进精准扶贫，打赢脱贫攻坚这场硬仗。这是缩小贫富差距、降低基尼系数的关键之战，是实现执政党对人民庄严承诺的关键之战。在此基础上，全力推进全面小康社会的建设，在 2020 年全面建成小康社会，完成小康型共享发展的历史任务，实现第一个百年奋斗目标。此后，我国整体进入推进现代化建设的关键阶段，随着创新驱动战略、"质量强国"战略的推动，以及供给侧结构性改革的深入推进，我国将跨越"中等收入陷阱"，GDP 保持中高速增长，经济总量将接近或超越美国，成为世界第一大经济体，产业迈向中高端水平，在 2030 年左右完成工业化与城镇化，整体进入中等发达国家的行列，基本实现殷实型共享发展，开始步入共享发展的高级阶段。随着五大发展理念的全面落地落实，"五位一体"建设步伐加快，国民充满道路自信、理论自信、制度自信和文化自信，中国引领的第三次全球化通过"一带一路"国际合作的深度推进而显示出前所未有的活力与张力，完全实现富裕型共享发展，实现中华民族伟大复兴的"中国梦"，完成第二个百年奋斗目标。不过，在生存型和小康型共享发展阶段，共享范围主要在国内；到殷实型特别是富裕型共享发展阶段，共享范围必然扩大到全球。

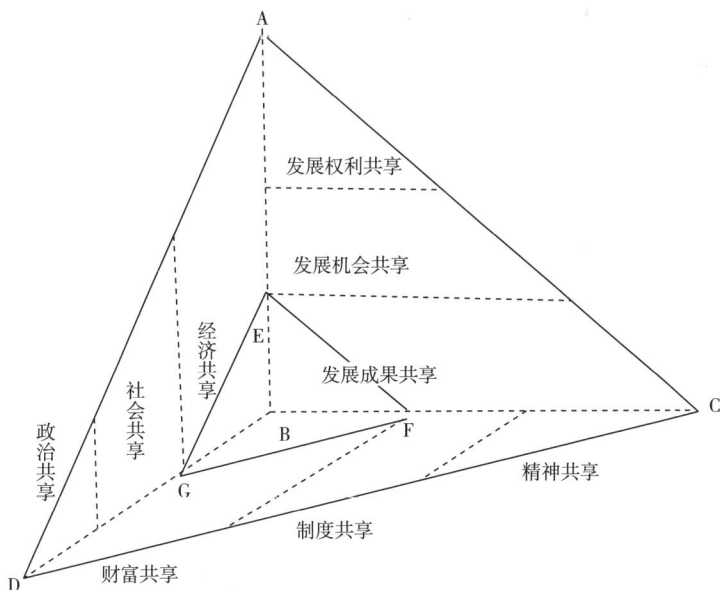

图 1　全面共享与生存型共享的三维内涵空间结构示意

二 影响共享发展的主要因子与逻辑关系

影响共享发展的因素有很多，除了体制改革、生态保护、消费文化与再分配政策等环境因子外，概括起来主要还有以下几个方面及其内在逻辑联系。

1. 限制因子：贫困户占比、贫困程度及其诱发的能力与机会

一个客观事实是，改革前我国的收入分配是较为平均的，基尼系数在 0.13 ~ 0.19；而改革开放以来，收入不平等差距的确拉大了，基尼系数达到 0.36 ~ 0.45。如何看待呢？改革前的收入平等是一个共同贫穷的平等，改革后尽管分得不均了，但每个人分到的都多了，亦即改革后的不平等是"蛋糕"做大后的不平等。尽管在分配和再分配中不排除有分配不公而有失社会正义之嫌，但毕竟做大了"蛋糕"。所以，现在的问题是既要做大"蛋糕"也要分好"蛋糕"。而分好"蛋糕"的关键首先是要解决扶贫攻坚即精准脱贫的问题，这一问题的解决影响和决定着共享发展的最低级次水平，成为共享发展的"最低限制因子"。一个贫困户占比高、贫困程度深的国家或地区，一般来说是难以实现共享发展的，除非是采取计划分配或"票证供应"的办法，即便如此勉强能做到共享发展，但也是低水平、贫穷的共享发展。正常状态下，只有通过做大"蛋糕"、通过增量分配不断降低贫困户占比、不断减低贫困程度亦即缩小贫困面和减低贫困度，才能实现有水平、有质量、有尊严的共享发展。保证收入公平的原则是要保证过程的公平，即保证人人有平等竞争的机会。破解扶贫攻坚之难题，决不能用劫富济贫的方法，关键要在加快经济发展的同时，给贫困户更多的能力和机会，包括提供有针对性的教育、培训和水、电、路、气、讯等生产、生活性基础设施，以提升其脱贫能力，通过产业扶贫对接工商企业和专业合作社以提供更多的就业、创业机会等。扶贫之路在于贫者自立，在于政府和社会帮助贫者自立！因此，破解扶贫攻坚之难题，虽然应该有保证每个人基本生活的社会保障体系，但决不能依赖"从摇篮到坟墓"的"贝弗里

计划"①，避免出现牺牲效率的"漏桶效应"②。

2. 稳定因子：中产阶层比重及其保护政策

如果说"脱贫攻坚"是影响共享发展的"最低限制因子"这一判断成立的话，那么，大规模培育中产阶层，使"哑铃式"财富分配结构变成"橄榄状"财富分配结构，则是共享发展的"最稳定因子"。在国际上，中产阶层是社会稳定的重要力量已成为共识。无论是历史学家巴林顿·摩尔，还是政治学家李普赛特，都强调中产阶层的壮大对于社会民主、社会稳定的重要性。中产阶层最讲究"理性"，而"理性"则是现代社会的最重要特征。无论英美等西方国家，还是日本、韩国、新加坡等亚洲国家，都是中产社会，这种社会呈现出更加稳定的形态。从社会结构上说，与其说美国等西方社会的稳定源于民主，不如说源自中产阶层的崛起。进入 21 世纪以来，欧美发达国家经济发展已进入"低增长、低通胀和去全球化"的新常态，日本政局不稳，"十年九相"、内阁总理更换频繁，为何社会依然保持稳定，一个重要的原因是，它们的中产阶层占比都在 50% ~ 75%，而且经济政策基本上围绕着保护中产阶级的利益在调整，至少在各国竞选中打出的口号多数是如此，尽管政策制定者更多的是维护着资产阶级亦即统治者的利益。反观中东和南亚、拉美的一些国家，中产阶层弱小、穷人众多，不仅社会不稳、经济不稳，还会出现政治危机和政治失序状态。这些经验告诉我们，一个稳定的民主社会，首先是一个中产社会。有中产的民主才是好民主、优质社会，没有中产的民主往往是坏民主、劣质社会。

同许多发达国家不完全一样，我国的财富分布不完全是金字塔形而是非对称性"哑铃状"，一头是约占 5% 人口的富人，他们拥有财富的

---

① 梁小民：《微观经济学纵横谈》，三联书店，2000，第 191 ~ 192 页。

② 欧洲国家在工业化过程中因一部分人贫穷引发了社会冲突，早期的解决办法是教会、慈善机构或政府的救济行为或济贫行动。20 世纪 30 年代之后，一些国家建立系统的社会保障制度。"二战"后，英国贝弗里爵士提出实现普遍社会保障与社会福利主张，被称为"贝弗里计划"。战后各个发达国家实现了这一计划，而且不断细化、丰富这一计划的内容，被称为"从摇篮到坟墓"的福利国家。但是，巨大的福利支出和沉重的税收降低了社会生产率，打击了人们的劳动积极性。亦即实现平等化的过程却引起了社会效率的损失，这就是"漏桶效应"。

55% 左右；一头是大约占人口 70% 的低收入者（含贫困户和"低保""五保"户），他们仅拥有财富的 20%；中间是大约占人口 25% 的中产阶层，占据财富的 25%。麦肯锡估计，2/3 的城市家庭已跻身中产行列。到2022 年时，75% 以上的中国城市家庭的年收入将达到 9000 美元至 3.4 万美元。中产阶层的最大作用在于，它决定着分配政策等的走向和社会稳定的根基。我国是社会主义国家，制度决定着我们要代表最广大人民的根本利益，就更应该把人民的关注点变为我们工作的着力点，积极解决人民群众最关心、最直接、最现实的利益问题。所以，我国要实现共享发展并且长久保持共享发展的稳定，就必须在解决扶贫脱困问题的基础上，大规模地培育中产阶层，不断提高中产阶层的比重；更有效地保护中产阶层的利益，不断维系中产阶层的利益稳定。这应该成为我国现阶段所有经济政策特别是分配政策的出发点和落脚点。从某种意义上说，任何时期都离不开富人阶层，但打江山靠无产阶级，守江山靠中产阶级。

3. 活力因子：富人比重及其投资能力与意愿、创新者比重及其创新活力与水平

决定共享发展的"蛋糕"特别是"蛋糕增量"做多大的关键有二：一是投资者及其投资能力和意愿，亦即资本家的欲望及其资本运作能力、水平；二是创新者及其创新能力、活力与水平，亦即"知本家""智本家"及其创新欲望、能力与水平。从某种意义上说，共享供给的规模和水平主要取决于这两个要素，是这两个关键要素的乘数效应，亦即：$R=CT$（R 为共享供给，C 为资本的力量，T 为知识技术等的创新力量）。

从投资主体看，要么是政府投资，要么是企业投资；从创新主体看，要么是高校和科研院所的创新，要么是企业的创新，亦即要么是科学家创新，要么是企业家创新，当然也离不开政府的体制机制创新。总之，要实现共享发展的有效和高效供给，就必须推进多元投资主体、多元创新主体、多元使用消费主体的协同与共生，亦即政、产、学、研、用协同创新的结果。所以，实施创新驱动战略，推进供给侧结构性改革，对做大共享发展的体量、提升共享发展的质量和效率意义重大而深远。同时，要有效实施创新驱动，就必须让市场在资源配置中起决定性作用

和更好地发挥政府的作用，这就必然要求全面深化体制机制改革，特别是深入推进"放管服"改革，以国际视野、开放发展营造良好的发展环境，构筑基于"产权"、"诚信"和"法治"三足鼎立的完善的市场经济体系与市场秩序。因此，共享发展必然受制于创新发展和开放发展，创新发展和开放发展的水平和质量决定着共享发展的水平和质量。目前，由于"诚信""法治"制度构建不完善，加上改革进入深水区，受传统体制机制的政府部门和机构的利益阻碍，企业特别是民间投资积极性下挫，投资增速锐减，资本外流迅速增加；加上促进创新的体制不顺、机制不活，创新知识与产权的保护成本高，人才的积极性难以有效调动，目前，我国经济发展正在出现一个危险的信号，即共享发展的"活力因子"开始"沉寂"，我国经济发展已经进入了创新突破的"前夜"和"瓶颈期"。因此，必须要引入非凡的、足够的外力或颠覆性技术或重大政策突破的"介入疗法"才能奏效。

4. 折扣因子：三大"二元结构"及其延续时期

一国或地区的共享发展程度明显受制于共享主体所处的社会结构：在一个可以自由流动的社会里，其共享发展程度要高得多；而在一个封闭缺少流动的社会里，其共享发展的程度要低得多。也就是说，影响共享发展程度的"折扣因子"是那些可以导致社会自由流动或封闭的因素。具体到我国来分析，自新中国成立至今，我国先后出现了"城乡二元结构"、"区域二元结构"和"经济新二元结构"三大"二元结构"叠加影响发展的特色，深深地限制了共享主体的自由流动与共享客体的均衡分配，从而使我国共享发展的程度大打折扣，成为影响深远的"折扣因子"。

（1）第一重"折扣因子"——"城乡二元结构"导致共享发展集聚城镇、忽视乡村。1958 年开始，我国正式以制度的形式开启了城乡二元结构的形成步伐[①]。城乡二元结构指维持城市现代工业和农村传统农业二

---

① 1958 年 1 月 9 日第一届全国人大常委会第九十一次会议讨论通过《中华人民共和国户口登记条例》，标志着中国以严格限制农村人口向城市流动为核心的户籍管理制度的形成，导致了城乡两种不同的资源配置制度和城乡居民两种不同的社会身份，进而促成了城乡结构的二元性和刚性化。

元经济形态，以及城市社会和农村社会相互分割的二元社会形态的一系列制度安排所形成的制度结构，即包括城乡二元经济结构和城乡二元社会结构。城乡二元经济结构是指传统部门（如农业）比重过大、现代经济部门发展不足以及城乡差距十分明显的一种状态。当然，这种状态的出现主要归因于工农产品价格"剪刀差"和"统购统销"的交易制度安排及其所导致的资源配置扭曲的必然结果。党的十一届三中全会以后，随着体制改革的深化、经济结构的变动和利益关系的松动与调整，传统意义上的城乡二元结构无论在内涵上还是在表现形式上，都呈现出诸多二元结构"叠加"的现象。在城市，表现为"本地人"与"外地人"、"城中村"与原有城市社区的新二元结构；在农村，表现为"明星村""样板村"与落后村的新二元结构。此外，还出现了政治二元、经济二元、文化教育二元、社会管理二元、生活方式二元等"亚二元结构"相叠加的现象。总之，城乡二元结构在内容与形式上不断翻新以及新旧二元结构"叠加"，最终导致的必然结果是资源配置和成果分享的扭曲：农民工、农村土地、农村资金资源大量集聚城镇，优质社会公共物品供给集聚城市，共享发展的雨露阳光主要普照到城市而忽视农村，农村空壳与"空心化"、土地"碎片化"与非农化、农业兼业甚至辅业化、农民老弱病残化，使得农村逐步走向衰落。面对这一情况的大量出现，党和政府不得不开启新一轮"新农村建设"行动，通过城乡统筹以促进共享发展。

（2）第二重"折扣因子"——"区域二元结构"导致共享发展青睐发达地区而忽视落后地区。1978 年改革开放以后，我国开启了"非均衡发展"的区域发展战略，集中全国的资源和力量发展东南沿海，逐步形成了沿海发达地区和中西部欠发达或落后地区间的新二元结构。这种区域二元结构，虽然与城乡二元结构在地域上有一定的交叉重叠，但更具有资源和政策的掠夺性，西电东送、西气东输、西煤东运，政策东倾、资金东流、人才东聚、技术东移，2 亿农民工沿海打工，国际产业中国沿海转移，导致中国东部和中西部区域发展差距迅速扩大，特别是集中连片贫困地区与沿海发达地区的差距更大，共享发展被大打折扣。在前面讨论的城乡二元结构中，农村劳动力一旦进入城市并站稳脚跟，城市社会不仅提供劳动力工资，而且还提供其福利、养老金等；但在区域二元结构中，除少部分优秀农村青年可以融入城市外，受高房价和高生活成本压力的影响，大多数为发达地区贡献了青壮年劳动力的人群，除了得到可怜的远少于其付出的工资外，别无所有。一旦失去了劳动能力，只能回到依旧落后的原籍，默默养老。不仅如此，中西部地区教育、科创、医疗等优质社会供给本来就不多，在发达地区政策"虹吸效应"吸引下，这些稀缺、宝贵的人才技术资源大量流入沿海。相比而言，城乡二元结构，只是吸走了农村最优秀的人才，且数量不多；而区域二元结构，不仅要求中西部地区的人才与农民自己承担大距离、跨地区的流动成本，而且发达地区要吸光的不仅是欠发达地区的人才，而且还要一网打尽劳动力，最大限度地把欠发达地区变成先发达地区的人才供给源、劳动力仓库和养老地，对欠发达地区和广大乡村的破坏力极强。这是我国共享发展必须清醒面对的一个问题。所以，已占优势的地区和人群，如何摆正对全局的认识和对待欠发达地区民众的态度，并采取正确的方式对待财富，主动关注并帮助解决区域二元结构及其衍生的一系列问题。亦即先富起来的地区如何有效帮助落后地区走向富裕，最后实现共同富裕；不要总是让欠发达地区的民众，在不公平状况下积累不满情绪，否则，当这种不满情绪累积演变为颠覆秩序的破坏力量时就很危险。因为，已占优势的发达地区，不仅拥有话语权，而且也拥有解决欠发达或落后地区诸多问题的能力。所以改良这一结构，固然需要欠发达地区的努力，更需要有义务和能力的发达地区的责任意识。

（3）第三重"折扣因子"——"经济新二元结构"导致经济发展普遍出现"异规"现象和市场资源配置的深度扭曲。"经济新二元结构"是指中国经济分成政策扶持部门（范围要比国有企业大得多）和市场部门。不少政策扶持部门不仅存在软预算约束问题，相反在市场部门不盈利时它可能会盈利，这就超出了软预算约束的范畴。如果政策扶持部门越来越大，占用的机会和资源越来越多，就会挤占市场部门所能获得的机会和资源，这就必然产生所谓的"挤出效应"。这种

"挤出效应"目前已导致我国经济发展出现了五大"异规现象"：一是违反经济下滑房价相应下降的一般规律，我国 GDP 自 2008 年以来不断下降，同期房地产价格却不断上涨。二是违背经济增速下滑利率必然下降的基本规律，我国 GDP 不断下降，而实际利率却不断上升。因为政策扶持部门所占的资本、资金资源不断增多，而且软预算约束已将资本、资金利率锁定在高位，市场部门能获得的资本、资金资源本来就少，加上"存在国有资产流失的风险"顾虑，市场部门只能被迫付出更高的代价获得这些资源，因此实际利率必然上升。例如，民营私营企业获得银行贷款的名义利率制度规定就要高 50%，而实际利率则更高。三是一反经济下滑劳动力工资必然下降的常态，我国 GDP 增速不断下降，而劳动力价格却不断上涨。当政策扶持部门扩张很快的时候，需要雇用大量劳动力，所以市场部门就要为劳动力付出更高的成本，从而出现经济下行时会有比较高的劳动力成本增速。四是利率上升，我国的资本回报率不仅没有按规律上升反而在下降。当政策扶持部门越来越大的时候，对市场部门的挤压越来越严重，所以劳动力成本上升，工资成本上升，而政策扶持部门的效率和市场部门相比又较低，资本回报也较低，当资本回报较低的部门在经济中占的比重越来越大时，总体回报率就会下降。五是综合营商成本上升，按理必然会出现通胀，而我国却出现了通缩。尽管劳动力成本上升，但有一些企业的成本受劳动力成本上升的影响很小，因为这些企业是软预算约束的，即使亏损了还会继续生产，当这些部门有过剩产能的时候，就会造成通缩。对这类企业扶持的力度越大，通缩的情况可能就会越严重。

假如我国没有出现上述三重"折扣因子"的影响，我国的共享发展程度和水平应该远高于或好于目前现实中的情形。但是，由于上述三重"折扣因子"的叠加影响至今未得到明显改善，所以，我国共享发展将会一直笼罩在三重"二元结构"叠加影响的阴影中；或者说，要大幅改善和提升我国共享发展的质量和水平，就必须大幅改善"二元结构"，并基本走出"二元结构"。按照国务院发展研究中心、中国农村劳动力资源开发研究会联合课题组对我国走出二元经济结构的研究，到 2050 年，中国预期的四大基本指数：恩格尔系数平均在 0.15 以下、基尼系数平均在 0.30 到 0.35 之间、人文发展指数平均在 0.9 以上、二元结构指数平均在 1.5 以内，基本走出二元结构。由此看来，我们任重道远！

综上所述，上述四大因子都对共享发展产生重大影响，但是，在不同的共享发展阶段，这些因子的影响程度是不一样的，在早期共享发展阶段主要是受限制因子的影响作用大；在后期共享发展阶段，受稳定因子、活力因子或扩张因子和折扣因子的影响作用都很大，特别是限制因子的作用将会变得微乎其微。亦即，限制因子依次对共享发展不同阶段的影响作用是递减的，稳定因子、活力因子和折扣因子依次对共享发展不同阶段的影响作用是递增的，对此，我们应引起高度的重视和关注。

三 最低级次的共享发展与脱贫攻坚

如上所述，共享发展是我国社会主义建设的价值追求和既定目标，实现这一目标有一个从低级到高级的渐进过程，其中，最高级次的共享是富裕型共享，最低级次的共享是生存型共享。就目前我国所处的发展阶段分析，主要应适应最低级次的生存型共享发展需要，全力推进精准扶贫，打赢脱贫攻坚这场硬仗。这是缩小贫富差距、降低基尼系数的关键之战，是实现执政党对人民庄严承诺的关键之战。那么，打好、打赢这场战争的首要之义就是转变扶贫模式，走"精准扶贫"之路；其次是立足互利共生，构建内在机制，抓好产业扶贫。

1. 转变扶贫模式：从"自力更生的减贫模式"转到创新发展的"精准扶贫模式"

（1）1980 年至 2012 年的"自力更生的减贫模式"。"自力更生的减贫模式"有如下几个特点：其一，是建立在绝对贫困基础上的"扶贫"。新中国成立之初，我国是当时世界最贫穷的国家之一，人均 GDP 只有

27 美元，不到亚洲人均 44 美元的 2/3 和印度 57 美元的一半。其二，减贫探索是从湖南走向全国。湖南省是全国最早有组织、有计划开展自力更生减贫模式探索的地方，自 1984 年开始省委省政府就启动了湘西扶贫工作。1986 年，国家地质勘探队的一份发自湖南省城步苗族自治县贫困状况的报告得到胡耀邦同志的重要批示①，从此拉开了全国性的"自力更生的减贫模式"的探索序幕②。1986 年，我国正式启动了以政府为主导、以贫困县为重点、以整村推进为平台的大规模扶贫开发攻坚计划。其三，结合各地情况展开探索，减贫模式"百花齐放"③。所有模式都在各具特色的探索实践中取得了较好效果。通过不懈的努力，我国扶贫攻坚成效卓著，世界银行数据表明，过去 30 年有 6 亿中国人实现了脱贫，农村贫困人口减少为 2688 万人，农村绝对贫困人口稳定在 1000 万人以下。特别是 2007 年我国农村最低生活保障制度全面推行，农村居民生存和温饱问题基本解决。联合国粮食署官员认为，中国"自力更生的减贫模式"和粮食增产可以帮助其他发展中国家。

（2）2013～2020 年：创新发展的"精准扶贫模式"。精准扶贫的提出，是"自力更生的减贫模式"在新时期、新阶段的新发展，是党的十八大以来我国扶贫工作的新理念、新战略、新思路、新举措。2013 年 11 月 3 日，习近平总书记在湖南省花垣县考察时首次提出了"精准扶贫"的战

---

① 1986 年 1 月 26 日，时任中共中央总书记胡耀邦在地矿部讲师团反映城步贫困状况的《群众反映》上做出批示，责成湖南省委讨论，拿出解决办法。由此，扶贫开发工作在全国范围内有组织、有计划、大规模展开。城步苗族自治县，是全国 5 个苗族自治县之一和湖南省邵阳市唯一的少数民族自治县。该县地处湘西南边陲，古称"楚南极地"，"九山半水半分田"，十分贫困，不仅是国家扶贫开发工作重点县，也是湘西地区开发县、革命老区县。

② 黄璐、李姝：《湖南城步扶贫：30 年前一份报告为何引起胡耀邦关注？》，《文史博览·人物》2016 年第 10 期。

③ 从国家层面看，先后实施了"国家八七扶贫攻坚计划"和"中国农村扶贫开发纲要（2001—2010 年）"。从各地的实践探索分析，"自力更生的减贫模式"不断创新，先后出现了"以工代赈"模式（1984 年实施）、"温饱工程"模式（1989 年）、"光彩事业"模式（又称"公益扶贫"）、政府部门"对口帮扶"模式、政府财政扶贫模式、企业扶贫模式（在湖南最主要的探索是"万企联万村"与"同心工程"模式等）、产业扶贫模式（包括生态建设模式、旅游扶贫模式、教育扶贫模式、就业扶贫模式、金融帮扶模式等）、移民搬迁模式等十多种模式。

略构想，从而开启了我国"精准扶贫"模式探索的新时代[①]。同"自力更生的减贫模式"相比，创新发展的"精准扶贫模式"有明显不同：一是高位提出与推动。习近平总书记提出精准扶贫的概念或模式之后，党中央、国务院迅速行动起来，出台了《关于创新机制扎实推进农村扶贫开发工作的意见》即中办发〔2013〕25 号文件，此后又颁布了一系列相关《规划》《实施意见》《行动方案》等政策措施。全国"一盘棋"，自上而下层层负责，有计划、有目标、有步骤地推进，与全面建成小康社会同步实现全面脱贫；按照"地方不脱贫，干部不调走，领导不提拔"的原则推进，实施规模控制，分级负责。二是时间紧、任务重。2020 年底前，全国所有贫困人口全部脱贫，一个都不能少，全部贫困县"摘帽"。三是精准帮扶、"精准滴灌"。着眼精准识别、精准帮扶、精准管理，以县为单位、村为核心、户为基础，对每个贫困村、贫困户建档立卡，深入分析致贫原因，逐村逐户制定帮扶措施，集中力量予以扶持，实现真扶贫、扶真贫。

2. 强化能力和机会供给：从"偏利共生"走向"互利共生"

扶贫不是给钱"输血"，而是要强化能力与机会的供给。因此，知识与学历教育、技术培训与实现就业对每个贫困家庭都很重要，此其一。其二，扶贫要遵循其内在逻辑或规律。扶贫工作有四个层级：第一层级为救济式扶贫和教育扶贫，解决贫困户的素质起点与温饱要求；第二层级为基础设施扶贫与异地搬迁扶贫，主要是针对贫困村组改善生产与生活条件，例如水电路气等通达与通畅工程建设，或者是开展贫困户异地搬迁的设施建设等；第三层级为产业扶贫，为经济发展和可持续脱贫提供产业支撑；第四层级为体制机制扶贫，例如建立生态补偿机制，发展碳汇产业，增加转移性支付政策等。无论是从理论还是从实践的角度看，尽管每个阶段、每个时点上上述四个层级的扶贫都同时存在、同时推进，但扶贫工作的策略与工作重点基本上是遵循"救济式扶贫模式主导"—"设施扶贫模式主导"—"产业扶贫模式主导"的递进逻辑。综

283

---

① 《花垣县十八洞村——精准扶贫信心足》，《人民日报》2016 年 10 月 8 日。

合上述两个方面，当前我国扶贫必须坚持从"偏利共生式""输血"扶贫转向"互利共生式""造血"扶贫，只有这样，才能真正扶贫扶心智、扶贫扶能力、扶贫扶机会，实现稳定脱贫，促进共生共享。理论上看，共生是共生单元在一定的环境中按照某种逻辑形成的共创、共营、共享的关系之和，它有偏利共生、互利共生和一体化共生等多种模式。从实践来看，上述扶贫工作层级中，给物、捐钱等救济式扶贫和部分"公司＋单个贫困户"的产业扶贫都是"偏利共生"；而设施扶贫、异地搬迁、"公司＋合作社＋贫困户"的产业扶贫都是给能力、给机会的"互利共生"。从我国 30 多年来的扶贫实践看，"自力更生的减贫模式"更多的是强调"偏利共生"，而 2013 年以来的"精准扶贫模式"更多的是注重"互利共生"。事实上，救济式扶贫更多地将会也应该被纳入社会保障体系之中，"五通"设施扶贫已基本接近尾声，异地搬迁扶贫尚有较大空间，目前我国扶贫工作的主战场应该是转向产业扶贫特别是"互利共生式"产业扶贫。

为此，应高度关注两个方面：一方面，以"万企联村（联乡）"方式高度整合贫困地区多元参与主体，立足"互利"，注重"共生"。以往的"公司＋贫困户"模式是典型的"偏利共生"模式，企业和贫困户联系松散，只有交易关系，没有产权连接；主动的是企业，获利多；被动的是贫困户，获利少；贫困户主要是生产并提供原材料，农产品在流通和加工环境的增值部分，农民根本享受不到。而"万企联村、共同发展"活动所创立的共生模式和以往的"公司＋贫困户"不同，是典型的"互利共生"和"一体化共生"模式，特别强调建立以产权为纽带，以产业链为平台，发展新型专业合作组织。民营企业以产业、产品、技术等为依托，农民以资金、土地租金、实物资产等要素入股，建立以产权连接产业链，以产权为纽带的新型合作关系，形成企业与贫困户之间"利益共享、风险共担"的利益共同体，强调互利共生与一体化共生。另一方面，立足贫困村这一最基本单元，注重政治、经济、社会、生态、文化多维度一体化共生，促进共享发展。由于贫困村是一个包罗万象的微观组织，要真正推进万企联村活动的可持续，实现城乡统筹、共享发展，还必须推进经济上的互利共生向政治、经济、社会、生态、文化多维度的一体化共生转化。"共生共享"就其内涵而言，不只单纯发展经济，而应该经济社会更加全面、均衡地发展，使经济增长和社会进步、人民生活改善同步进行。这样的增长，才是发展的根本目的，才能实现全面协调可持续发展。"公司＋合作社＋贫困户"的企业联乡村活动特别强调共创、共营与共享，能够将党委、政府的政策资源，银行的金融资源，工商企业的市场经营资源，农林院校、科研院所的人才、科技与智力资源有机地整合起来，集中投入贫困乡村，有效经营农村，促进了农业增产、农民增收、乡村富裕、社会和谐；而贫困户将承包土地和劳动力投向企业，既获取土地租金收益，又获得一份工资，特别是还可就近照顾家里老人和小孩，既解决了贫困，也提高了幸福指数。实践中，不少企业家和企业管理人员回乡兼任村支部书记、村主任或经济顾问，将生产技术、经营管理等新观念、新知识等传输给村民，培养了大批产业工人、科技示范户等新型农民。不少企业积极支持农村道路、水利等基础设施建设，积极帮扶农村教育、文化、卫生、养老等公益事业，加快了城乡基本公共服务均等化步伐。总之，正是这种"一体化共生"实践，已让不少贫困地区享受到改革与发展的成果，弱势群体得到保护，农村社会走向稳定，农村生态得以修复，农村文化正在兴起。实践表明，"万企联村"和"一体化共生"模式符合农村改革方向、符合百姓利益，是一条脱贫致富的成功之路、希望之路和必由之路。

3. 构筑共生共享机制：从被动等靠到贫者自立

前面我们分析了精准扶贫的四个层级，虽然救济式和设施型扶贫尚未结束，但产业扶贫已成为当前我国脱贫攻坚主战场。事实上，产业扶贫不仅是拓宽贫困人口增收的主渠道，更是实现贫困农户自我发展的主动力，也是实现贫困地区共享改革发展成果的稳定源。但是产业扶贫的关键，是要构筑共生共享机制，尤其是内在机制，只有如此，才能真正实现贫者自立。从精准扶贫的要求和扶贫的内在规律看，救济式扶贫必须以户为单元，基础设施扶贫必须以村为单元，产业扶贫则必须以合并后的村或乡镇为起点，只有这样才能使扶贫政策的效应得到体现。当前，产业扶贫应突出解决三个问题：一是项目资金直接扶持贫困农户难以应对市场、自然、技术三重风险，项目实施效果差的问题；二是项目资金直接扶持企业和大户，缺乏规范有效的与贫困农户的利益联结机制约束，不能有效体现扶贫政策和扶贫效益，甚至于出现假借贫困户名义而贫困户不受益，使用扶贫资金不承担相应的扶贫责任义务，弄虚作假套取扶贫资金等问题；三是扶贫政策措施未能完全适应产业扶贫的要求，导致"扶贫资金不扶贫"、出现扶贫资金"脱靶、脱轨、跑调"等的问题。导致出现上述三大问题的关键原因是，没有形成有效的精准扶贫机制，特别是基于产业扶贫的内在机制。精准扶贫机制有内在机制和外在机制之分，外在机制主要有工作机制（含扶贫工作责任制）、财政金融扶贫资金管理与服务机制、社会参与机制和考核机制四大机制方面，目的是构建政府、市场、社会协同推进的大扶贫格局，更好地发挥政府作用[1]。内在机制是关键，且基本围绕产业扶贫这一核心模式来展开，主要有利益连接机制、权益保障机制和风险防控机制三大机制，目的是保障精准扶贫工作能真正落到实处，真正实现共建共享。

（1）利益连接机制：变"扶持到户"为"效益到户"。用市场的手段来推动产业化扶贫，建立健全以贫困农户为核心、以扶贫效益为关键的扶贫开发利益联结机制，使市场在扶贫资源配置中发挥决定性作用。各类龙头企业、合作组织和专业大户，是实施产业扶贫、带领贫困农户脱贫致富不可替代的市场主体。应主动创新机制，引入外力、激活内力，立足"PPP模式"理念和发展"混合所有制经济"要求，变简单"扶持到户"为"效益到户"，树立"扶持龙头企业就是扶持农民"的理念，构筑和创新"政府扶龙头—龙头建基地—基地连农户"的产业化扶贫体系，推动市场主体和贫困农户双赢[2]。政府、社会机构、企业、农民专业合作社、家庭农场与贫困农户是否建立起利益连接机制有三大标志：一

---

① 中办国办印发《关于创新机制扎实推进农村扶贫开发工作的意见》，《北京日报》2014年1月26日，第1版。

② 刘树生：《创新产业化扶贫机制坚持效益到村到户》，《学习月刊》2006年第12期，第31～32页。

是有明确的合作关系，包括统一的技术操作规程，产品保底价收购；二是有实际扶持的资金或实物形态体现；三是有明确的利益分配标准[①]。当前，应积极主动鼓励企事业单位通过提供就业岗位、订单采购农产品、共建生产基地、联办农民专业合作组织、投资入股、科技承包等方式参与扶贫开发；对于财政专项产业扶贫项目，可由农民专业合作经济组织、扶贫龙头企业或者专业大户组织实施。

（2）权益保障机制：主要保障扶贫对象和扶贫企业。权益保障的基本要求是保障弱势群体——扶贫对象的收益权利。例如，在产业扶贫中，贫困户的收益主要有以下 5 个方面的来源：①土地流转收入；②劳务收入；③股本收入；④产品销售收入；⑤国家政策性补贴收入。任何组织和个人不能以任何理由侵占。另外，扶贫等相关部门要加强对扶贫生产资料的价格确定、农产品收购和销售价格高低、分红或返利比例的大小进行监管，切实维护贫困农户的既得利益。要特别注意从政策上保障扶贫企业特别是龙头企业的利益，树立"保护扶贫龙头企业的稳定利益汇报就是保障扶贫户利益"的基本理念。而对于政府、社会机构等主动帮扶方来说，就应该放下身段，做好创新服务工作。例如，对于财政扶贫资金提供者来说，应逐步增加财政专项扶贫资金投入，项目资金直接用于扶贫对象；整合扶贫资源，解决突出问题，加强对扶贫资金效能的审计，加强资金监管，加大违纪违法行为惩处力度。金融服务扶贫主要是解决贫困地区农业企业、农民合作社和农民贷款难、贷款贵的问题。其核心要求是支持贫困地区基础设施建设和主导产业发展，创新金融产品和服务，增加贫困地区信贷投放；规范发展村镇银行、小额信贷公司和

---

① 直接帮扶模式是对既有产业发展愿望，又有产业发展能力的贫困农户，在政府组织和引导下，直接参与区域特色产业开发；通过以奖代扶、贷款贴息等方式，予以直接帮扶。委托帮扶模式是受贫困对象个人或集团委托，通过购买社会服务方式，将国家给予特定对象的扶持资金直接委托给有合作意愿与社会责任、讲诚信、有实力的农业企业、农民专业合作社和家庭农场，实行项目统一开发、统一管理、统一经营、统一核算，相互间以契约形式，明确责权利关系，项目收益按比例分成。股份合作模式是秉承困对象个人或集团意愿，鼓励探索将扶贫对象户的政策扶持资金、土地、林地和水面等生产资料折价入股，由农业企业、农民专业合作社、家庭农场统一管理和生产经营，结成联股、联利的共同体，实现股份到户，利益到户。

贫困村资金互助组织。

（3）风险防控机制：分散、担保和补偿。发展产业，扩大投融资都有一定风险。完善扶贫贴息贷款政策，增加财政贴息资金，扩大扶贫贴息贷款规模；加快信用户、信用社、信用乡（镇）建设，建立扶贫产业融资担保平台，扩大农业保险覆盖面，提高担保额度与保险赔付标准；制定风险防控预案，加大财政扶贫风险补偿标准与额度，健全风险分散和补偿机制，提高化解风险的能力；扩大产业基金支持产业扶贫的份额，运作好扶贫设施建设的 PPP 模式和混合所有制经济项目，加大政府的支持力度①。

四　结论和建议

共享发展有着特殊的时空结构，空间上由紧密相连的全民共享、全面共享、共建共享和渐进共享四个方面有机合成，时间上可分为最低级次的生存型共享、中间级次的小康型和殷实型共享、最高级次的富裕型共享四个阶段性时期目标渐进达成。就我国来看，不管是处于哪个阶段的共享发展，都会遭受多因素的复合影响，其中最主要的有四大因子：限制因子——贫困户占比、贫困程度及其诱发的能力与机会；稳定因子——中产阶层比重及其保护政策；活力因子——富人比重及其投资能力与意愿、创新者比重及其创新活力与水平；折扣因子——三大"二元结构"及其延续时期。当然，在不同的共享发展阶段，这些因子的影响程度是不一样的，在早期阶段主要是受限制因子的影响作用大；在后期阶段，活力因子和折扣因子的影响作用要大得多，或者限制因子依次对共享发展不同阶段的影响作用是递减的，稳定因子、活力因子和折扣因子依次对共享发展不同阶段的影响作用是递增的。当前，限制因子对共享发展的影响是最大的，所以，在 2020 年年底前，推进我国共享发展的关键，是推进精准扶贫，打赢脱贫攻坚

---

① 《PPP 开发扶贫共建全面小康》，《人民日报》2016 年 7 月 26 日。

这场硬仗，实现最低水平的共享。为此，必须转变扶贫模式，重在提供能力与机会，促进贫者自立，走"精准扶贫"之路；必须立足"互利共生"和"一体化共生"，构建以"利益联接机制"、"权益保障机制"和"风险防控机制"为主要内容的内在机制，抓好产业扶贫。为此建议如下。

深入学习习近平总书记关于共享发展的系列重要讲话精神，积极研究我国共享发展的规律及其演变特点，深刻认识共享发展的时空结构与影响因子，在准确把握"全民共享是目标、全面共享是内容、共建共享是基础、渐进共享是途径，贯穿的核心是以人民为中心的发展思想，体现的价值是共同富裕和公平正义"的基础上，制定出我国共享发展的总体战略规划，出台切合我国国情与实践要求的重大战略举措。

立足共享发展的阶段性目标实施相应的对策举措，特别是针对共享发展的影响因子尤其是四大影响因子及其变化规律，提出有针对性和可操作的促进或化解对策、政策与行动方案，例如：关于实施扶贫攻坚，打赢精准脱贫战争的行动方案；关于保护产权、大力培育中产阶层，促进社会和谐稳定的行动方案；关于鼓励投资、促进创新，增强发展活力的行动方案；关于深化改革，逐步消除三大"二元结构"，大幅提升资源配置效率，促进共享发展的行动方案等。

深入探索中国特色的"精准扶贫"模式与机制，促进最低级次共享发展的如期实现。立足于贫者自立和帮助贫者自立，积极探索在精准扶贫实践中，如何做好特色产业扶贫发展规划，创新产业扶贫新模式，构建起稳定的可持续的利益连接机制、权益保障机制和风险防控机制，特别是结合集中连片的扶贫攻坚主战场的区域实际情况，积极探索把"PPP模式"和"混合所有制经济"理念贯穿到扶贫机制的设计之中，进而形成中国特色的"精准扶贫"机制与模式；认真研究目前有可能出现的"数字脱贫"和"被脱贫"现象及其成因，积极寻求破解之策以防患于未然。积极调整与优化选人、用人、奖惩和进退流转的组织制度，加大正反两个方面的宣传力度，灌输正能量，调动一切积极因素，提高思想政治觉悟，强化数字化监管手段，加强制度建设，提高监管效率，避免普遍出现"虚假脱贫"，使共享发展落到实处。

篇七　制度供给与共享发展的一个解释框架
——基于 1949 年以来中国大陆的经验与实践

马克思曾经说过，人类首先解决吃穿住行，然后才能从事其他活动。这句话直观地表达了经济的重要作用，也就是说，如果没有生产性的经济活动，人类或将一事无成，所以说研究经济发展问题一直被列为一项重要议程，可谓你方唱罢我登场。共同富裕是社会主义的本质，共享发展是走向共同富裕的主要途径。新中国成立以来，特别是"三大改造"完成以后，走向共同富裕就是党和国家为了人民福祉定下的目标，由于各种复杂的原因，改革开放之前这一道路是曲折的，改革开放以后我们国家重新找到新的方向。党的十八届五中全会把共享发展列为五大发展理念之一，体现了对这一问题的重视以及对人民幸福生活的关心。新华网统计数据显示，近四年来我国网民全国两会的关注逐步上升，其中社会保障、收入分配、教育、医疗均进入最关注的话题前五位，对环保的关注程度日益上升，这也说明了树立和实施共享理念的必要性和紧迫性。

经济增长的动力何在？不同的学者给出了不同的回答，科斯、诺思、威廉姆森等指出了制度对经济增长的关键作用，在他们看来，制度有力界定了产权，减少交易费用和成本，进而对经济主体产生了激励、保障效用，经济由此获得较快的增长。由于研究重点和兴趣点的不同，他们对制度与分配亦即共享之间的关系有所涉猎，但缺乏深入探讨。以诺思为例，他深究埃及、波斯、希腊和罗马的早期历史演进过程之后发现，逐渐完善的国家制度组织导致交易费用的下降、地区专业化的发展和市场的拓展，所以它们的经济获得了迅速增长[1]。近代英国、荷兰在商

---

[1] 〔美〕道格拉斯·C.诺思：《经济史中的结构与变迁》，陈郁、罗华平等译，上海三联书店，2003，第 125 页。

业、工业和农业方面的制度供给也促进了各自的对外贸易和经济增长[①]，导致它们在不同时期称雄一时，而且产业革命也是以新的社会规范和伦理规范的持续努力为特征的[②]。

国内学者从不同的角度和方面对实现共享进行了不同程度的探索。学者们从共享的含义、内容与特征，共享的原因和意义，共享遇到的挑战以及实施路径等方面对共享进行了深入而全面的研究，取得了一系列成果。

他们从政治学、经济学乃至哲学层面对共享的含义及其特征进行了广泛和深入的探究。概言之，共享也就是社会成员共同分享权利、机会和发展成果，这对我们加深对共享这一概念的理解具有重要意义。[③]他们对共享的内容进行了不同程度的研究，主要有狭义[④]和广义两方面[⑤]，狭义方面主要包括共享权利、机会和公共成果。从广义来看，应实现政治、经济、文化、社会和生态"五位一体"的共享。

在为什么共享也就是在共享的内在动因和意义两方面进行了广泛探讨。他们认为共享是马克思主义的内在要求[⑥]，是社会发展规律的必然要

---

① 〔美〕道格拉斯·C.诺思：《经济史中的结构与变迁》，陈郁、罗华平等译，上海三联书店，2003，第 177 页。

② 〔美〕道格拉斯·C.诺思：《经济史中的结构与变迁》，陈郁、罗华平等译，上海三联书店，2003，第 191 页。

③ 汪荣有：《论共享》，《马克思主义研究》2006 年第 10 期。张春龙：《"共享"及其相关概念辨析》，《学海》2010 年第 6 期。张贤明、薛佳：《合作共赢：改革发展成果共享的核心理念》，《理论探讨》2016 年第 5 期。代贤萍：《论共享的理论意蕴与时代价值》，《湖北社会科学》2016 年第 7 期。彭怀祖：《共享发展理念的伦理意蕴》，《毛泽东邓小平理论研究》2016 年第 8 期。刘红玉、彭福扬：《论共享发展的科学内涵》，《湖南大学学报》（社会科学版）2016 年第 11 期。

④ 汪荣有：《论共享》，《马克思主义研究》2006 年第 10 期。肖潇：《共享发展成果须处理好劳动力市场中的三组矛盾》，《山东社会科学》2016 年第 2 期。

⑤ 魏波：《以共享理解发展》，《中国特色社会主义研究》2016 年第 1 期。徐长山：《论"共享"的依据、实现条件及其重大意义》，《延边大学学报》（社会科学版）2016 年第 5 期。林怀艺、张鑫伟：《论共享》，《东南学术》2016 年第 4 期。董朝霞：《论共享发展理念与中国特色社会主义》，《思想理论教育》2016 年第 8 期。

⑥ 张道全：《共享改革发展成果是保持经济持续发展的必要条件》，《经济问题探索》2011 年第 4 期。魏波：《以共享理解发展》，《中国特色社会主义研究》2016 年第 1 期。徐长山：《论"共享"的依据、实现条件及其重大意义》，《延边大学学报》（社会科学版）2016 年第 5 期。吴灿新：《坚持人民主体地位原则实现共享理念》，《岭南学刊》2015 年第 6 期。

求[①]，由三大差距拉大以及基尼系数上升带来的贫富差距问题[②]等方面探讨了共享的内在动因。对共享意义探讨主要是对经济发展方面作用[③]和政治方面作用[④]。

最后是共享的困境及其实施路径方面。有学者认为，实施共享面临政治上的官僚主义、体制上的不健全、经济上的分配不公、文化上的等级观念等困难。[⑤]还有学者认为我国在共享方面还存在结构上重物质方面，其他方面相对较为薄弱或者较不受重视，以及在普惠性上公平正义还没有很好落地生根两个方面的问题。[⑥]所以在实施共享方面，首先需要转变思想观念[⑦]，使共享成为主流价值观[⑧]。其次在行动层面加以落实，建设服务型政府。[⑨]还需进行社会管理体制创新，以宪法和法律制度保障共享。[⑩]经济方面落实按贡献分配收入机制、转移支付机制、抽肥补瘦机制、慈善捐赠机制、价格干预机制。[⑪]调节国民收入结构、区域性收入、行业性收入、财产性收入乃至通过完善法律保障，改进地方政绩考核制度实现收入调节的制度创新。[⑫]也有学者关注其他特殊群体

---

① 胡同恭：《论共享理念的科学性及其实现》，《现代经济探讨》2008 年第 12 期。魏波：《社会共享机制初探》，《中国特色社会主义研究》2013 年第 5 期。魏波：《以共享理解发展》，《中国特色社会主义研究》2016 年第 1 期。徐长山：《论"共享"的依据、实现条件及其重大意义》，《延边大学学报》（社会科学版）2016 年第 5 期。

② 严国萍：《和谐社会的共建共享原则及其实现途径》，《中国行政管理》2008 年第 6 期。何玉长：《国民收入分享的结构性失衡及其对策》，《毛泽东邓小平理论研究》2011 年第 4 期。李红松：《共享发展理念的哲学基础与落实路径》，《求实》2016 年第 9 期。

③ 张道全：《共享改革发展成果是保持经济持续发展的必要条件》，《经济问题探索》2011 年第 4 期。

④ 徐长山：《论"共享"的依据、实现条件及其重大意义》，《延边大学学报》（社会科学版）2016 年第 5 期。

⑤ 吴灿新：《坚持人民主体地位原则实现共享理念》，《岭南学刊》2015 年第 6 期。

⑥ 林怀艺、张鑫伟：《论共享》，《东南学术》2016 年第 4 期。

⑦ 吴灿新：《坚持人民主体地位原则实现共享理念》，《岭南学刊》2015 年第 6 期。

⑧ 魏波：《以共享理解发展》，《中国特色社会主义研究》2016 年第 1 期。

⑨ 汪荣有：《论共享》，《马克思主义研究》2006 年第 10 期。

⑩ 严国萍：《和谐社会的共建共享原则及其实现途径》，《中国行政管理》2008 年第 6 期。

⑪ 胡同恭：《论共享理念的科学性及其实现》，《现代经济探讨》2008 年第 12 期。

⑫ 何玉长：《国民收入分享的结构性失衡及其对策》，《毛泽东邓小平理论研究》2011 年第 4 期。

如何实现共享问题，如农民和少数民族，他们是共享发展过程中容易被忽视的。[①]

从以上研究可以看出，政治制度与共享实现机制具体是如何互动的还需进一步细化。现有的研究基本涉及实现共享需要制度变革或者创新，但一笔带过较多，至于怎么细化政策，使其真正落地生根，哪些制度关系更紧密，哪些制度更容易改革则往往没有论及。所以我们建立一个分析框架，从制度供给方面研究如何实现共享发展。

一　制度与制度供给

政治学自诞生之日起就重视对制度的研究，《理想国》试图寻找建立一个理想国家的道路设计，《政治学》通过对现实中各个城邦国家及其制度的比较研究来探讨国家的起源和本质问题，这两本书均展示了制度的重要性。这种研究制度及其价值的传统一直持续到 20 世纪 40 年代后期，随后行为主义开始引导政治学研究的潮流，并风靡一时。政治学研究之所以出现这种状况是因为体现人民主权的代议制政府在西方已经普遍建立，人们对自由、平等、博爱、权力制约等价值取得广泛共识，现实中"形式化的法律、规则和行政架构不能解释实际的政治行为或政策结果"[②]，加之对政治科学化的呼吁、对投票行为的观察和个体行为的研究也是行为主义产生、兴盛的重要诱因。然而，过度强调价值中立、定量分析，导致行为主义在对政治的宏观把握和预测方面缺乏解释力，20 世纪 60 年代以来全球政治局势的变化以及西方国家内部的政治冲突也呼吁人们重视对政治价值和制度的重新审视。所以 80 年代开始，在对行为主义批判基础上，以马奇和奥尔森的文章为标志，在吸取了旧制度研究路径和行为主义研究方法、视角精华的基础上，产生了新制度主

[①] 罗建文：《论农民共享城市繁荣的道德意义》，《道德与文明》2006 年第 4 期。苗瑞丹：《文化强国背景下少数民族共享文化发展成果探讨》，《黑龙江民族丛刊》（双月刊）2012 年第 2 期。

[②] 凯瑟琳·丝莲等：《比较政治学中的历史制度学派》，载薛晓源等主编《全球化与新制度主义》，社会科学文献出版社，2004，第 235 页。

义，制度研究重新兴盛起来。

经济学中的制度学派为新制度主义提供了理论资源。新古典经济学和凯恩斯主义在应对1929年开始的世界经济危机方面显示了其优越性，所以"二战"以后这种经济学说成为经济学的主流。但是四十多年以后，西方各国陷入"滞胀"，人们开始反思并转而深入研究制度及其变迁问题，其杰出代表是科斯、威廉姆森和诺思等人。诺思把制度定义为人为设计的形成人类相互作用的约束，由正式约束（宪法、法律等）和非正式约束（习俗、规范等）及其实施特性构成。虽然学界把那些对政治制度重视的研究人员归为制度学派，把他们的理论称为新制度主义，但实际上，这一理论内部除了在制度的重要性方面存在共识以外，其他内容是众说纷纭，分歧较大。学界相对比较认可的是三分法，也就是新制度主义分为历史制度主义、理性选择制度主义和社会学制度主义。那么什么是制度和制度供给呢？[1]历史制度主义把制度定义为对行为构造起作用的正式组织、非正式规则及与之相关的程序。[2]理性选择制度主义把制度定义为对理性构成限制的规则集合体，在这个规则之内，组织和成员才得以行动。[3]社会学制度主义在更为广泛的意义上界定制度，不仅包括正式规则、程序和规范，还包括为人们提供"意义框架"的象征系统、认知模式和道德模板。[4]通过他们的定义，可以得出制度的核心要素是规则、规范和行为约束，也就是说它为人类的政治活动提供一套限制的原则或准则，人们的政治实践被约束在这一范围内，进而减少政治、社会活动的不确定性和生活、交易成本，走向良善生活。因此，制度供给也就是新的制度代替旧制度的变迁与调适过程，在不严格限定的语境下可以和制度创新、制度变迁、制度变革交叉使用。

---

① 诺思等：《制度变革的经验研究》，罗仲伟译，经济科学出版社，2003，第417页。

② 凯瑟琳·丝莲等：《比较政治学中的历史制度学派》，载薛晓源等主编《全球化与新制度主义》，社会科学文献出版社，2004，第233页。

③ 盖伊·彼得斯：《理性选择理论与制度理论》，载何俊志等编译《新制度主义译文精选》，天津人民出版社，2007，第76页。

④ 彼得·豪尔、罗斯玛丽：《政治科学与三个新制度主义》，载何俊志等编译《新制度主义译文精选》，天津人民出版社，2007，第59页。

二 一个基本分析框架

研究共享首先必须解决的问题是共享什么这一问题，根据以上学者的研究，无论是广义还是狭义，都需要一个物质前提，市场经济已经被证明是有利于实现资源配置的形式，其核心要素是产权和契约，而制度的供给可以明确界定并保护产权，监督契约的执行，避免逆向选择、道德风险以及机会主义行为，进而减少市场主体的交易成本，有利于企业的发展壮大，吸纳更多的就业人数，清晰的产权为人们的致富行为提供激励，最终为共享奠定基础。有了物质前提以后，共享方面的制度供给才能有效运转，共享方案的实施才有了可能，违反共享的监督和惩罚性制度供给也才拥有了实施对象。所有以上内容需要宪法性规则的供给，这些属于规则性的规则或母规则。除此以外，上述规则还需要具体的法律性规则的进一步细化，以利于实际生活中的执行和实施，比如法律对违反契约的惩戒措施规定，企业成立和运行有哪些权利和义务，这是第二个层次的规则。第三个层次的制度供给主要是具体的政策，比如政府某一个时期的减税方针、扶贫计划、收入倍增计划等。宪法性的制度供给是基础性的，法律制度供给是对宪法性规则的进一步细化、完善，政策性的规则涉及的领域、范围和稳定性相比前两者来说具有狭窄和易变性特质。因此，要想实现共享，必须要有相应的制度设计，这种制度供给首先为经济发展奠定基础，然后设计共享方案，最后对违反共享方案的组织和个人施加惩罚以顺利实现共享目标。

制度供给与经济增长。人类为规范政治、经济环境所创建的制度是经济绩效的基本决定因素，因为这些制度提供了一种激励和约束机制，人们根据这种激励和约束做出选择①。亚当·斯密较早研究了劳动分工对经济发展的重要作用，因为专业化有利于生产率和效率的提升，但是分工和专业化意味着必须有交换，否则也很难实现整个经济活动过程，由

295

---

① 道格拉斯·诺思：《理解经济变迁过程》，钟正生等译，中国人民大学出版社，2008，第46页。

于分工和专业化生产的载体是企业，因此要想获得经济的快速发展必须重视企业的作用。那么企业采取什么措施从事社会化大生产呢？是合并重组生产还是分工合作，这就取决于科斯所说的交易成本理论，在科斯看来，这主要取决于企业间的交易成本问题，即如果合并重组的交易成本小于单独生产的成本，企业间的合并重组就会发生，反之，企业会单独生产，然后在市场交易①。然而，在市场的交易过程中，由于信息不对称，存在道德风险和逆向选择，容易发生机会主义行为，对正常的市场交易造成损害，不利于市场经济的健康运行，这就需要法律提供市场的基本博弈规则，这种秩序能为企业长期发展奠定基础。在重视企业作用的同时还不能忽略企业家的作用，因为他们具体负责企业的运行，组织企业生产，既承担了较大的风险，又贡献了自己的智慧和管理才干。加之个人一般具有自利动机，渴求稳定的秩序和财富受到保护，所以，也必须对企业家个人的贡献和产权加以严格保护。因为产权能帮助一个人形成他与其他人进行交易的合理预期，并引导人们实现将外部性较大内在化的激励。②这样才能激发他们的创业激情、积极性和主动性，有利于他们从事长期投资，生产和管理活动。以上仅仅是探讨了企业和企业家对经济发展的作用。其实其他社会组织和个人作为社会和国家的中介与细胞，也是经济活动的重要组成部分，一旦缺少了某些社会组织，企业生产的产品运输、销售等环节将会受阻，消费也会受到影响。而个人除了创办企业之外还可以从事个体经营，以增加收入，改善生活。无论是社会组织还是个人，他们的经济权利都应该受到法律制度的保护，否则他们的经济活动都难以开展或者说很难持续。以上这些如果没有制度的规定显然是无法顺利进行的，11～17世纪西欧的商业扩张产生了政治经济秩序的制度需要，制度供给的满足证明了秩序及其规则的重要性③。制

---

① 罗纳德·科斯：《企业的性质》，奥利弗·威廉姆森等编《企业的性质：起源、演变和发展》，姚海鑫、邢源源译，商务印书馆，2007，第28～29页。

② H.登姆塞茨：《关于产权的理论》，载科斯、诺思等编《财产权利与制度变迁——产权学派与新制度学派译文集》，上海人民出版社，2003，第97～98页。

③ 道格拉斯·诺思：《理解经济变迁过程》，钟正生等译，中国人民大学出版社，2008，第124页。

度的规范又可以稳定人们的发展预期，带来安全感，这种安全感和预期对促进人们发展的积极性不言而喻。

　　制度供给与共享发展。经济的发展，物质条件的改善为共享奠定了基础，提供了可能，制度可以为共享提供分配方案，对违背共享方案的组织和个人施加惩罚，保障共享的顺利实现。上文已提到企业对经济发展的作用，而人的经济价值的提高也产生了对制度的新需求①，因为如果没有员工，企业根本无法从事任何生产性活动，因此，必须重视企业职工的权益保护，例如，工资和相关休息、休假等福利。职工无论是在企业从事生产劳动还是从事管理活动都付出了自己的劳动力，理应得到补偿，这种补偿形式主要是以工资为基础的相关福利，那么如何规定工人的工资呢？由于企业是以营利为目的的组织，赚钱即便不是唯一目的，也是主要目的，所以它很难重视员工的权益，这就要求制度规定最低工资标准以及共享企业发展红利的其他措施。再者，为了保护企业各自合法的权利产生对合同需求，涉及签约、解约，各自的权利和义务问题，这也需要制度供给来加以解决。最后，劳动力是人，也有代际更替也就是再生产和休息的需求，以便人类社会的永恒发展，这种劳动力的再生产包括知识、技能的提升，也就是教育和再培训，大众教育和技术培训是政府的职能之一，如何实施仍需制度供给加以规定，例如义务教育年限、职业技能教育、休息休假等。

三　制度供给与共享发展：1949 年以来的中国实践

　　之所以把研究的时间界定为 1949 年以后的中国，是因为 1949 年以后中国开始向社会主义过渡。在马克思看来，社会主义之所以能代替或者说超越资本主义，原因在于资本主义的剥削和两极分化，这导致了人的异化，而社会主义消除了剥削和两极分化，在共享社会的发展成果方面比资本主义做得更好，也只有在社会主义社会才能实现每个人自由而

---

　　① T.W. 舒尔茨：《制度与人的经济价值的不断提高》，科斯、诺思等编《财产权利与制度变迁——产权学派与新制度学派译文集》，上海人民出版社，2003，第 251 页。

全面的发展，人们才能过上良善的生活。由于社会主义发展时间短暂，加之建设和发展中国特色社会主义缺乏相关经验，对什么是社会主义认识不够清楚，这近70年的时间我们既走了很多弯路，也积累了不少经验，这一伟大的实践为研究提供了丰富的材料，还为以后中华民族伟大复兴指明了方向，所以这就是研究的初衷和目的之所在。

1.1949年以后中国大陆的制度供给概况

以改革开放的基本国策为界限，可以分为两个阶段：改革开放以前高度中央集权的计划经济体制和改革开放以来央地适度分权的市场取向的制度安排。

改革开放以前制度的政治表现是中央拥有绝对的权威，民主集中制逐渐有名无实，并形成"一元化"领导体制[①]，滋生"家长制"，法制观念淡薄，以言代法、以权压法的现象较为普遍。"文化大革命"中党的领导、民主法治遭到严重破坏，革委会掌握了从中央到地方的权力，主要制度基本被破坏。经济大权集中到中央和省，中央设置了很多具体管理经济活动的部委局，主要原材料和设备由中央统一调配[②]。城市由工厂组织劳动，农村实施人民公社化，集体劳动，统一分配。公有制基本一统天下，资本主义尾巴被大力铲除。

改革开放以后，以阶级斗争为纲被"一个中心、两个基本点"所取代，政治上废除了事实上的领导人终身制，民主集中制在不断恢复，中央权力不断下放给企业和地方，一些专门的部委局要么被合并，要么被撤销，政府机构改革取得一定成效，政治体制开始正常化运转。以农村的家庭联产承包责任制为突破口，政社分开，人民公社被废除，城市的改革也在不断推进，企业实行厂长（经理）负责制，相继设立经济特区和沿海开放城市，各类企业先后创办，非公有制经济如雨后春笋般涌现出来，农村和城市生产力得以快速发展。

---

① 亦即党政不分、党企政企不分、党事政事不分、党群政群不分，党对政治经济文化社会实行高度集权的人治型领导体制。迟福林、田夫：《中华人民共和国政治体制史》，中共中央党校出版社，1998，第52页。

② 迟福林、田夫：《中华人民共和国政治体制史》，中共中央党校出版社，1998，第233页。

2. 制度供给与共享发展：1949 年以后的中国大陆实践

第一次鸦片战争之后国门被打开，先后有第二次鸦片战争，甲午中日战争，八国联军联合侵华，军阀混战，第一次国内革命战争，日本侵华，第二次国内革命战争，这一百年间中华大地烽烟不止，人民苦不堪言，直到 1949 年中华人民共和国成立，人们才有了和平的建设和发展环境。其间经济社会虽有短暂复苏，但这些战争对国家和社会的破坏是巨大的。1949 年以后由于政策得当，农民分得了梦寐以求的土地，工业在苏联的帮助下开始发展，加之人民的辛苦劳动，1952 年的经济水平获得了历史性发展，各项指标达到一个历史高点，人们共享了革命的成果。1956 年党和国家对农业、手工业和资本主义工商业的社会主义成功改造标志着我国正式进入社会主义社会，从此进入一个新的发展时期。由于我国是在落后的农业国基础上建立和发展社会主义，所以出于赶超发达国家和快速建设社会主义的愿望，几乎与"三大改造"同步，农村由互助组开始集体化步伐，农民由自愿到被迫，这打击了他们的生产积极性，人民公社化更是对农村发展造成了不可估量的负面影响。国家在城市推行以重工业为主导的方针，对农业形成"剪刀差"，虽在短期内提升了工业化水平，对农业、农民和农村的汲取却是显而易见的，结果是农村的长期贫穷和落后，没有很好共享到祖国发展的成果，这在"文化大革命"达到顶峰。"文化大革命"十年以阶级斗争为纲，发展被斗争取代，各项制度遭到严重破坏，工农业损失高达 5000 亿元，人民基本温饱问题尚未解决。[①]共享的实现遇到严重的挫折，这很明显是制度的供给侧出现了问题，没有供给良好的制度，既有主要制度被破坏，又有具体的政策措施不得当两个方面的原因。比如党和国家的民主集中制，人民代表大会制度，农村的人民公社化运动，以工业特别是重工业为主导的工业化道路。

改革开放以后共享速度加快，改革首先在农村取得突破性进展，以家庭联产承包责任制的制度供给为标志，农村的生产力很快得到恢复和发展，小岗村由长期向国家要粮变为上交国家之后还有余粮，农民的温

[①] 一个明显例子是万里担任安徽省省委书记下乡考察发现很多人穿着带洞的裤子，促使他反思已有的政策以及支持农村改革的决心。

饱问题很快得以解决，农村经济得以迅速发展。以广东的先行先试的改革为突破口，经济特区、沿海开放城市和内陆开放城市也先后发展起来，乡镇企业遍地开花，城市的国企改革不断深入推进，活力也在不断迸发，非公有制经济也迅速发展，经济连续多年保持 10% 的增长速度。党的十六大把"三个代表"重要思想写入党章，随后载入宪法修正案，这开放了其他先进分子入党的大门，同时新的宪法修正案明确了对合法私有财产的保护，这稳定了企业家信心，更有利于激发人们创造和积累财富的热情。所以，无论是宪法性规则，还是一般的具体法律，乃至某时期政策的调整和变革，这些制度供给都对实现共享发挥了积极作用。

根据中国经济发展统计数据库和中经网统计数据库（1985~2014），中国统计年鉴（1978~2014），国民经济和社会发展公报（1978~2016），改革开放以后中国的经济发展速度一直很快，城乡居民都共享了这一发展成果，但城乡、区域差别仍然很大（见图1、图2）。1978~1984年，城乡居民收入差距逐渐缩小，1978年城乡名义收入差距倍数是2.57，1984年为1.83，六年收入差距倍数缩小了40.4%，平均每年缩小6.7个百分点。1985~2010年城乡收入差距倍数不断增大，仅有1995~1997年三年城乡收入比有下降趋势，从2010年开始农村居民收入增速又开始超过城镇居民收入，但绝对数额仍在拉大。这主要是由于改革从农村开始突破，但不久改革重点转移到城市，某些年份对农村政策倾斜，加之城乡户籍制度导致的城乡二元分割等制度差异造成的。这充分证明了制度供给对共享的重要作用，政策的偏向导致了不同的共享结果。

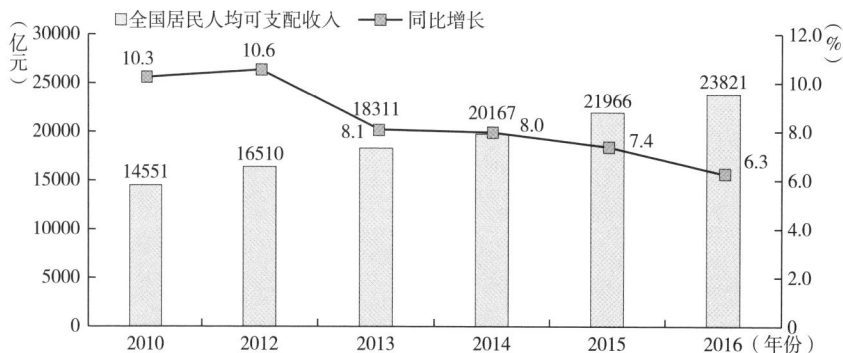

图 1　2011~2016 年全国人均可支配收入及实际增长率

图2　2010～2016年中国城镇、农村居民人均可支配收入对比

从以上的分析，可以得出几个简单的结论：以改革开放为标志，以前我国居民共享发展成果较少，之后加速，改革发展成果不断被共享。城乡二元制度是城乡收入差距的主要原因，工业化导向的政策形成"剪刀差"加大了城市对农村的汲取。最低工资标准不断提高有利于人民分享经济红利，精准扶贫的发力是对贫困人口长期缺乏共享的弥补。

四　结语：继续推动制度供给、促进共享发展

制度对人类发展的作用是关键的，良好的制度供给有利于人类良善生活的实现。所以要想实现治理和善治，国家治理体系和治理能力的现代化，以及中华民族伟大复兴的中国梦，必须不断推动改革，使发展的成果由全体人民共享。具体要从制度供给的政治、经济和文化几个方面着手。

首先，推动政治体制改革，完善选举和监督制度。改进党的执政方式，提高党的执政能力，做到改革、社会日常运作于法有据，人民在重大事务上拥有选择和决策权，真正实现党的领导、依法治国和人民当家作主的统一，使人民共享政治发展成果。

其次，加快户籍制度改革，除了少数几个特大城市以外，逐步废除城乡二元户籍制度，使全国的人口可以自由流动，实现人才的优化配置，推倒阻碍城乡统筹发展的这一障碍。继续简政放权的步伐，减少企业和自由职业者的税负，使他们的聪明才智、以创业带动就业进而促进

经济社会发展的潜力竞相喷发，为共享积累物质基础。不断提高最低工资标准，继续完善社会保障制度，在初次分配和二次分配中都更加注重公平，使人们共享经济发展成果。

最后，大力制定文化繁荣和实施社会有序治理的政策，使人们在继续享受社会稳定和谐的氛围下，工作之余有丰富多彩的文化享受，共享文化和社会发展成果。

后 记

在党的十八届五中全会上，习近平总书记明确提出了"共享发展"理念，强调坚持共享发展，必须坚持发展为了人民、发展依靠人民、发展成果由人民共享，使全体人民在共建共享发展中有更多获得感。党的十九大报告对进一步贯彻落实共享发展理念提出了明确要求，为实现共享发展指明了方向。对共享发展进行研究，具有非常重要的理论意义和实践意义。

湖南省社会科学院党组书记、院长刘建武教授2016年初提出开展共享发展研究的意见，2017年召开了"共享发展高峰论坛"，并依托湖南省社会科学院经济研究所组建了"共享发展理论与实践研究"团队，制定了共享发展中长期研究计划，其中之一就是编写共享发展年度报告。《新时代共享发展报告（2018）·湖南篇》经过一年多的努力，终于完成了。该研究报告以湖南为研究区域，旨在厘清共享发展的基本内涵，构建共享发展的评价体系，评估湖南共享发展的基本进程，探究湖南共享发展的实践路径，以期为来年及今后更长时间、更广区域、更深层面开展共享发展研究做出尝试。

全书各篇章及撰写作者为：序言（刘建武　湖南省社会科学院党组书记、院长，教授、博导）；第一章（周小燕　湖南省社会科学院经济研究所助理研究员、博士）；第二章（李詹　湖南省社会科学院经济研究所助理研究员、博士）；第三章（杨顺顺　湖南省社会科学院经济研究所副所长，副研究员、博士）；第四章（肖欣　湖南省社会科学院经济研究所助理研究员）；第五章（邝奕轩　湖南省社会科学院经济研究所副所长，研究员、博士）；第六章（刘雯　湖南省社会科学院经济研究所助理研究员）；第七章（陶庆先　湖南省社会科学院经济研究所副研究员）；第八章（周小毛　湖南省社会科学院副院长，研究员；李晖　湖南省社会科学院经济研究所所长，研究员）；附录由7个部分组成，分别是篇一（王安中　湖南省社会科学院历史文化研究所副所长，研究员、博士）；篇二（胡守勇　湖南省社会科学院社会学研究所副所长，副研究员、博士）；篇三（张颖　湖南科技大学马克思主义学院博士生；陆自荣　湖南科技大学马克思主义学院教授、博士）；篇四（刘励敏　浙江师范大学经济与管理学院博士生；刘茂松　湖南师范大学商学院教授、博导）；篇五（冷志明　吉首大学副校长，教授、博导；丁建军　吉首大学商学院副院长，教授、博导；殷强　吉首大学商学院教师、博士生）；篇六（吴金明　湖南省政协经济科技委员会主任，教授；吴双　长沙医学院教师、硕士）；篇七（杨腾飞　武汉大学政治与公共管理学院博士生）。刘建武、李晖对全部书稿进行了修改。王唯、李瑞梅为书稿撰写做了具体组织工作。

图书在版编目（CIP）数据

新时代共享发展报告. 2018. 湖南篇 / 刘建武主编
. -- 北京：社会科学文献出版社，2018.12
　　ISBN 978-7-5201-3448-4

　　Ⅰ.①新…　Ⅱ.①刘…　Ⅲ.①区域经济发展－研究－
湖南－2018　Ⅳ.①F127

　　中国版本图书馆 CIP 数据核字（2018）第 209959 号

新时代共享发展报告（2018）·湖南篇

主　　编 / 刘建武

出 版 人 / 谢寿光
项目统筹 / 邓泳红　陈　颖
责任编辑 / 陈　颖　王　煦

出　　版 / 社会科学文献出版社·皮书出版分社（010）59367127
　　　　　　地址：北京市北三环中路甲 29 号院华龙大厦　邮编：100029
　　　　　　网址：www.ssap.com.cn
发　　行 / 市场营销中心（010）59367081　59367083
印　　装 / 三河市东方印刷有限公司

规　　格 / 开　本：787mm × 1092mm　1/16
　　　　　　印　张：20　字　数：297 千字
版　　次 / 2018 年 12 月第 1 版　2018 年 12 月第 1 次印刷
书　　号 / ISBN 978-7-5201-3448-4
定　　价 / 128.00 元